Gianni Vattimo

Das Ende der Moderne

Aus dem Italienischen
übersetzt und herausgegeben
von Rafael Capurro

Philipp Reclam jun. Stuttgart

Veröffentlichung in Zusammenarbeit mit der **Biblioteca Italia**, einem Programm der Giovanni Agnelli-Stiftung zur Verbreitung der italienischen Kultur

Universal-Bibliothek Nr. 8624

Die Übersetzung der Originalausgabe *La fine della modernità* erscheint mit Genehmigung von Garzanti Editore, Milano

Gesamtherstellung: Reclam, Ditzingen. Printed in Germany 1998
RECLAM und UNIVERSAL-BIBLIOTHEK sind eingetragene Marken der Philipp Reclam jun. GmbH & Co., Stuttgart
ISBN 3-15-008624-8

Inhalt

Einleitung 5

Erster Teil
Der Nihilismus als Schicksal 23
I Apologie des Nihilismus 23
II Die Krise des Humanismus 36

Zweiter Teil
Die Wahrheit der Kunst 55
III Tod oder Untergang der Kunst 55
IV Das Zerbrechen des dichterischen Wortes 71
V Ornament (als) Denkmal 86
VI Die Struktur künstlerischer Revolutionen 98

Dritter Teil
Das Ende der Moderne 121
VII Hermeneutik und Nihilismus 121
VIII Wahrheit und Rhetorik in der hermeneutischen Ontologie 140
IX Hermeneutik und Anthropologie 157
X Nihilismus und Postmoderne in der Philosophie 178

Editorische Notiz 199
Biographische Notiz 200
Literaturhinweise 201

Gianni Vattimo: Denker der Moderne
Nachwort von Rafael Capurro 203

Einleitung

Thema dieses Buches ist die Klärung des Bezuges, der die Resultate der Reflexion Nietzsches und Heideggers verbindet, etwas, worauf man sich in den jüngsten Erörterungen über das Ende der Moderne und über die Postmoderne ständig beruft. Diese beiden Denkbereiche ausdrücklich in Verbindung zu bringen, wie man es letzthin zu tun begonnen hat,[1] bedeutet, den hier dargestellten Thesen entsprechend, neue und reichere Aspekte der Wahrheit in ihnen zu entdekken. Nur wenn Nietzsches Problematik der Ewigen Wiederkunft und die Heideggersche der Überwindung [oltrepassamento] der Metaphysik mit den in der Tat weitverzweigten und nicht immer kohärenten Denkansätzen der Postmoderne in Verbindung gebracht werden, bekommen sie Strenge und philosophische Würde; und gerade in bezug auf das, was in den Reflexionen der Postmoderne über die neuen Daseinsbedingungen in der spätindustriellen Welt hervortritt, erweisen sich die philosophischen Intuitionen Nietzsches und Heideggers als definitiv nicht rückführbar auf eine bloße Kulturkritik*, welche die gesamte Philosophie und Kultur des frühen 20. Jahrhunderts durchzieht. Die Heideggersche Kritik des Humanismus oder Nietzsches Ankündigung des vollkommenen Nihilismus als »positive« Momente für eine philosophische Rekonstruktion und nicht nur als Symptome oder Denunziationen der Dekadenz zu betrachten – wie es in den ersten beiden Kapiteln dieser Arbeit geschieht – ist nur möglich, wenn man den Mut (und hoffentlich nicht nur die Unvorsichtigkeit) besitzt, den Erörterungen – der Kunst, der literarischen Kritik, der Soziologie – über die Postmoderne und ihre charakteristischen Eigenschaften aufmerksam zuzuhören.

* Mit einem Sternchen versehene Ausdrücke erscheinen im italienischen Original deutsch.

Der entscheidende Schritt, um die Verbindung zwischen Nietzsche und Heidegger und dem »Postmodernismus« zu vollziehen, ist die Entdeckung, daß das, was letzterer mit dem Präfix »post« zu denken versucht, eigentlich jener Standpunkt ist, den Heidegger und Nietzsche mit unterschiedlichen, aber entsprechend unserer Interpretation zutiefst ähnlichen Termini, zu konstruieren versuchten, in Auseinandersetzung mit der Tradition des europäischen Denkens; einer Tradition, die sie radikal in Frage gestellt haben, wenngleich sie sich weigerten, eine kritische »Überwindung« [»superamento«] vorzulegen, aus dem einfachen Grunde, daß man dann immer noch ein Gefangener der diesem Denken eigenen Logik der Entwicklung geblieben wäre. Von dem Standpunkt aus, den wir – trotz der beträchtlichen Unterschiede – als Nietzsche und Heidegger gemeinsam geltend ansehen können, kann man die Moderne in der Tat als von der Idee der Geschichte des Denkens im Sinne fortschreitender »Aufklärung« beherrscht charakterisieren, die sich aufgrund einer immer vollständigeren Aneignung und Wiederaneignung der »Gründe« entwickelt, welche häufig auch als die »Ursprünge« gedacht werden, so daß die Revolutionen (sowohl die theoretischen als auch die praktischen) der abendländischen Geschichte sich meistens als »Wiedergewinnungen«, Renaissancen, Wiederkünfte erweisen und legitimieren. Der Begriff der »Überwindung«, der eine so große Bedeutung in der ganzen modernen Philosophie besitzt, faßt den Verlauf des Denkens als eine allmähliche Entwicklung auf, in der sich das Neue durch die Vermittlung der Wiedergewinnung und der Aneignung des ursprünglichen Grundes mit dem Wert identifiziert. Aber gerade der Begriff des Grundes und des Denkens wird als Begründung und Zugang zum Grund von Nietzsche und Heidegger radikal in Frage gestellt. Beide befinden sich in dem Zustand, daß sie auf der einen Seite eine kritische Distanz zum abendländischen Denken als Denken des Grundes einnehmen müssen, während sie auf der anderen Seite dieses Denken nicht im Namen einer anderen, wahreren Begründung kritisieren können. In diesem Sinne können sie mit gutem Recht als Philosophen der Postmoderne betrachtet werden. Das »post« der »Postmoderne« weist tatsächlich auf ein Abschiednehmen von der Moderne hin, sofern es sich ihrer Logiken der Entwicklung, und das heißt vor allem der Idee der kritischen »Überwindung«, in Richtung einer neuen Begründung entziehen will, und es sucht genau das, was Nietzsche und Heidegger in ihrer eigenen »kritischen« Beziehung zum abendländischen Denken gesucht haben.

Hat aber diese ganze Mühe der »Erörterung« wirklich einen Sinn?[2] Warum sollte es für die Philosophie (in deren Horizont zu verbleiben hier beabsichtigt ist) wichtig sein, zu bestimmen, ob wir in der Moderne oder in der Postmoderne sind, und allgemein unseren Platz in der Geschichte zu definieren? Eine erste Antwort auf diese Frage ist die Feststellung, daß einer der typischen Inhalte der Philosophie, d. h. der Philosophie des 19. und 20. Jahrhunderts, die unser nächstliegendes Erbe darstellt, recht eigentlich die Negation stabiler Seinsstrukturen ist, denen sich das Denken zuwenden sollte, um sich in ungefährdeten Sicherheiten zu »gründen«. Diese Auflösung der Stabilität des Seins ist in den großen Systemen des metaphysischen Historismus des 19. Jahrhunderts nur partiell: Dort »ist« nicht das Sein, sondern es entwickelt sich nach notwendigen und erkennbaren Rhythmen, die also noch eine gewisse ideelle Stabilität bewahren. Nietzsche und Heidegger dagegen denken das Sein gänzlich als *Ereignis*, und für sie ist es deshalb entscheidend, um im eigentlichen Sinne vom Sein sprechen zu können, zu verstehen, »an welcher Stelle« wir – und es selbst – uns befinden. Die Ontologie ist nichts anderes als eine Interpretation unserer Kondition oder unserer Situation, da das Sein nichts außerhalb seines »Ereignisses« ist, das in seinem und in unserem Geschichtlichwerden geschieht.

All dies, wird man sagen, ist doch typisch modern: eine der verbreitetsten und zuverlässigsten Betrachtungsweisen der

Moderne ist in der Tat diejenige, die sie als »Zeitalter der Geschichte« charakterisiert, gegenüber dem antiken Denken, das von einer naturalistischen und zyklischen Betrachtungsweise des Weltganges beherrscht ist.[3] Es ist allein die Moderne, die, indem sie das jüdisch-christliche Erbe in rein weltlichen und säkularen Begriffen weiterführt und ausarbeitet (die Idee der Geschichte als Erlösungsgeschichte, zwischen Schöpfung, Sünde, Erlösung und Warten auf das Endgericht), der Geschichte eine ontologische Tragweite, unserer Lokalisierung in ihrem Lauf eine ausschlaggebende Bedeutung verleiht. Falls das aber so ist, erscheint jeder Diskurs über die Postmoderne als widersprüchlich: das ist heute übrigens auch einer der verbreitetsten Einwände gegen den Begriff der Postmoderne selbst. Wenn man behauptet, daß wir uns in einem späteren Stadium in bezug auf die Moderne befinden, und dieser Tatsache eine gewissermaßen entscheidende Bedeutung verleihen, so setzt dies die Annahme gerade desjenigen voraus, was den Standpunkt der Moderne kennzeichnet, nämlich die Idee der Geschichte mit ihren Korollarien, mit dem Begriff des Fortschritts und dem der Überwindung. Dieser Einwand, der in verschiedener Hinsicht die typische Leere und Unabgeschlossenheit der rein formalen Argumente aufweist (wie etwa – paradigmatisch – das Argument gegen den Skeptizismus: Wenn man sagt, daß alles falsch ist, dann erhebt man den Anspruch, die Wahrheit zu sagen, also ...), weist dennoch auf eine echte Schwierigkeit hin: nämlich die, ein unverwechselbares Kennzeichen eines Wendepunkts in bezug auf jene Bedingungen (der Existenz, des Denkens) zu bestimmen, die als Postmoderne bezeichnet werden, gegenüber den allgemeinen Merkmalen der Moderne. Das reine und einfache Bewußtsein – oder die Forderung –, etwas Neues in der Geschichte darzustellen, eine neue, andersgeartete Gestalt in der Phänomenologie des Geistes, würde tatsächlich die Postmoderne in die Richtung der Moderne einordnen, in der die Kategorie der Neuheit und der Überwindung herrscht. Die Dinge ändern sich aber, wenn man – wie wohl einzusehen ist – die Postmoderne nicht nur als Neuheit gegenüber der Moderne, sondern auch als Auflösung der Kategorie des Neuen charakterisiert, als Erfahrung vom »Ende der Geschichte«, eher als die Vorstellung einer andersgearteten Phase – sei es nun einer fortschrittlicheren oder einer rückschrittlicheren – der Geschichte selbst.

Nun, eine Erfahrung vom »Ende der Geschichte« scheint in der Kultur des 20. Jahrhunderts weit verbreitet zu sein, wo, in vielen Formen, die Erwartung des »Untergangs des Abendlandes« ständig wiederkehrt, eine Erwartung, die in letzter Zeit in der Form der atomaren Katastrophe als besonders bedrohlich erscheint.[4] Das Ende der Geschichte ist in diesem katastrophalen Sinne das Ende des menschlichen Lebens auf der Erde. Da wir von einer solchen Möglichkeit tatsächlich bedroht sind, ist das in unserer gegenwärtigen Kultur verbreitete Katastrophengefühl alles andere als eine unmotivierte Haltung. Man kann damit auch jene philosophischen Positionen in Verbindung setzen, die, indem sie sich bisweilen auch auf Nietzsche und Heidegger berufen, eine Rückkehr zu den Ursprüngen des europäischen Denkens beschwören,[5] zu einer Vision des Seins, die von einem bei jeder Annahme des Werdens inbegriffenen Nihilismus noch nicht infiziert ist, wovon dann die Entstehung und Entwicklung der modernen Technik abhängt, mit all ihren zerstörerischen Implikationen, die uns bedrohen. Die Schwäche dieser Position liegt nicht nur in der Illusion – zu der man sich übrigens nicht so naiv bekennt –, daß man zu den Ursprüngen zurückkehren könnte, sondern vor allem, was schwerwiegender ist, in der Überzeugung, daß vom Sein her dasjenige nicht entstehen könnte, was tatsächlich entstanden ist: dagegen dürfte »Rückkehr zu Parmenides« wahrscheinlich lediglich wieder ein Von-vorne-Beginnen bedeuten – es sei denn, man behauptete – nihilistisch – eine absolute Kausalität des Prozesses, der von sich aus zur modernen Wissenschaft und Technik und zur Atombombe geführt hat.

Es ist also nicht in einem solchen katastrophalen Sinne, wenn in diesem Buch von der Postmoderne als Ende der Geschichte die Rede ist. Im Gegenteil, auch die drohende Möglichkeit einer atomaren Katastrophe, die sicherlich real ist, wird hier als charakteristisches Element dieser »neuen« Weise betrachtet, die Erfahrung zu leben, welche man mit dem Ausdruck »Ende der Geschichte« bezeichnet. Man könnte diese Redeweise erhellen, indem man lieber vom Ende der Geschichtlichkeit sprechen würde, aber dies könnte ein Mißverständnis weiterbestehen lassen: nämlich das des Unterschiedes zwischen einer Geschichte als objektivem Prozeß, in den wir irgendwie eingebettet sind, und der Geschichtlichkeit als einer bestimmten Art und Weise, sich dieser Zugehörigkeit bewußt zu sein. Was hingegen das Ende der Geschichte in der postmodernen Erfahrung kennzeichnet, ist folgendes: Während der Begriff der Geschichtlichkeit in der Theorie immer problematischer wird,[6] löst sich in der Praxis der Geschichtsschreibung und in ihrem methodologischen Selbstverständnis die Idee einer Geschichte als einheitlicher Prozeß auf, und in der konkreten Existenz richten sich wirkungsvolle Bedingungen ein – nicht nur die drohende atomare Katastrophe, sondern auch und vor allem die Technik und das Informationssystem –, die der Geschichte eine Art wahrhaft ungeschichtlicher Unbeweglichkeit verleihen. Nietzsche und Heidegger, und mit ihnen jenes ganze Denken, das sich auf die Themen der hermeneutischen Ontologie beruft, werden hier – auch über ihre Absichten hinaus – als jene Denker genommen, die die Grundlagen zu einem Bild der Existenz innerhalb dieser neuen Bedingungen der Ungeschichtlichkeit – oder besser der Postgeschichtlichkeit – gelegt haben. Es ist die theoretische Ausarbeitung dieses Bildes – die sich augenblicklich gewiß in ihrer Anfangsphase befindet –, welche dem Diskurs über die Postmoderne Gewicht und Bedeutung verleihen kann, indem auf diese Weise die Kritik und der Verdacht besiegt werden, es handele sich bloß um die zigste »moderne« Mode, um die zigste Überwindung, die nur, weil sie aktueller, neuer und somit gültiger ist, sich gegenüber einer Betrachtung der

Geschichte als Fortschritt zu legitimieren versucht – das heißt genau entsprechend den Legitimationsmechanismen, die die Moderne charakterisieren.

Die Beschreibung unserer gegenwärtigen Erfahrung als Postgeschichtlichkeit ist sicherlich ein Risiko, und sie scheint einem vereinfachenden Soziologismus zu frönen, dessen sich die Philosophen häufig schuldig machen. Dennoch, auch und vor allem die Philosophien, die der Erfahrung treu bleiben wollen, können nicht umhin, auf der Grundlage eines »vor allem und meistens« zu argumentieren, der Merkmale der Erfahrung, die, wie man voraussetzen muß, jeder vor Augen hat: Das hat die Philosophie der Vergangenheit getan, auch die Husserlsche Phänomenologie, der Heidegger von *Sein und Zeit*, der Wittgenstein der Analysen der Sprachspiele. Auch das Sichbeziehen auf Autoren – Philosophen oder Soziologen oder Anthropologen – setzt immer schon eine Auswahl voraus, die man als gerechtfertigt mit Bezug auf das »vor allem« und »meistens« unserer gemeinsamen Erfahrung annimmt, ohne sie vorher beweisen zu können. Der Diskurs über die Postmoderne legitimiert sich aufgrund der Tatsache, daß – wenn wir die Erfahrung betrachten, die wir in den westlichen Gesellschaften der Gegenwart machen – ein Begriff wie jener der *post-histoire*, der in die Terminologie der heutigen Kultur durch Arnold Gehlen eingeführt wurde,[7] angemessen zu sein scheint, um die Postmoderne zu beschreiben. Viele der theoretischen Elemente, die wir bisher zitiert haben, lassen sich unter dieser Kategorie zusammenfassen. Bei Gehlen weist er auf den Zustand hin, in dem »der Fortschritt zur Routine wird«: Die menschlichen Fähigkeiten, über die Natur technisch zu verfügen, haben zugenommen, und sie nehmen derart zu, daß, während immer neue Ergebnisse erreichbar werden, die Fähigkeit zur Disposition und Planung sie immer weniger »neu« erscheinen läßt. Bereits jetzt wird in der Konsumgesellschaft die ständige Erneuerung (der Kleidung, der Werkzeuge, der Bauten) physiologisch durch das pure, einfache Überleben des Systems gefordert;

Neuheit hat nichts »Revolutionäres« und Erschütterndes an sich. Sie erlaubt, daß die Dinge in derselben Weise weitergehen. Es gibt eine Art von tiefer »Unbeweglichkeit« der technischen Welt, wie sie von vielen Science-Fiction-Autoren als die Reduktion jeglicher Erfahrung der Wirklichkeit auf die Erfahrung der Bilder geschildert wird (niemand trifft mehr mit einem anderen Menschen zusammen, man betrachtet alles am Fernsehmonitor, den man vom Sessel aus in der eigenen Stube steuert) und wie sie sich, wirklichkeitsnäher, bereits in dem wattierten und klimatisierten Schweigen wahrnehmen läßt, das die Arbeit an Computern umgibt.

Die Bedingung, die Gehlen »post-geschichtlich« nennt, spiegelt dennoch nur eine extreme Phase der Entwicklung der Technik wider, bei der wir noch nicht angekommen sind, die aber berechtigterweise erwartet werden kann. Der Fortschritt wird zur Routine auch deshalb, weil – auf der theoretischen Ebene – die Entwicklung der Technik von der »Säkularisierung« des Fortschrittsbegriffs selbst vorbereitet und begleitet worden ist: die Geschichte der Ideen – durch einen Prozeß, der auch als die logische Entfaltung einer Argumentation beschrieben werden kann – hat zur Entleerung dieses Begriffs geführt. Die Geschichte, die aus christlicher Sicht als Erlösungsgeschichte erschien, verwandelte sich zuerst in die Suche nach einem Zustand innerweltlicher Perfektion und dann, nach und nach, in die Geschichte des Fortschritts: aber das Ideal des Fortschritts ist leer, sein Endzweck besteht darin, Bedingungen zu schaffen, unter denen immer ein neuer Fortschritt möglich sein soll. Wenn aber das »Wohin« entfällt, führt die Säkularisierung auch zur Auflösung des Fortschrittsbegriffs selbst – was in der Kultur zwischen dem 19. und dem 20. Jahrhundert geschieht.

Diese Beschreibungen von Gehlen, die man übrigens auch, anders ausgedrückt, bei Heidegger in seinen Thesen über die Geschichtslosigkeit der technischen Welt findet, sind nicht nur Echo der katastrophenorientierten Kulturkritik* des frühen 20. Jahrhunderts (übrigens in einer anderen Denkrichtung, jener der Frankfurter Schule, breit wiederaufgenommen); sie finden auch eine Entsprechung in den Verwandlungen des Geschichtsbegriffs selbst in der Kultur der Gegenwart. Der von Gehlen beschriebenen Situation ist wahrscheinlich die Tatsache nicht fremd, daß es im Denken der Gegenwart keine »Geschichtsphilosophie« gibt (auch der Marxismus hat sich in unserer Kultur dort am strengsten gegenwärtig erhalten, wo er sich von der Geschichtsphilosophie getrennt hat: denken wir an den »strukturalistischen« Marxismus Althussers). Nicht nur das: Die Abwesenheit einer Geschichtsphilosophie wird begleitet durch das, was man mit gutem Recht als eine wahre und echte Auflösung der Geschichte in der gegenwärtigen Praxis und im methodologischen Bewußtsein der Geschichtsschreibung bezeichnen kann.[8] Auflösung bedeutet gewiß vor allem Zerbrechen der Einheit und nicht schlichtweg Ende der Geschichte: Man hat bemerkt, daß die Geschichte der Ereignisse – der politischen, der militärischen, der großen Ideenbewegungen – nur eine Geschichte unter anderen ist; man kann ihr zum Beispiel die Geschichte der Lebensweisen, die viel langsamer verläuft und fast einer »Naturgeschichte« der menschlichen Angelegenheiten gleichkommt, entgegenstellen. Oder, radikaler: Die Anwendung der analytischen Werkzeuge von der Rhetorik auf die Geschichtsschreibung hat gezeigt, daß letztlich das Bild der Geschichte, das wir uns machen, ganz und gar durch die Regeln einer literarischen Gattung bedingt ist – daß die Geschichte also viel mehr »eine Geschichte«, eine Erzählung ist als das, was man im allgemeinen darunter zu verstehen geneigt ist. Das Bewußtsein von den rhetorischen Mechanismen des Textes wurde von einem aus anderen theoretischen Zusammenhängen stammenden Bewußtsein von den ideologischen Eigenschaften der Geschichte begleitet: Benjamin hat in den »Geschichtsphilosophischen Thesen« von der »Geschichte der Sieger« gesprochen;[9] nur von deren Gesichtspunkt her erscheint der geschichtliche Prozeß als ein einheitlicher Gang, ausgestattet mit Folgerichtigkeit und

Rationalität; die Besiegten können ihn nicht so sehen, auch und vor allem, weil die Erinnerung an ihre Erfahrungen und Kämpfe aus dem kollektiven Gedächtnis gewaltsam getilgt wurden; diejenigen, die die Geschichte lenken, sind die Sieger, die nur das bewahren, was sich in das Bild fügt, das sie sich von ihr machen, um ihre eigene Macht zu legitimieren. Im Zuge der Radikalisierung dieser verschiedenen Bewußtseinsformen tauchte letztlich auch die Idee auf, daß es, den verschiedenen Vorstellungen der Geschichte sowie den verschiedenen sie charakterisierenden Zeitrhythmen entsprechend, eine einheitliche starke »Zeit« geben müsse (die dann die Zeit der klassenlosen Klasse, des Proletariats, Träger des wahren menschlichen Wesens wäre), wie Ernst Bloch sie als eine letzte metaphysische Illusion vertrat.[10] Wenn es aber keine einheitliche tragende Geschichte, sondern nur die verschiedenen Geschichten, die verschiedenen Ebenen und Rekonstruktionsweisen der Vergangenheit im Bewußtsein und in der kollektiven Einbildungskraft gibt, dann ist es schwer einzusehen, bis zu welchem Grad die Auflösung der Geschichte als Verbreitung von »Geschichten« nicht zugleich ein wahres und richtiges Ende der Geschichte als solcher ist; der Geschichtsschreibung als der Vorstellung – und sei sie noch so vage – von einem einheitlichen Gang von Ereignissen, der aber auch selbst, nachdem die Einheit des Diskurses über ihn beseitigt wurde, jede wiedererkennbare Konsistenz verliert.

Die »Auflösung« der Geschichte, in den verschiedenen Bedeutungen, die man diesem Ausdruck beimessen kann, ist im übrigen wahrscheinlich die Eigenschaft, die am deutlichsten die Geschichte der Gegenwart im Vergleich zur »modernen« Geschichte auszeichnet. Die Gegenwart (gewiß nicht die Geschichte der Gegenwart, die der schulmäßigen Unterteilung zufolge mit der Französischen Revolution beginnt) ist jene Epoche, in der man aufgrund der Vervollkommnung der Instrumente zur Sammlung und Übertragung von Informationen eine »Universalgeschichte« nunmehr verwirklichen könnte, diese aber unmöglich geworden ist. Wie Nicola Tranfaglia bemerkt, hängt das mit der Tatsache zusammen, daß die Welt der über die ganze Erde verbreiteten Medien zugleich die Welt ist, in der die »Zentren« der Geschichte – d. h. die Mächte, die fähig wären, Informationen aufgrund einer einheitlichen Sichtweise, die wiederum immer das Ergebnis politischer Optionen ist, zu sammeln und zu übertragen – sich vervielfältigt haben.[11] Aber auch dies zeigt vielleicht nicht nur, daß eine »Universalgeschichte« als Geschichtsschreibung, als *historia rerum*, nicht möglich ist, sondern auch, daß die Bedingungen selbst zu einer Universalgeschichte als einem wirklich einheitlichen Gang der Ereignisse, als *res*, geschwunden sind.

Wir müßten vielleicht sagen, daß das Leben in der Geschichte, welches als bedingtes und von einem einheitlichen Gang der Ereignisse unterstützten Moment (das Zeitunglesen als Morgengebet des *modernen* Menschen) empfunden wird, eine Erfahrung ist, die wohl nur dem modernen Menschen möglich geworden ist, da erst mit der Moderne (dem Zeitalter Gutenbergs, nach der richtigen Beschreibung McLuhans) die Bedingungen für den Bau und die Übertragung einer globalen Vorstellung der menschlichen Erlebnisse geschaffen wurden; aber unter Bedingungen derselben noch weiter perfektionierten Instrumente zur Sammlung und Übertragung von Informationen (das Zeitalter des Fernsehens, weiterhin nach McLuhan), wird eine solche Erfahrung wiederum problematisch und letztlich unmöglich. Die Geschichte der Gegenwart, von diesem Gesichtspunkt aus gesehen, ist nicht nur diejenige, die die uns chronologisch näher stehenden Jahre betrachtet; sie ist, in einer strengeren Ausdrucksweise, die Geschichte derjenigen Epoche, in der aufgrund der Nutzung der neuen Kommunikationsmedien, vor allem des Fernsehens, alles dazu neigt, auf der Ebene der Gegenwart und der Gleichzeitigkeit zu verflachen. Dadurch wird auch eine Entgeschichtlichung der Erfahrung erzeugt.[12]

In der Idee der *post-histoire* haben wir auf diese Weise, auch über die ausdrücklichen Intentionen hinaus, die Gehlen bei seiner Verwendung des Begriffs bestimmt haben, einen weniger vagen Bezugspunkt, und so hoffen wir, die Diskurse über Moderne und Postmoderne mit Inhalt füllen zu können. Was die Diskussion der postmodernistischen Theorien legitimiert und sie auch diskussionswürdig macht, ist die Tatsache, daß deren Anspruch auf eine radikale »Wende« gegenüber der Moderne nicht unbegründet erscheint, falls die Feststellungen über den postgeschichtlichen Charakter der gegenwärtigen Existenz Geltung haben. Diese Feststellungen, die sich nicht nur auf die theoretischen Ausformungen beziehen, sondern – etwa in der Gesellschaft universaler Information, in der Praxis der Geschichtsschreibung und auch in den Künsten und im verbreiteten sozialen Selbstbewußtsein – konkretere Entsprechungen haben, zeigen die späte Moderne als den Ort, in dem sich vielleicht eine andere Möglichkeit der menschlichen Existenz ankündigt. Auf diese Möglichkeit deuten in der Auslegung, die wir hier vertreten, philosophische, mit »prophetischen« Tönen beladene Doktrinen, wie die Nietzsches und Heideggers, hin, welche in diesem Licht weniger apokalyptisch, sondern vielmehr auf unsere Erfahrung zurückführbar erscheinen. Die Bedeutung des theoretischen Bezuges zu diesen Autoren – der, wie man im Laufe dieses Buches sehen wird, durch andere nur scheinbar heterogene Hinweise auf die letzten Entwicklungen der Hermeneutik sowie auf die Wiederaufnahme der Rhetorik und des Pragmatismus in der neueren Philosophie ergänzt wird – besteht in der von ihnen gebotenen Möglichkeit, von einer bloßen kritisch-negativen Beschreibung der postmodernen Kondition, die typisch für die Kulturkritik* des frühen 20. Jahrhunderts und deren Nachkommen in der neueren Kultur ist,[13] zu einer Betrachtungsweise dieser Kondition im Sinne einer Möglichkeit und einer positiven Chance zu kommen. Nietzsche hat über all dies, gewiß etwas dunkel, in seiner Theorie eines möglichen aktiven und positiven Nihilismus gesprochen; Heidegger hat mit der Idee einer Verwindung* der Metaphysik, die keine kritische Überwindung in der »modernen« Bedeutung des Terminus sein möchte (vgl. dazu das abschließende Kapitel dieses Buches), auf dasselbe hingewiesen. Das, was Nietzsche und Heidegger zufolge dem Denken dazu verhelfen kann, eine konstruktive Stellung innerhalb der Postmoderne einzunehmen, hat mit dem zu tun, was ich an anderer Stelle als Schwächung des Seins [l'indebolimento dell'essere] zu bezeichnen vorgeschlagen habe.[14] Der Zugang zu den positiven Chancen, die im Hinblick auf das Wesen des Menschen selbst in den postmodernen Existenzbedingungen zu finden sind, ist nur dann möglich, wenn man die Resultate der »Destruktion der Ontologie«[15], die Heidegger und zuerst Nietzsche vollzogen haben, ernst nimmt. Solange der Mensch und das Sein metaphysisch, platonisch gedacht werden, und zwar im Sinne stabiler Strukturen, die dem Denken und der Existenz die Aufgabe auferlegen, »sich zu begründen«, sich (mit der Logik, mit der Ethik) im Bereich des Nicht-Werdens festzusetzen, indem sie sich in einer umfassenden Mystifizierung der starken Strukturen in allen Bereichen der Erfahrung reflektieren, solange wird es dem Denken nicht möglich sein, jene wahre und eigentliche postmetaphysische Epoche, die die Postmoderne ist, zu erleben. Nicht, daß in ihr alles als ein Weg zur Beförderung des Menschlichen angenommen wird, denn die Fähigkeit, zwischen den Möglichkeiten zu wählen und zu unterscheiden, mit denen uns die postmoderne Kondition konfrontiert, entsteht nur auf der Grundlage einer Analyse, die sie in den ihr eigenen Merkmalen begreift, die sie als Bereich des Möglichen erkennt, anstatt sie nur als Hölle der Negation des Menschlichen zu denken.

Es geht vor allem darum, und das ist eines der wiederkehrenden Themen des Buches, sich einer nicht-metaphysischen Auffassung von Wahrheit zu öffnen, welche sie nicht so sehr vom positivistischen Modell der wissenschaftlichen Erkenntnis her interpretiert, sondern, zum Beispiel (nach dem be-

zeichnenden Vorschlag der Hermeneutik), von der Erfahrung der Kunst und vom Modell der Rhetorik her. In einer sehr allgemeinen Weise und in einer Vielfalt von Bedeutungen, die bisher noch kaum untersucht wurden, läßt sich wahrscheinlich sagen, daß die postmoderne (und das heißt, heideggerisch, die postmetaphysische) Erfahrung der Wahrheit eine ästhetische und rhetorische Erfahrung ist; dies hat, wie sich zeigen wird, nichts mit einer Reduktion der Erfahrung der Wahrheit auf Emotionen und »subjektive« Empfindungen zu tun, vielmehr geht es darum, zu erkennen, daß die Wahrheit mit dem Denkmal, mit dem Vertrag, mit der »Substantialität« der geschichtlichen Übertragung verbunden ist. Aber der Hinweis auf den ästhetischen Charakter der Erfahrung des Wahren hat zugleich einen anderen Sinn: nämlich auf die Nichtrückführbarkeit des Geschehnisses der Wahrheit auf bloße Anerkennung und auf die Bekräftigung des »gesunden Menschenverstandes« aufmerksam zu machen, in dem man dennoch (wie die Analysen Gadamers über den Begriff *kalon* zeigen)[16] eine Fülle und eine entscheidende Kapazität für alle mögliche, nicht bloß intimistische Erfahrung des Wahren erkennen muß. Aber der Übergang zum Bereich des Wahren ist nicht der bloße Übergang zum »gesunden Menschenverstand«, so groß auch die ihm zugeschriebene »substantielle« Bedeutung sein mag; in der ästhetischen Erfahrung das Modell der Erfahrung der Wahrheit zu erkennen bedeutet vielmehr auch anzunehmen, daß diese mit etwas mehr als dem bloßen gesunden Menschenverstand zu tun hat, mit »Klümpchen« intensiverer Bedeutung als denen, die lediglich aus einem Diskurs hervorgehen können, der sich nicht auf die Verdopplung des Seienden beschränkt, sondern auch die Möglichkeit, es zu kritisieren, behält.
Wie man sehen wird, werden alle diese Probleme, auch aufgrund des keineswegs systematischen und endgültigen Charakters dieses Buches, eher erläutert und vertieft als gelöst. Aber vielleicht ist das auch – neben einem traditionellen Zug des philosophischen Diskurses (dessen Argumentations-

regeln die folgenden Seiten treu bleiben wollen) – eine Art und Weise, und sei es nur eine »schwache«, die Erfahrung der Wahrheit zu machen, nicht wie die eines Gegenstandes, den man sich aneignet und den man überträgt, sondern als eines Horizontes und Hintergrundes, innerhalb dessen man sich diskret bewegt.

Anmerkungen

1 Vgl. z. B. R. Schürmann, *Anti-Humanism. Reflections on the Turn Towards the Post-Modern Epoch*, in: *Man and World* 2 (1979) S. 160–177, und die gesammelten Aufsätze in: P. Carravetta / P. Spedicato (Hrsg.), *Postmoderno e letteratura*, Mailand 1984.

2 Ich schreibe »Erörterung« [»collocazione«] in Anführungszeichen, weil ich mich auf Heideggers Gebrauch des Wortes beziehe, bei dem »Er-örterung«*, der Etymologie gemäß, eher ›Aufstellung‹ als ›Diskussion‹ meint. Vgl. dazu G. Vattimo, *Essere, storia e linguaggio in Heidegger*, Turin 1963.

3 Diese Gegenüberstellung wird am deutlichsten und umfassendsten in K. Löwiths berühmtem Buch *Meaning in History* (Chicago 1949; dt.: *Weltgeschichte und Heilsgeschehen*, übers. von H. Kesting, Stuttgart 1953) umrissen; vgl. auch Löwiths *Nietzsches Philosophie der ewigen Wiederkehr des Gleichen* (Berlin 1935).

4 Vgl. dazu das kürzlich erschienene Buch von G. Sasso, *Tramonto de un mito. L'idea di »progresso« fra Ottocento e Novecento*, Bologna 1984.

5 »Ritornare a Parmenide« (»Zurück zu Parmenides«) ist, wie allgemein bekannt, der sinnbildliche Titel eines Aufsatzes von E. Severino, der den ersten Teil seines Bandes »*Essenza del nichilismo*« bildet (Mailand 1982; dt.: *Vom Wesen des Nihilismus*, übers. von M. Oschwald-Di Felice, Stuttgart 1983).

6 Vgl. darüber noch einmal Sasso (s. Anm. 4), Kap. IV–V.

7 Vgl. Teil 2, Kap. VI des vorliegenden Bandes.

8 Ich habe diese Themen ausführlich in »Il tempo nella filosofia del novecento« erörtert, einem Beitrag zu *Gli strumenti della ricerca*, Tl. 2, hrsg. von N. Tranfaglia (Florenz, 1983; *Il mondo contemporaneo*, Bd. 10). Vgl. auch meine Einleitung zur Bibliographie

der Humanwissenschaften in Bd. 12 der *Enciclopedia Europea*, Mailand 1984.

9 Vgl. W. Benjamin, »Geschichtsphilosophische Thesen«, in: W.B., *Illuminationen*, Frankfurt a. M. 1961, S. 268 ff.

10 Vgl. E. Bloch, »Differenzierungen im Begriff Fortschritt« (1955), in: E.B., *Tübinger Einleitung in die Philosophie*, Frankfurt a. M. 1985, S. 118 ff. Zu Blochs Geschichtsphilosophie vgl. R. Bodei, *Multiversum. Tempo e storia in E. Bloch*, Neapel 1979.

11 Vgl. Tranfaglia (s. Anm. 8) S. 535–536.

12 Wenn man sich einigen kann, daß die Moderne durch das »Primat der wissenschaftlichen Erkenntnis« gekennzeichnet ist, wie C. A. Viano in »La crisi del concetto di ›modernità‹« (in: *Intersezioni*, 1984, Nr. 1, S. 25–39) vertritt, muß man aber präzisieren (was Viano entgeht, da er den Verdacht hat, in den Theorien vom Ende der Moderne handle es sich um die Mühe, dieses Primat der Wissenschaft auszutreiben), daß heute dieses Primat sich vor allem als Primat der Technologie ausbreitet; und das nicht in einem allgemeinen Sinne (immer mehr Maschinen, um das Verhältnis des Menschen zur Natur zu vereinfachen), sondern im spezifischen Sinne der Informationstechnologien. Der Unterschied zwischen fortschrittlichen und unterentwickelten Ländern bemißt sich heute danach, wie weit die Informatik, nicht die Technik im allgemeinen Sinne, eingedrungen ist. Hier dürfte wohl der eigentliche Unterschied zwischen »modern« und »postmodern« liegen.

13 Als ein Nachkomme dieser Art erscheint immer mehr, zumindest in einigen ihrer Aspekte, die Frankfurter »Kritische Theorie«. Eine Bestätigung dafür könnte man in der Polemik erkennen, die Habermas in den letzten Jahren (bisher nur in kurzen Beiträgen und Zeitschriftenaufsätzen; in Italien z. B. in *Alfabeta*, Nr. 22, März 1981), gegen den Begriff der Postmoderne und zur Verteidigung einer Wiederaufnahme des Emanzipationsprogramms der Moderne geführt hat; dieses sei durch die neuen Existenzbedingungen der spätindustriellen Gesellschaft nicht »aufgelöst«, sondern nur verraten.

14 Vgl. – neben G. Vattimo, *Le avventure della differenza* (Mailand 1979) – mein Buch *Al di là del soggetto* (Mailand 1981; dt.: *Jenseits vom Subjekt*, übers. von S. Puntscher Riekmann, Graz/Wien 1986) und meinen Beitrag in dem Band *Il pensiero debole*, hrsg. von G. Vattimo und P.A. Rovatti (Mailand 1983).

15 So lautet Heideggers Ausdruck in § 6 von *Sein und Zeit* (Halle 1927), den er als eine Aufgabe seines eigenen Denkens bezeichnet,

welche in den nachfolgenden Werken, in denen die Bedeutung selbst des Terminus »Destruktion« tiefgehende Veränderungen erfahren hat, ausgeführt wird.

16 Vgl. Teil 3, Kap. VIII des vorliegenden Bandes.

Erster Teil

Der Nihilismus als Schicksal

I

Apologie des Nihilismus

Die Frage nach dem Nihilismus scheint mir, zumindest grundsätzlich, kein Problem der Geschichtsschreibung zu sein; es ist allenfalls ein geschichtliches* Problem, im Sinne der Beziehung, die Heidegger zwischen »Geschichte«* und »Geschick«* herstellt. Der Nihilismus ist Wirklichkeit: Man kann keine Bilanz über ihn ziehen, aber man kann und muß versuchen zu verstehen, bis zu welchem Grade er ist, in welcher Sache er uns betrifft, zu welchen Wahlmöglichkeiten und Verhaltensweisen er uns aufruft. Ich glaube, daß man unsere Position gegenüber dem Nihilismus (das heißt, die Stelle, die wir im Nihilismusprozeß einnehmen) durch den Rekurs auf eine Figur bestimmen kann, die häufig in Nietzsches Texten vorkommt, nämlich die des »vollkommenen Nihilisten«. Der vollkommene Nihilist ist derjenige, der begriffen hat, daß der Nihilismus seine (einzige) Chance ist. Das, was heute bezüglich des Nihilismus stattfindet, ist folgendes: Wir fangen an, vollkommene Nihilisten zu werden (werden zu können).

Nihilismus bedeutet hier das, was es für Nietzsche bedeutet in dem Vermerk, der am Anfang der alten Auflage des *Willens zur Macht* steht: die Situation, in der der Mensch aus dem Zentrum ins X rollt. Aber Nihilismus in diesem Sinne ist auch identisch mit dem, was Heidegger definiert hat: der Prozeß, in dem, letzten Endes, mit dem Sein selbst »nichts« (mehr) »ist«. Die Heideggersche Definition betrifft nicht nur die Seinsvergessenheit seitens des Menschen, als ob der Nihilismus nur die Folge einer Verirrung, eines Betrugs oder Selbstbetrugs der Erkenntnis wäre, wogegen man die immer aktuelle und gegenwärtige Festigkeit des Seins selbst, das zwar »vergessen«, aber weder aufgelöst noch verschwunden ist, geltend machen könnte.

Weder Nietzsches noch Heideggers Definition betrachten den Menschen lediglich auf der psychologischen oder soziologischen Ebene. Im Gegenteil! Daß der Mensch aus dem Zentrum ins X rollt, ist nur möglich, weil »mit dem Sein als solchem« »nichts« (mehr) »ist«. Der Nihilismus betrifft vor allem das Sein selbst; auch wenn das nicht betont wird, als ob man damit sagen würde, daß es in der Konsequenz viel mehr und etwas ganz anderes als »einfach« den Menschen betrifft.

Auch über die Inhalte, über die Erscheinungsweisen des Nihilismus stimmt Nietzsches These mit der Heideggers, abgesehen von den Unterschieden des theoretischen Ansatzes, überein. Für Nietzsche läßt sich der ganze Prozeß des Nihilismus im Tode Gottes oder auch in der »Entwertung der höchsten Werte« zusammenfassen. Für Heidegger vernichtet sich das Sein, insofern es sich vollständig in den Wert umwandelt. Diese Charakterisierung des Nihilismus wird von Heidegger so angelegt, daß sie auch Nietzsche, den vollkommenen Nihilisten, einschließt, obwohl es dabei für Heidegger ein Mögliches und Wünschenswertes jenseits des Nihilismus zu geben scheint, während für Nietzsche die Vollendung des Nihilismus alles ist, was wir erwarten und hoffen dürfen. Heidegger selbst, von einem eher Nietzscheschen als Heideggerschen Standpunkt aus, tritt in die Geschichte der Vollendung des Nihilismus wieder ein; der Nihilismus scheint recht eigentlich jenes postmetaphysische Denken zu sein, das er sucht. Aber genau all das besagt die These, wonach der vollkommene Nihilismus unsere einzige Chance ist ...

Was bedeutet es aber indessen, daß Nietzsches und Heideggers Definition des Nihilismus übereinstimmen? Für den einen Tod Gottes und Entwertung der höchsten Werte; für den anderen Reduktion von Sein auf Wert. Es scheint schwierig, die Übereinstimmung zu sehen, solange man auf der Tatsache beharrt, daß für Heidegger die Reduktion von Sein auf Wert das Sein in die Macht des Subjekts gibt, das die Werte »erkennt« (so wie etwa der Satz vom Grund *principium reddendae rationis* ist: die Ursache fungiert nur als solche, insofern sie vom Cartesischen Subjekt erkannt wird). Nihilismus wäre also, im Heideggerschen Sinne, der unrechtmäßige Anspruch, daß das Sein, statt in autonomer Weise unabhängig und begründend zu bestehen, in der Macht des Subjekts stehe.

Dies ist aber wahrscheinlich nicht die endgültige Bedeutung der Heideggerschen Definition des Nihilismus, die, derart isoliert, zu der Meinung führen würde, daß Heidegger einfach das Verhältnis Subjekt–Objekt zugunsten des Objekts umkehren will (so liest Adorno Heidegger in der *Negativen Dialektik*)[1].

Um Heideggers Definition des Nihilismus adäquat zu verstehen und ihre Affinität zu Nietzsches Definition zu erkennen, müssen wir dem Ausdruck »Wert«, der das Sein auf sich reduziert, die strenge Bedeutung von *Tauschwert* beilegen. Auf diese Weise ist der Nihilismus die Reduktion von Sein auf Tauschwert.

In welcher Weise stimmt aber diese Definition mit dem »Gott ist tot« sowie mit Nietzsches Entwertung der obersten Werte überein? Dies erhellt aus der Tatsache, daß auch für Nietzsche nicht die Werte schlechthin verschwunden sind, sondern die höchsten Werte, zusammengefaßt eben im obersten Wert schlechthin, in Gott. Aber all dies – weit entfernt, dem Wertbegriff seinen Sinn zu nehmen, wie es Heidegger richtig gesehen hat – befreit ihn in seiner schwindelerregenden Macht: Nur dort, wo es keine endgültige »unterbrechende«, blockierende Instanz des Wertes »höchster Gott« gibt, können die Werte ihre wahre Natur, d. h. ihre Austauschbarkeit und unbegrenzte Wandelbarkeit und Prozessualität, entfalten.

Man sollte nicht vergessen, daß Nietzsche eine Kulturtheorie erarbeitet hat, in der »mit der Einsicht in den Ursprung [...] die Bedeutungslosigkeit des Ursprungs zu[nimmt]«[2], d. h. in der die Kultur ganz in ihren Verwandlungen besteht (beherrscht von den Gesetzen der Verschiebung, Verdichtung, allgemeinen Sublimierung) und, wenn man will, in der die Rhetorik die Logik vollständig ersetzt. Folgen wir dem roten Faden der Beziehung zwischen Nihilismus und Werten, so können wir sagen, daß nach Nietzsche und Heidegger der Nihilismus die Auflösung des Gebrauchswerts im Tauschwert ist. Der Nihilismus besteht nicht darin, daß das Sein in der Macht des Subjekts ist, sondern daß das Sein sich völlig im Um-laufen des Wertes, in den unbegrenzten Verwandlungen der universalen Gleichwertigkeit, aufgelöst hat.
Was hat die Kultur des 20. Jahrhunderts dieser Ankunft des Nihilismus entgegengesetzt, oder auch: was für eine Antwort hat sie darauf gegeben? Auf philosophischem Gebiet scheinen mir einige Beispiele besonders charakteristisch: Der Marxismus in seinen verschiedenen theoretischen Abwandlungen (mit Ausnahme vielleicht des strukturalistischen Marxismus von Althusser) hat – auf der praktisch-politischen Ebene eher als auf der theoretischen – von der Wiedergewinnung des Gebrauchswertes und seiner Normativität geträumt. Die sozialistische Gesellschaft wurde als diejenige gedacht, in der sich die Arbeit von ihren entfremdeten Merkmalen befreit, weil ihr Produkt, dem perversen Kreislauf der Vermarktung entzogen, einen Bezug von fundamentaler Wiedererkennbarkeit mit dem Erzeuger beibehält (aber je mehr diese Aufhebung der entfremdeten Arbeit der Idealisierung der handwerklichen und »künstlerischen« Produktion entfliehen will, desto mehr muß sie sich in Begriffen komplexer politischer Vermittlungen definieren, um schließlich ihren mythischen Charakter zu enthüllen).
Abgesehen von der dialektischen und deshalb auch totalisierenden Perspektive des Marxismus scheint auch die große Diskussion, die die Philosophie des 20. Jahrhunderts über die

»Geisteswissenschaften« im Gegensatz zu den »Naturwissenschaften« geführt hat, eine defensive Haltung auf einem Gebiet aufzuweisen, wo der Gebrauchswert noch gilt bzw. welches sich der reinen quantitativen Logik des Tauschwerts entzieht – einer quantitativen Logik, welche die Naturwissenschaften genauestens beherrscht, die sich ihrerseits die qualitative Individualität der historisch-kulturellen Fakten entgehen lassen. (Aber schon im Hinblick auf die zentrale Stellung, die für die Geisteswissenschaften das Problem der Interpretation in seiner Abhängigkeit von der Sprache einnimmt, öffnet sich ein Weg für die – wie ich meine – nihilistischen Resultate der jüngsten Hermeneutik; das heißt aber auch: es ist nicht so, daß sich der Nihilismus durch die hermeneutischen Entwicklungen des Heideggerschen Denkens wirklich als die (einzige) Chance des gegenwärtigen Denkens aufdrängt.) Das Bedürfnis, über den Tauschwert in Richtung auf den Gebrauchswert, der sich der Logik der Austauschbarkeit entzieht, fortzuschreiten, beherrscht auch (zumindest vom hier interessierenden Standpunkt aus) die Phänomenologie und den frühen Existentialismus, also auch *Sein und Zeit*.

Phänomenologie und früher Existentialismus, aber auch humanistischer Marxismus und Theoretisierung der »Geisteswissenschaften« sind Erscheinungen eines roten Fadens, der einen großen Teil der europäischen Kultur durchzieht, den wir auch als durch das »Pathos der Eigentlichkeit« charakterisiert bestimmen können; d. h., von Nietzsche aus gesehen, durch den Widerstand gegen die Vollendung des Nihilismus. Dieser Richtung hat sich neuerlich eine Tradition angeschlossen, die bis jetzt in vielen ihrer Äußerungen als Alternative erschienen war, nämlich diejenige, welche von Wittgenstein und der Wiener Kultur zur Zeit des *Tractatus* ausgehend sich dann bis zur analytischen angelsächsischen Philosophie entwickelt. Auch hier, zumindest sofern man das Wittgensteinsche »Mystische« betont, stehen wir dem Bemühen gegenüber, einen idealen Bereich des Gebrauchs-

werts – d. h. einen Ort, wo die Auflösung von Sein in Wert nicht gilt – zu isolieren und zu verteidigen.
Aber die Wiederentdeckung des »Mystischen« bei Wittgenstein, die ein entscheidendes kulturelles Gewicht, wenn auch in unterschiedlicher Weise, für die italienische Kultur (die Debatte über die Krise der Vernunft) sowie für die angelsächsische (das Bewußtsein des historischen und ereignishaften Charakters der Logik) hatte, ist in Wahrheit, vom Standpunkt der Vollendung des Nihilismus aus betrachtet, ein Rückzugsgefecht. Während man sich bemühte zu zeigen, daß *auch* Wittgenstein einen Bereich des »Schweigens« als grundlegend, wenngleich nicht begründend bestimmte und darin seine Affinität zu Heidegger und, auf anderen Wegen, zu Nietzsche zu erkennen glaubte, war das, was tatsächlich stattfand (wo? im philosophischen Bewußtsein, im Sichgeben des Seins, im planetarischen Ereignis des Heideggerschen »Ge-Stells«*)[3], daß der Nihilismus sich seiner Vollendungsphase näherte, daß er, indem er das Sein im Wert auflöste, einen äußersten Punkt erreichte. Das ist das Ereignis, das es dem Denken endlich ermöglicht und es dazu zwingt, sich bewußt zu werden, daß der Nihilismus unsere (einzige) Chance ist.
Vom Standpunkt des Nihilismus aus – und sicherlich mit einer Verallgemeinerung, die übertrieben erscheinen mag – sieht es so aus, als ob die Kultur des 20. Jahrhunderts der Auflösung jeglichen Projekts der »Wiederaneignung« [»riappropriazione«] beigewohnt hat. In diesem Prozeß kehren nicht nur die theoretischen Ereignisse, darunter zum Beispiel auch Lacans Entwicklung der Freudschen Lehre, wieder, sondern auch, und vielleicht viel grundlegender, dieselben politischen Ereignisse des Marxismus, der Revolutionen und des realen Sozialismus. Die Perspektive der Wiederaneignung – sei es in Form der Verteidigung eines vom Tauschwert freien Bereiches, sei es in der ambitionierteren Form (die aber, zumindest auf der theoretischen Ebene, Marxismus und Phänomenologie vereinigt) der »Neugründung«

der Existenz in einem dem Tauschwert entzogenen und im Gebrauchswert zentrierten Horizont – ist einer Auflösung ausgesetzt gewesen, und zwar nicht nur im Sinne von Niederlagen und praktischen Mißerfolgen, die ihrer idealen und normativen Bedeutung keinen Abbruch täten.
In Wirklichkeit hat die Perspektive der Wiederaneignung eigentlich ihre Bedeutung einer idealen Norm verloren; wie Nietzsches Gott hat sich eine solche Perspektive schließlich als überflüssig erwiesen. Bei Nietzsche, wie man weiß, stirbt Gott gerade, insofern das Wissen nicht mehr zu den letzten Ursachen gelangen muß, der Mensch sich nicht mehr für eine unsterbliche Seele zu halten braucht usw. Auch wenn Gott stirbt, weil man ihn im Namen desselben Wahrheitsimperativs leugnen muß, der uns immer als sein Gesetz präsentiert worden ist, verliert mit ihm auch der Wahrheitsimperativ seinen Sinn – und das letzten Endes, weil jetzt die Existenzbedingungen weniger von Gewalt bestimmt sind; sie sind aber auch, vor allem, weniger *pathetisch*. Hier, in dieser Betonung der Überflüssigkeit der letzten Werte, liegt die Wurzel des vollkommenen Nihilismus.
Für den vollkommenen Nihilisten bedeutet auch die Auflösung der höchsten Werte nicht die Herstellung oder Wiederherstellung einer Situation des »Wertes« im starken Sinne; es gibt keine Wiederaneignung, da das, was überflüssig geworden ist, gerade jede Art von »Eigenem« (auch im wörtlichen Sinne dieses Ausdrucks) ist. »Wie die ›wahre Welt‹ endlich zur Fabel wurde«, schreibt Nietzsche in *Götzendämmerung*.[4] Nicht die »scheinbare« wahre Welt, sondern die wahre Welt schlechthin. Und auch wenn Nietzsche hinzufügt, daß auf diese Weise die Fabel nicht mehr eine solche ist, da es keine Wahrheit gibt, die sie als Schein oder Illusion enthüllt, verliert der Begriff der Fabel nicht gänzlich seinen Sinn. Sie läßt nämlich nicht zu, daß den Erscheinungen, aus denen sie besteht, die zwingende Kraft zugeschrieben wird, die dem metaphysischen *ontos on* eigen war.
Das ist ein Risiko, das mir im gegenwärtigen Nihilismus (im

sich auf Nietzsche berufenden und ihn fortführenden Denken) sehr wohl vorhanden zu sein scheint: Ich denke zum Beispiel an bestimmte Passagen von Gilles Deleuzes *Différence et répétition* über die »Glorifizierung« der Scheinbilder und Widerspiegelungen.[5] Unter den vielen Fallen und Doppeldeutigkeiten von Nietzsches Text findet sich auch diese: Wenn einmal der Fabelcharakter der wahren Welt erkannt worden ist, dann wird der Fabel die alte metaphysische Würde (die »Glorie«) der wahren Welt zugeschrieben. Die Erfahrung, die sich dem vollkommenen Nihilismus öffnet, ist jedoch nicht die Erfahrung von Fülle, von Glorie, von *ontos on*, nur losgelöst von den angeblichen letzten Werten und bezogen statt dessen, in emanzipierter Form, auf die Werte, die die metaphysische Tradition immer als niedrig und unedel betrachtet hat und die so in ihrer wahren Würde gerettet werden.

Auf diese Weise – und Beispiele dafür gibt es überall – reagiert man auf die Entwertung der höchsten Werte, auf den Tod Gottes, nämlich mit der bloßen – pathetischen, metaphysischen – Forderung nach anderen »wahreren« Werten (zum Beispiel: die Werte der Randkulturen, der Volkskulturen im Gegensatz zu den herrschenden Kulturen; die Abschaffung von literarischen, künstlerischen usw. Kanons).

Der Ausdruck »Nihilismus«, auch im Falle des vollkommenen, also weder passiven noch reaktiven Nihilismus, behält in Nietzsches Terminologie, so wie derjenige der »Fabel«, einige der Merkmale, die er auch in der Alltagssprache besitzt: die Welt, in der die Wahrheit zur Fabel wurde, ist in der Tat der Ort einer Erfahrung, die nicht »authentischer« ist als diejenige, welche von der Metaphysik eröffnet wurde. Diese Erfahrung ist nicht authentisch*er*, weil die Authentizität selbst – das Eigene, die Wiederaneignung – mit dem Tode Gottes untergegangen ist.

Dies aber ist, betrachtet im Lichte Nietzsches, Heideggers, der Vollendung des Nihilismus, die Erfahrung der Verallgemeinerung des Tauschwerts in unserer Gesellschaft: jene

Erfahrung, die noch von Marx offensichtlich nur mit den moralistischen Ausdrücken der »verallgemeinerten Prostitution«, der Entweihung des Menschlichen definiert werden konnte. Könnte also der Widerstand gegen diese Entweihung, zum Beispiel die Kritik der Massenkultur (nicht, man verstehe mich richtig, des Totalitarismus) Frankfurter Ursprungs, nicht immer noch als Nostalgie nach der Wiederaneignung, nach Gott, nach dem *ontos on* beschrieben werden? Und, im psychoanalytischen Sinne, als die Nostalgie nach einem imaginären Ich, das sich gegen die spezifische Mobilität, Unsicherheit, Austauschbarkeit des Symbolischen auflehnt?

Die Merkmale der Existenz in der spätkapitalistischen Gesellschaft, von der Vermarktung, totalisiert in der »Simulakrisierung«, bis hin zur folgerichtigen Erschöpfung der »Ideologiekritik« sowie zur Lacanschen »Entdeckung« des Symbolischen – alles Dinge, die ganz und gar in das, was Heidegger das »Ge-Stell«* nennt, hineinpassen – stellen nicht nur die apokalyptischen Momente einer »Menschheitsdämmerung«*, einer Enthumanisierung dar, sondern sind Provokationen, Appelle, die auf eine mögliche neue menschliche Erfahrung hinweisen.

Heidegger, der so vielen als der Philosoph der Nostalgie des Seins, etwa auch in seinen metaphysischen Zügen von Geborgenheit*, vorgekommen ist, hat statt dessen geschrieben, daß das Ge-Stell* – das heißt der universelle Zwang und die Provokation der technischen Welt – auch ein »erstes Aufblitzen des Ereignisses*« ist,[6] jenes Ereignisses des Seins, in dem jede Aneignung – jedes Sichgeben von etwas als etwas – sich nur als Übereignung, in einer schwindelerregenden Zirkularität, wo Mensch und Sein jede metaphysische Eigenschaft verlieren, aktualisiert. Die Über-eignung, in der sich das Ereignis* des Seins vollzieht, ist schließlich die Auflösung von Sein in Tauschwert: Das bedeutet vor allem, in Sprache, in Überlieferung als Übertragung und Interpretation von Mitteilungen.

Das Bemühen, die Entfremdung, als Verdinglichung oder Verdunkelung der Subjektivität verstanden, zu überwinden, hat sich im 20. Jahrhundert in Richtung auf Wiederaneignung entwickelt. Aber die allgemeine Verdinglichung, die Reduktion von allem auf den Tauschwert ist eigentlich die zur Fabel gewordene Welt. Sich darum zu bemühen, ein »Eigenes« gegen diese Auflösung wiederherzustellen, ist immer noch reaktiver Nihilismus; es ist das Bemühen, die Dominanz des Objekts zu stürzen, indem eine Herrschaft des Subjekts aufgebaut wird, die sich aber reaktiv mit denselben Merkmalen zwangsausübender Macht ausstattet, die der Objektivität eigen sind.

Der von Sartre in der *Kritik der dialektischen Vernunft*[7] vorbildlich beschriebene Prozeß des Rückfalls in die Gegenfinalität und in das Praktisch-Träge zeigt unzweideutig das Schicksal solcher Wiederaneignungsformen. In dieser Hinsicht also erscheint der Nihilismus als unsere Chance, etwa in demselben Sinne, wie in *Sein und Zeit* das Sein zum Tode und die ihn aufnehmende vorlaufende Entschlossenheit als die Möglichkeit erschienen ist, alle anderen Möglichkeiten, welche die Existenz ausmachen, wirklich zu ermöglichen – also auch wie eine Art Aufhebung des Weltzwangs, wodurch alles, was sich als wirklich, notwendig, endgültig und wahr gibt, auf die Ebene des Möglichen gehoben wird.

Die Auflösung des Seins zum Tauschwert, das Fabelwerden der wahren Welt ist Nihilismus auch, insofern es eine Schwächung der zwangausübenden Macht der »Wirklichkeit« bedingt. In der Welt des verallgemeinerten Tauschwerts ist alles – wie immer, aber in einer evidenteren und demütigenderen Weise – als Bericht bzw. Erzählung gegeben (im wesentlichen von den Medien, die sich auf unentwirrbare Weise mit der Über-lieferung der Mitteilungen verknüpfen, die uns die Sprache aus der Vergangenheit und aus den anderen Kulturen überbringt: die Medien sind also nicht nur ideologische Perversion, sondern eher ein schwindelerregender Niedergang dieser Tradition selbst).

Man spricht in diesem Zusammenhang vom gesellschaftlichen Imaginären; aber die Welt des Tauschwerts hat nicht nur und notwendigerweise den Sinn des Imaginären in der Lacanschen Bedeutung; sie ist nicht nur entfremdete Starrheit, sondern sie kann auch (und das hängt sicherlich noch von einer individuellen oder sozialen Entscheidung ab) die besondere Beweglichkeit des Symbolischen annehmen.
Die verschiedenen Arten von Rückfall in das Praktisch-Träge, in die Gegenfinalität usw., oder die Elemente ständiger Entfremdung, die unsere Gesellschaft charakterisieren, in der Art von Marcuses zusätzlicher Repression, technologisch allerdings der Freiheit fähig, all dies könnte gedeutet werden als eine ständige Transkription in die Sprache des Imaginären der neuen Möglichkeiten des Symbolischen, die uns die Technik, die Säkularisierung, die »Schwächung« der Wirklichkeit, welche die spätmoderne Gesellschaft charakterisiert, zur Verfügung stellt.
Mit dem Ereignis* des Seins, das durch die »ein-stellende« [»im-positiva«: ›erzwingende‹] Struktur des Heideggerschen Ge-Stells* hindurch aufblitzt, kündigt sich gewiß eine Epoche der »Schwächung« des Seins an, in der die »Aneignung« der Seienden explizit als Übereignung gegeben ist. Der Nihilismus bedeutet von diesem Standpunkt aus eine Chance im zweifachen Sinne. Zunächst in einem effektiven politischen Sinne: Die Vermassung und »Mediatisierung« – aber auch die Säkularisierung, Entwurzelung usw. – der spätmodernen Existenz ist nicht notwendigerweise eine Akzentuierung der Entfremdung bzw. der Enteignung im Sinne der total organisierten Gesellschaft. Die »Entwirklichung« der Welt kann nicht nur in die Richtung der Starrheit des Imaginären, der Etablierung neuer »höchster Werte« gehen, sondern sich statt dessen auch der Beweglichkeit des Symbolischen zuwenden.
Diese Chance hängt auch von der Art und Weise ab – und das ist die zweite Bedeutung des Begriffs –, in der wir sie individuell und kollektiv zu leben verstehen. Der Rückfall in die

Gegenfinalität ist mit der ständigen Tendenz verbunden, die »Entwirklichung« im Sinne von Wiederaneignung zu leben. Die Emanzipation des Menschen besteht sicherlich auch, wie Sartre will, in der Wiederaneignung des Sinns der Geschichte durch diejenigen, die sie konkret machen. Aber diese Wiederaneignung ist eine »Auflösung«: Sartre sagt, daß der Sinn der Geschichte sich in den konkreten Menschen, die sie gemeinsam aufbauen, »auflösen« muß.[8] Diese Auflösung wird in einem viel wörtlicheren Sinne als dem von Sartre nicht beabsichtigten verstanden. Wir eignen uns den Sinn der Geschichte wieder an, indem wir akzeptieren, daß sie kein besonderes Gewicht und keine metaphysische oder theologische Endgültigkeit hat.

Nietzsches vollkommener Nihilismus hat auch wesentlich diese Bedeutung; der Appell, der uns aus der Welt der Spätmodernität anspricht, ist ein Appell, *Abschied zu nehmen.* Dieser Appell ertönt recht eigentlich bei Heidegger, der zu oft und zu oberflächlich als der Denker (der Wiederkehr) des Seins tituliert worden ist: Heidegger spricht hingegen von der Notwendigkeit »das Sein als den Grund des Seienden fahren zu lassen«[9], um in seinen »Abgrund« zu »springen«; dieses wiederum, sofern es von der Verallgemeinerung des Tauschwerts, des Ge-Stells* der modernen Technik, zu uns spricht, kann nicht mit irgendwelcher Tiefe theologisch-negativer Provenienz identifiziert werden.

Auf den Appell des Wesens der Technik zu hören bedeutet auch überhaupt nicht, sich ihren Gesetzen und Spielereien ohne Vorbehalt hinzugeben; deshalb betont Heidegger, wie ich glaube, die Tatsache, daß das Wesen der Technik nicht im Technischen liegt, und es ist dieses Wesen, worum wir uns kümmern müssen. Dieses Wesen läßt einen Appell ertönen, der unentwirrbar mit den Mitteilungen verknüpft ist, die uns die Über-lieferung* zusendet, wozu auch die moderne Technik als konsequente Vollendung der mit Parmenides begonnenen Metaphysik gehört.

Auch die Technik ist Fabel, »Sage«*, überlieferte Mitteilung;

wenn man sie in diesem Bezug sieht, beraubt man sie ihrer – imaginären – Ansprüche, sie schaffe eine neue »starke« Wirklichkeit, die man als evident annehmen oder wie das Platonische *ontos on* glorifizieren kann. Der Mythos der entmenschlichenden Technik wie auch die »Wirklichkeit« dieses Mythos in der total organisierten Gesellschaft sind metaphysische Erstarrungen, die weiterhin die Fabel als »Wahrheit« lesen. Der vollkommene Nihilismus, wie der Heideggersche Ab-grund*, ruft uns zu einer fabulierten Erfahrung der Wirklichkeit auf, die auch unsere einzige Möglichkeit von Freiheit ist.

Anmerkungen

1 Vgl. Th. W. Adorno, *Negative Dialektik*, Frankfurt a. M. 1966, bes. Teil 1, Kap. 1 »Das ontologische Bedürfnis«.
2 F. Nietzsche, *Morgenröte*, Erstes Buch, Aph. 44 (*Sämtliche Werke. Kritische Studienausgabe in 15 Bänden*, hrsg. von G. Colli und M. Montinari, Bd. 3, München / Berlin / New York 1980, S. 52).
3 Zu dieser Interpretation des Heideggerschen »Ge-Stells*« vgl. G. Vattimo, *Le avventure della differenza*, Mailand 1979, Kap. V und VII.
4 So der Titel eines Kapitels aus *Götzendämmerung* (Nietzsche – s. Anm. 2 –, Bd. 6, S. 80).
5 Vgl. G. Deleuze, *Différence et répétition*, Paris 1968.
6 Vgl. M. Heidegger, *Identität und Differenz*, Pfullingen 1957, S. 27.
7 Vgl. J.-P. Sartre, *Critique de la raison dialectique*, Paris 1960; dt.: *Kritik der dialektischen Vernunft*, übers. von T. König, Reinbek bei Hamburg 1967.
8 Vgl. ebd., S. 72 ff.
9 Vgl. M. Heidegger, »Zeit und Sein«, in: M. H., Zur Sache des Denkens, Tübingen [2]1976, S. 6.

II

Die Krise des Humanismus

Man könnte diese Diskussion über den Humanismus mit der Paraphrase einer geistreichen Bemerkung beginnen, die vor einiger Zeit im Umlauf war, nämlich mit der Einsicht, daß in der heutigen Welt gilt: »Gott ist tot, und dem Menschen geht es nicht allzu gut.« Es handelt sich aber um etwas mehr als nur um eine geistreiche Bemerkung, weil sie im Grunde anzeigt, worin sich der heutige Atheismus von dem Atheismus klassischer Prägung, etwa demjenigen Feuerbachs, unterscheidet. Dieser Unterschied wird vor allem in der makroskopischen Tatsache deutlich, daß die Negation Gottes, oder das Zur-Kenntnis-Nehmen seines Todes, heute für den Menschen keinerlei Anlaß bietet, sein im Fetisch des Göttlichen entfremdetes Wesen sich in irgendeiner Weise »wiederanzueignen« [»riappropriazione«]. Viele Apologeten beziehen weiterhin, ausdrücklich oder nicht, von hier eines ihrer Argumente gegen den Atheismus, der beschuldigt wird, notwendigerweise eine allgemeine Zerstörung des Menschlichen einzuleiten – entsprechend einer Art Nemesis, die, wie der Turm zu Babel, den rebellischen Menschen zu seiner eigenen konstitutiven metaphysischen Abhängigkeit hinwegreißen würde. Auch wenn man, wie ich glaube, diese grobe Apologetik, die ja Strafcharakter besitzt, ablehnen muß, ist es unbestreitbar, daß es eine Verbindung zwischen der Krise des Humanismus und dem Tod Gottes gibt. Diese Verbindung kennzeichnet zunächst einmal in besonderer Weise den heutigen Atheismus, der kein »wiederaneignender« Atheismus mehr sein kann. Zweitens aber, und tiefer, charakterisiert sie in entscheidender Weise den Humanismus selbst in der Krise, der sich in einer solchen Situation auch deshalb befindet, weil er in der Berufung auf einen transzendenten Grund keine Lösung mehr zu finden vermag. Von diesem letzten Gesichtspunkt aus kann man auch die These akzeptieren, daß der Humanismus deshalb in der Krise steckt, *weil* Gott gestorben ist; oder, mit anderen Worten, daß die wahre Substanz der Krise des Humanismus der Tod Gottes ist, verkündet nicht zufälligerweise durch Nietzsche, der auch der erste radikale nicht-humanistische Denker unseres Zeitalters ist. Die Verbindung zwischen der Krise des Humanismus und dem Tod Gottes kann im übrigen nur paradox erscheinen, wenn man der Meinung ist, daß der Humanismus notwendigerweise eine Perspektive sei, die den Menschen ins Zentrum des Universums rückt und aus ihm den Herrn des Seins macht. Aber gerade die Schrift, die erstmals das gegenwärtige Bewußtsein für die Krise des Humanismus geschärft hat, nämlich Heideggers *Brief über den Humanismus* (1946), beschreibt den Humanismus in einer ganz anderen Weise und hebt dabei den engen Zusammenhang mit der Onto-theologie hervor, die die gesamte abendländische Metaphysik charakterisiert. In Heideggers Schrift ist Humanismus unmittelbar synonym mit Metaphysik, insofern nur aus der Perspektive einer Metaphysik im Sinne einer allgemeinen Theorie des Seins des Seienden, die dieses Sein »objektiv« denkt (und dabei also die ontologische Differenz vergißt), der Mensch eine Definition findet, auf der er sich »aufbauen«, sich erziehen kann, indem er sich eine Bildung* gibt, auch im Sinne der *humanae litterae*, die den Humanismus als zentrales Moment der europäischen Geschichte bestimmen. Es gibt keinen Humanismus, wenn nicht im Sinne einer sich entfaltenden Metaphysik, in der der Mensch sich eine Rolle zuweist, die nicht notwendigerweise eine zentrale oder eine ausschließliche sein muß. Im Gegenteil, wie Heidegger übrigens in seiner immer wieder aufgenommenen Rekonstruktion der Geschichte der Metaphysik zeigt. Nur wenn ihre »humanistische« Eigenschaft im Sinne einer Reduktion des Ganzen auf den Menschen nicht ans Licht kommt, kann die Metaphysik als solche überleben; falls diese reduktive Eigenschaft explizit wird, wie es – nach Heidegger – bei Nietzsche (das Sein als

Wille zur Macht) der Fall ist, dann geht die Metaphysik ihrem Untergang entgegen, und mit ihr geht auch, wie wir es jeden Tag feststellen, der Humanismus zugrunde. Deshalb ist der Tod Gottes – als Höhe- und zugleich Endpunkt der Metaphysik – untrennbar mit der Krise des Humanismus verbunden. Nochmals mit anderen Worten: Der Mensch behält die Position des »Zentrums« der Realität, worauf die übliche Auffassung des Humanismus gründet, nur mittels der Bezugnahme auf einen Grund*, der ihn in einer solchen Rolle bestätigt. Die Augustinische These, wonach Gott mehr in mir ist als ich in mir selbst, war nie eine echte Bedrohung des Humanismus, im Gegenteil, sie war – auch historisch – seine Grundlage. »Larvatus prodeo«: dieses der Psychoanalyse vertraute Motto ist auch das Gesetz des metaphysischen Denkens, das, in diesem Sinne, immer auch ideologisch ist. Das Subjekt behauptet die eigene Zentralstellung in der Geschichte des Denkens, indem es sich mit den »imaginären« Zügen des Grundes maskiert (es ist wahrscheinlich, daß es zwischen der Heideggerschen Auffassung der Metaphysik und der These Lacans vom Spiel des Imaginären und Symbolischen mehr Gemeinsames gibt als eine bloße Analogie oder oberflächliche Nähe). Es geht nicht darum, eine psychologistische Auffassung der Metaphysik (im Heideggerschen Sinne des Wortes) vorzuschlagen, sondern allenfalls um die Einbettung der Problematik der Konstitution und des Heranreifens des Ichs in einen ontologischen Horizont, entsprechend der von Heidegger in *Sein und Zeit* eingeschlagenen Richtung.

In welchem Sinne kann – genauer – die von Heidegger aufgezeigte Verbindung zwischen Humanismus und Metaphysik dazu verhelfen, die Krise des Humanismus besser zu verstehen? Vor allem, so scheint es, dadurch, daß sie einer Gesamtheit von Ideen genaue philosophische Bedeutung verleiht, die häufig nur undeutlich miteinander in Beziehung standen und die das Bewußtsein der Krise des Humanismus in der gegenwärtigen Kultur konstituieren. Bei Heidegger hat die Krise des Humanismus nun, sofern sie mit dem Höhe- und dem Endpunkt der Metaphysik verbunden ist, nicht zufälligerweise etwas mit der modernen Technik zu tun. Ja, wenn man heute von der Krise des Humanismus spricht, dann meist in Zusammenhang mit der Technik. Die Technik erscheint als die Ursache eines allgemeinen Enthumanisierungsprozesses, der sowohl die Verdunklung der humanistischen Ideale der Kultur zugunsten einer Bildung des Menschen – mit ihrem Mittelpunkt in den Wissenschaften und deren rational gesteuerten produktiven Fähigkeiten – als auch, auf der Ebene der sozialen und politischen Organisation, einen Prozeß der verstärkten Rationalisierung umfaßt, der jene von Adorno beschriebenen und kritisierten Züge der total organisierten Gesellschaft erkennen läßt. Im Hinblick auf eben diese in großen Teilen unserer heutigen Kultur übliche Verbindung zwischen der Krise des Humanismus und der technischen Zivilisation kann Heidegger mit entscheidenden theoretischen Hinweisen aufwarten.

Die existentialistische Richtung, die die europäische Philosophie und Kultur seit den dreißiger Jahren des 20. Jahrhunderts charakterisiert, neigt dazu, in der Krise des Humanismus einen bloß *praktischen* Verfallsprozeß eines Wertes – den der Humanität – zu sehen, welcher aber theoretisch durch dieselben Züge, die er in der Tradition besaß, definiert wird. Von daher betrachtet, ist die Debatte, die sich zwischen dem 19. und dem 20. Jahrhundert über den Unterschied von »Natur-« und »Geisteswissenschaften« entwickelte, sehr bezeichnend. Der Vormarsch der Naturwissenschaften wird hier meistens als eine Bedrohung angesehen, gegen die man nach Möglichkeit einen Bereich spezifisch menschlicher Werte, welcher der quantitativen Logik positiven Wissens entzogen ist, verteidigen soll. Auch wenn in den Jahrzehnten danach sich gerade aus der Reflexion über die Geisteswissenschaften die Hermeneutik mit ihren antimetaphysischen und antihumanistischen Implikationen (es ist die Geschichte der Beziehung, die Heidegger mit Dilthey verbindet) entwickeln wird, hat die Debatte ursprünglich eine defensive Bedeutung. Und obwohl auch auf dem Gebiet der Humanwissenschaften eine Art von Strenge und Exaktheit, die alle Erfordernisse methodischen Wissens befriedigt, anzustreben ist, soll dies nur unter der Bedingung geschehen, daß der Mensch etwas Irreduzibles und Besonderes ist; dies ist im Kern der traditionelle Humanismus, in dessen Mittelpunkt Freiheit, Entscheidung, Unvorhersehbarkeit des Verhaltens, d. h. seine konstitutive Geschichtlichkeit stehen. Derjenige, der diesen humanistischen Kern aus der Debatte des frühen 20. Jahrhunderts unter dem Schein einer »methodologischen« Debatte befreit und ihn zu seinem wirklichen Ausdruck theoretischen Inhalts durchbringt, ist der Husserl der *Krisis*: Hier hängt die Krise des Humanismus mit dem Sichverlieren der menschlichen Subjektivität in den Mechanismen der wissenschaftlichen und – danach – technologischen Objektivität zusammen; aus der allgemeinen Krise der Zivilisation, die sich so entwickelt hat, kann man nur durch die Wiedergewinnung der zentralen Funktion des Subjekts herauskommen, eines Subjekts, das im Grunde weiterhin keinerlei Zweifel über seine eigene wahre Natur hegt; diese wird bloß äußerlich von einem Ensemble von Mechanismen bedroht, welche es selbst in Gang gesetzt hat, die es sich aber auch wiederaneignen kann. Kein Gedanke, daß das In-Gang-Setzen dieser Mechanismen der Enthumanisierung ein Anzeichen dafür sein kann, daß etwas in der Struktur des Subjekts selbst nicht funktioniert. Die spätere Phänomenologie, besonders die französische, hat – in Husserls Nachfolge – die Positionen betont, die sich scheinbar diesem humanistischen Ansatz entziehen, indem sie vor allem die Aufmerksamkeit darauf gerichtet hat, den Bezug des Denkens zur Wahrnehmung, zur Leiblichkeit, zum Gefühlsleben in nicht-idealistischer Weise zu rekonstruieren. Es ist aber schwierig zu sagen, bis zu welchem Punkt die »naturalistische« Thematik der Phänomenologie einem humanistischen Horizont entkommt, falls es wahr ist, daß aufgrund der Einbeziehung solcher Aspekte, die gewöhnlich aus der metaphysischen Philosophie »entfernt« wurden, das, was man sucht, die Wiederherstellung einer vollständigeren *humanitas* ist, d. h. ein umfassenderer und sichererer Bereich als der des Selbstbewußtseins, das durch ein Bewußtwerden aller eigenen Dimensionen sich immer fester »bei sich selbst« stabilisiert – entsprechend einer Phänomenologie im Hegelschen Sinne.

Obwohl die Krise des Humanismus – nach der Erfahrung des Denkens im 20. Jahrhundert – gewiß mit dem Wachstum der technischen Welt sowie der rationalisierten Gesellschaft in Beziehung steht, bildet diese Verbindung – nach den verschiedenen Interpretationen – auch eine Grenzlinie zwischen den äußerst unterschiedlichen Auffassungen dieser Krise. Der Standpunkt, der sich in der Diskussion über die Geisteswissenschaften entwickelt und einen exemplarischen theoretischen Ausdruck in der Phänomenologie findet, den man aber im allgemeinen mit der existentialistischen Richtung, welche die Kultur der ersten Jahrzehnte des 20. Jahrhunderts in vielfältiger Weise geprägt hat, in Verbindung bringt (z. B. sicherlich auch und ganz besonders im Marxismus), kann als eine nostalgisch-restaurative Lektüre der Krise des Humanismus bezeichnet werden. Das Verhältnis zur Technik wird hier wesentlich als eine Bedrohung angesehen, gegen die das Denken reagiert, indem es sich entweder immer deutlicher der besonderen Eigenschaften, welche die menschliche Welt von derjenigen der wissenschaftlichen Objektivität unterscheiden, bewußt wird, oder indem es sich darum bemüht, seitens des Subjekts die theoretische bzw. (wie im Falle des marxistischen Denkens) praktische »Wiederaneignung« [»riappropriazione«] gerade der zentralen Position vorzubereiten. Diese restaurative Auffassung stellt den traditionellen Humanismus im wesentlichen nicht in Frage, etwa in dem Sinne, daß hier die Krise nicht die Inhalte des humanistischen Ideals beträfe, sondern ihre Chancen des historischen Überlebens innerhalb der neuen Lebensbedingungen der Moderne.

Eine andere Haltung zeichnet sich aber vor demselben kulturellen Horizont und im selben Zeitraum ab: eine radikalere Haltung, die den Vormarsch der Technik nicht so sehr als eine Bedrohung, sondern als eine Provokation, auch im Sinne von Appell, darstellt. Die klassische Sammlung expressionistischer Dichtung, die 1919 von Kurt Pinthus veröffentlicht wurde, hatte den Titel *Menschheitsdämmerung*. Sie enthält aber auch zahlreiche Texte, die den Geist der Morgenröte eher als den der Abenddämmerung atmen. Die neuen Lebensbedingungen, die vor allem aus der Struktur der modernen Stadt erwachsen, werden jedoch als eine Entwurzelung des Menschen aus seinen herkömmlichen Verhältnissen – man könnte sagen, aus den Grundlagen der organischen »Gemeinschaft« des Dorfes, der Familie usw. – betrachtet; in dieser Entwurzelung werden auch die festgelegten, Sicherheit gewährenden Rahmenbedingungen der Form übersprungen, so daß – in gewisser Weise – der stilistische Umsturz des Expressionismus als ein Aspekt eines allgemeineren Zivilisationsprozesses erscheint. Das alles wird aber nicht als ein Verlust empfunden; in dem Geheul, das sich darüber erhebt, daß die Entwurzelung der Moderne die festgefügten Formen zum Einsturz gebracht hat, äußert sich nicht nur der Schmerzensschrei eines »beschädigten Lebens« (wie es später im Untertitel von Adornos *Minima Moralia* heißt) – es ist auch Ausdruck des »Geistigen«, das sich einen Weg durch die Ruinen der Formen bahnt, ja auch durch die Zerstörungen, die eine »Dämmerung« der Menschheit, vielleicht aber vor allem des Humanismus heraufbeschwören. Die Heideggersche Auffassung der Krise des Humanismus, die offenbar auch die theoretisch strengste ist, weil sie die Substanz des Humanismus und nicht nur die äußeren Erscheinungen seiner größeren oder kleineren historischen Verwirklichungsmöglichkeiten betrifft, verbindet sich mit dieser im weiteren Sinne expressionistischen Perspektive. Zu ihr gehört z. B. Blochs *Geist der Utopie*, ein Text, der in seiner Dreiteilung – Hegelschen Typs – der kunstgeschichtlichen Epochen (ägyptisch, klassisch-antik, gotisch), einen Geist widerspiegelt, der in Wahrheit derjenige von Nietzsches *Geburt der Tragödie* ist und die Entwurzelung der Moderne als utopisches Versprechen der Befreiung versteht. Aber charakteristisch für diese radikale Interpretation der Krise des Humanismus – und somit auch für ihre möglichen Mißverständnisse – sind zwei Werke, die in idealer Weise den Anfang und das Ende der Periode markieren, in der das Bewußtsein dieser Krise heranreift: Oswald Spenglers *Der Untergang des Abendlandes* (1918) und Ernst Jüngers *Der Arbeiter* (1932). In ihnen, vor allem im ersten Werk, klingen auch die historisch-sozialen Komponenten der Humanismuskrise an, die in der Theorie meist verschwinden. So – und noch mehr als im Expressionismus – ist die angekündigte Krise im Werk Spenglers vor allem die Krise des Eurozentrismus (man denke etwa im Bereich der bildenden Künste, welche Bedeutung der Kenntnis afrikanischer Kunst für die Geburt der Avantgarde, z. B. des Kubismus, sowie für den Expressionismus selbst zukommt) und des im weiteren Sinne »bürgerlichen« Modells der Bildung*. Diesem bürgerlichen Ideal – welches durch die Zerstörung des Traums von einer einheitlichen europäischen Zivilisation, verursacht durch den Ersten Weltkrieg, hinweggeschwemmt worden war – hat Spengler, und später Jünger, eine Art »militärisches« Ideal der Existenz entgegengesetzt: Spengler behauptet, daß in der Endphase, in der Überwindung, zu der unsere Zivilisation nunmehr gelangt ist, die adäquaten Handlungen nicht jene sind, welche Werke der Kunst oder des Denkens, typisch für die Zeit der Jugend und des Heranwachsens, hervorbringen, sondern jene, die zu der technisch-wissenschaftlich-ökonomischen Organisation der Welt führen, die jedoch in der Einrichtung einer im Grunde militärisch gearteten Herrschaft gipfeln. Die Verherrlichung der »Materialschlachten« als Überlegenheit der »mechanischen« Aspekte des Realen nimmt bei Jünger eine Existenz vorweg, die ihr höchstes Ideal – mehr noch als im Leben des Soldaten – in dem des Industriearbeiters findet, der nicht mehr Individuum, sondern bewegendes Glied eines »organischen« Produktionsprozesses ist; im Gegensatz zum bürgerlichen Arbeiter ist der Arbeiter der modernen Industrie nicht mehr vom Problem der Sicherheit besessen, er führt eine abenteuerlichere und verfügbarere, eine »experimentellere« Existenz, gerade weil diese mehr vom Bezug zum Selbst losgelöst ist. Zwar kann auch das Ideal des militärischen Lebens als typisch bürgerliches Ideal empfunden werden (und als solches funktioniert es zum Beispiel im ersten Roman der Trilogie *Die Schlafwandler* von Hermann Broch, erschienen 1932; in diesem Fall ist das militärische Leben der Triumph der Form, der Disziplin, der Ort ironisch-nostalgischer Distanzierung von jeder Unmittelbarkeit. Aber das, was Spenglers und vor allem Jüngers Militarismus auszeichnet, ist das Bewußtsein der Beziehung zur Technik. Das, was sich anfänglich als »militärisches« Ideal im Gegensatz zur bürgerlichen Bildung* präsentiert, ist in Wahrheit letztlich das Ideal einer »Technisierung« der Existenz, die sich dem herausfordernden Anspruch der modernen Technik öffnet oder sich ihm direkt hingibt und dabei Risiken eingeht, die eine solche Öffnung mit sich bringt (und ihnen zuweilen, wie bei Spengler, gänzlich unterliegt; anders ist es aber im Falle Jüngers, der auch politisch gegenüber dem Nazismus eine ablehnende Haltung einnahm und sich immer als Sozialist fühlte).

Wenn man die mit dieser Perspektive verbundenen Mißverständnisse und Risiken betont, so dient dies nicht nur dazu, sie mit erhobenem Zeigefinger aus der Welt zu schaffen: es demonstriert vor allem die Tatsache, daß wir es hier mit Materialien, Anregungen und Elementen, zu tun haben, die einer Interpretation und eines strengeren, theoretisch verantwortlicheren Rahmens bedürfen, wenn sie Bedeutung erlangen sollen. Es ist möglich, daß eine solche theoretische Perspektive, wie es heute von verschiedenen Seiten behauptet wird (etwa von einer breiten Strömung des marxistischen Denkens, hervorgegangen aus der Lukácsschen Orthodoxie), in Ernst Blochs Utopismus zu suchen ist. *Geist der Utopie*

(1918 und 1923) ist sicherlich eines der philosophischen Werke des 20. Jahrhunderts, das die Erforschungen der »positiven« Möglichkeiten, welche mit jenen scheinbar enthumanisierenden Aspekten der neuen Existenzbedingungen der technischen Welt verbunden sind, am weitesten vorangetrieben hat. Inwieweit erlaubt aber die weitere Fortentwicklung des Blochschen Denkens in Richtung auf eine immer deutlichere Aufnahme von Elementen der hegelianisch-marxistischen Tradition, ihn noch den Denkern der »radikalen« Krise des Humanismus zuzuordnen? Das Bewußtsein der neuen Existenzmöglichkeiten, die die technische Welt bietet, welches im *Geist der Utopie* noch lebendig war – in dem das »aufgehobene Subjekt« zum Schluß am Modell des Clowns dargestellt wurde, also in einer »unausgeglichenen« Form, kaum vereinbar mit dem *homo humanus* der Tradition –, löst sich allmählich auf in eine allgemeine Wiederaufnahme der Inhalte des Humanismus innerhalb des utopischen Bildes des Menschen, das mit der Revolution verwirklicht werden soll. Eine Bestätigung dieser im Grunde noch humanistischen Berufung auch des kritischen Marxismus könnte man im Werk Adornos sehen, der, tief beeinflußt von Blochs Utopismus, dennoch, wie man weiß, erbarmungslos kritisch war gegenüber jeder Perspektive einer Versöhnung mit der technischen Existenz, im Namen eines Ideals des Menschen, das im wesentlichen innerhalb der Tradition bleibt.
Was aber diese »humanistische« Tradition wirklich ist, und warum sich ihre Inhalte in einer Krise befinden, kann man nur von einem Gesichtspunkt aus erkennen, der, obwohl ihr angehörend, sich zugleich außerhalb dieser Tradition stellt, nämlich in jener Voraussetzung des »Überschreitens« [»superamento«], die Heidegger in Zusammenhang mit der Metaphysik »Verwindung«* genannt hat.[1] Wir können von einer Krise des Humanismus vernünftigerweise nicht sprechen, wenn es keinen Standpunkt gibt, der die Elemente der radikalen Perspektive, die wir beispielsweise bei Autoren wie Spengler und Jünger, bei den Expressionisten, beim frühen

Bloch gefunden haben, wiederaufnimmt und deutet. Entgegen allem Anschein findet sich dieser theoretische Gesichtspunkt, zumindest nach unserer Auffassung, nicht im kritischen und utopischen Marxismus. Er durchzieht hingegen das ganze Denken Heideggers, das sich insgesamt als eine Interpretation der Krise des Humanismus unter dem Aspekt der Krise der Metaphysik darstellt. Wie die Krise oder das Ende der Metaphysik, so wird auch die Krise des Humanismus, die ein Teil davon ist, mit dem Ausdruck »Verwindung«* beschrieben, also als ein Übersteigen [oltrepassamento], das in Wahrheit Anerkennung von Zugehörigkeit, Genesung von einer Krankheit, Übernahme von Verantwortung ist.

Diese Verwindung* – der Metaphysik, des Humanismus – verwirklicht sich unter der Bedingung, daß man sich dem Anspruch des Ge-Stells* öffnet. In dem Heideggerschen Begriff des Ge-Stells* – mit allem, was er impliziert – findet sich die theoretische Interpretation der radikalen Vision der Krise des Humanismus. »Ge-Stell«* bedeutet für Heidegger die Gesamtheit des technischen »Setzens«, des Befragens, Herausforderns, Einrichtens, welches das geschichtlich-geschickliche Wesen der technischen Welt ausmacht.[2] Dieses Wesen ist in nichts von dem der Metaphysik verschieden, im Gegenteil, es ist ihre Vollendung: und zwar deshalb, weil die Metaphysik das Sein immer als Grund*, als Fundament, das die Vernunft versichert und dessen sich die Vernunft versichert, aufgefaßt hat. Die Technik jedoch stellt, entsprechend ihrem umfassenden Anspruch, alle Seienden in ursächlichen, vorhersehbaren und beherrschenden Verhältnissen tendenziell miteinander zu verbinden, die höchste Entfaltung der Metaphysik dar. Hier liegt die Wurzel der Unmöglichkeit, die Errungenschaften der Technik der metaphysischen Tradition entgegenzusetzen; es handelt sich um unterschiedliche Momente eines einzigen Prozesses. Unter dem Aspekt der Metaphysik kann sich auch der Humanismus nicht darüber hinwegtäuschen, daß er alternative Werte zu den technischen vertritt. Daß die Technik sich als eine Bedrohung für die Metaphysik und den Humanismus darstellt, ist nur ein Schein; er rührt daher, daß im Wesen der Technik Züge zum Vorschein kommen, die zwar der Metaphysik und dem Humanismus eigen sind, von diesen aber immer im Verborgenen gehalten werden. Diese enthüllende Entfaltung ist für die Metaphysik und für den Humanismus zugleich Schlußmoment, Höhepunkt und Beginn der Krise. Da aber ein solches Kulminieren nicht das Ergebnis einer historischen Notwendigkeit, eines von irgendeiner objektiven Dialektik getragenen Prozesses war, wohl aber eine »Gabe«* – sich gebende Gabe des Seins, das nur ein Geschick als Schicken, Sendung, Ankündigung hat –, ist die Krise des Humanismus deshalb letzten Endes keine Überwindung, sondern »Verwindung«*, Appell, worin der Mensch dazu gerufen wird, vom Humanismus zu genesen, sich ihm zu überlassen, sich ihm anzuvertrauen, als einer Sache, die ihm bestimmt ist.

Das Ge-Stell* ist also nicht nur der Augenblick, in dem die Metaphysik und der Humanismus zu Ende gehen, im Sinne ihres Verschwindens und ihrer Erledigung, wie es die nostalgisch-restaurative Interpretation dieser Krise will; es ist auch, schreibt Heidegger, »ein erstes Aufblitzen des Ereignisses*«[3], eine Ankündigung des Ereignisses des Seins als Sichgeben, jenseits des vergessenden Denkens der Metaphysik. Das Ge-Stell* beinhaltet in der Tat die Möglichkeit, daß in ihm, überwältigt in gegenseitiger Erschütterung, Mensch und Sein ihre metaphysischen Eigenschaften verlieren und vor allem diejenige, die sie als Subjekt und Objekt einander entgegensetzt. Der Humanismus, der Teil und Aspekt der Metaphysik ist, besteht in der Definition des Menschen als *subiectum*. Die Technik stellt die Krise des Humanismus dar, nicht weil der Triumph der Rationalisierung die humanistischen Werte negiert, wie es uns eine oberflächliche Analyse hat glauben lassen; wohl aber weil sie, indem sie die Vollendung der Metaphysik darstellt, den Humanismus zu einer Überwindung, zu einer Verwindung* aufruft. Auch vor Heidegger, nämlich bei Nietzsche, war die Krise des Humanismus mit der Stabilisierung der Herrschaft der Technik in der Moderne verbunden: Der Mensch kann von der eigenen Subjektivität, als Unsterblichkeit der Seele verstanden, Abschied nehmen und erkennen, daß statt dessen das Ich eher ein Bündel »vieler sterblicher Seelen« ist,[4] gerade weil die Existenz der fortgeschrittenen technologischen Gesellschaft nicht mehr durch ständige Gefahr und nachfolgende Gewalt charakterisiert ist.

Mit dieser These Nietzsches gerät das *subiectum* in eine Krise, und zwar das *subiectum* im etymologischen Sinne von ›etwas, das darunter liegt‹, das beim Wechsel der nebensächlichen Konfigurationen erhalten bleibt und die Einheit des Prozesses gewährleistet. In der modernen Philosophie, zumindest seit Descartes und Leibniz, ist die Einheit des *subiectum* als *hypokeimenon* – auch im Sinne eines Substrats materieller Prozesse – nunmehr nur diejenige des *Bewußtseins*. Auch der Übergang vom Begriff der Substanz zu dem der Funktion im 20. Jahrhundert, wie der Titel eines klassischen neukantianischen Werkes von Cassirer anklingen läßt, ist ein Schritt in diese Richtung, die von Heidegger in seinem Kommentar zu Leibniz und dem *principium reddendae rationis* klar erkannt wurde. Bei diesem Übergang wurde aber nicht nur das Subjekt – als *substantia*, Substrat, *hypokeimenon* – immer mehr auf das Bewußtsein (entsprechend einer Richtung, die von allen Kritikern des modernen Subjektivismus betont wurde), d. h. auf das dem Menschen eigene Selbstbewußtsein reduziert, sondern auch umgekehrt: dieses Selbstbewußtsein wurde als Subjekt des Objekts nachgebildet, als Subjekt, welches Korrelat des Objekts ist. Das ist es, was man, wie ich glaube, im Cartesischen *cogito* sieht, in dem die Selbstgewißheit des Bewußtseins ganz die Funktion der *Evidenz* der »klaren« und »distinkten« Ideen einnimmt. Wenn das so ist, dann werden die Gründe für Heideggers (und Nietzsches) Antihumanismus immer deutlicher: Das Subjekt, humanistisch als Selbstbewußtsein gedacht, ist einfach das Korrelat des metaphysischen Seins, charakterisiert als Objektivität, d. h. als Evidenz, Stabilität, unerschütterliche Sicherheit. Es ist möglich, daß – historisch gesehen – die Ursprünge des Heideggerschen Antihumanismus auf die phänomenologische Polemik gegen den Psychologismus zurückgeführt werden müssen. Aber die Tatsache, daß Heidegger sich nicht mit einer Rückkehr zum aristotelisch-thomistischen Realismus (wie manche anderen Schüler des frühen Husserl) zufrieden gab und auch nicht den Weg der Rückkehr in die »Lebenswelt«* beschritt, weist heute auf den wahren Sinn seines Antihumanismus deutlich hin: weder eine Forderung der »Objektivität« der Wesenheiten, noch ein Zurückgehen in die Welt des Lebens als eines Bereiches, der jeder kategorialen Verkrustung vorangeht. Statt dessen ist für ihn der Antihumanismus ein folgerichtiger Aspekt der Wiederaufnahme des Problems vom Sinn des Seins außerhalb des metaphysischen Horizontes der bloßen Anwesenheit. Der Heideggersche Antihumanismus drückt sich also nicht als Forderung nach einem »anderen Prinzip« aus, das, über den Menschen und seine Herrschaftsansprüche (den »Willen zur Macht« und den ihn begleitenden Nihilismus) hinausgehend, einen Bezugspunkt liefern könnte. Das schließt meiner Meinung nach die Möglichkeit einer »religiösen« Lektüre Heideggers aus. Das Subjekt ist »überholt«, insofern es ein Aspekt des Denkens ist, das das Sein zugunsten der Objektivität sowie der bloßen Anwesenheit vergißt. Dieses Denken macht es unter anderem unmöglich, das Leben des Daseins in seiner eigentlichen Geschichtlichkeit zu verstehen, und führt es auf das Moment der Selbstgewißheit, auf die Evidenz des idealen Subjekts der Wissenschaft zurück; es erschüttert also nur das, was das Dasein an rein »Subjektivem« hat, insofern es auf das »Subjekt des Objekts« nicht reduzierbar ist. Deshalb hat der Humanismus metaphysischer Tradition auch einen repressiven und asketischen Charakter, der sich im modernen Denken in dem Maße verstärkt, wie die Subjektivität sich nach der wissenschaftlichen Objektivität ausformt und zu ihrer bloßen Funktion wird.

In einer neueren Diskussion hat Hans-Georg Gadamer auf die Bedeutung des Begriffs »Erde«*, den Heidegger in seinem Vortrag »Der Ursprung des Kunstwerkes« (1936) einführte, für diejenigen hingewiesen, die in jenen Jahren die Entwicklung seines Denkens nach *Sein und Zeit* verfolgten, und zwar – nach Gadamer – gerade in Verbindung mit der Heideggerschen Kritik des selbstbewußten Subjekts. Dieser Hinweis verdient deshalb Beachtung, weil im Vortrag über das Kunstwerk nicht ganz klar wird, daß der Begriff »Erde«* etwas mit der Kritik des Selbstbewußtseins zu tun hat (wovon ja dort gar nicht die Rede ist). Man versteht aber den Bezug, wenn man auf die Tatsache achtet, daß das Primat des Subjekts in der Metaphysik die Funktion der Reduktion des Seins auf Anwesenheit einnimmt: Der Humanismus ist die Doktrin, die den Menschen die Rolle des Subjekts, d. h. des Selbstbewußtseins, als Sitz der Evidenz im Rahmen des als Grund* bzw. volle Anwesenheit gedachten Seins zuweist. Auch im Namen der »nicht-humanistischen« Gründe des Subjekts – seiner Befindlichkeit*, seiner Geschichtlichkeit, seiner Differenzen – hatte *Sein und Zeit* das Problem des Sinns von Sein aufgeworfen und gezeigt, daß ursprünglich die auf dem Modell der Anwesenheit basierende Auffassung des Seins das Ergebnis einer sozio-kulturellen »Abstraktion« war, die sich hinterher als schicksalhaftes Ereignis, als Geschick* aufklären würde. Wir können also sagen, daß man von da an hinter der historisch-kulturellen »Welt«* der Metaphysik eine »Erde«* zu vermuten beginnt. Hinter dem Sein als bloßer Anwesenheit der Objektivität gibt es das Sein als Zeit, als epochales und geschickhaftes Geschehen, und hinter dem Bewußtsein, das die Dinge als Evidenzen in den Blick nimmt, gibt es etwas anderes, den geworfenen Entwurfscharakter der Existenz, der dem Bewußtsein seine Hegemonieansprüche streitig macht.

Diese »Rückgewinnung« [»recupero«] der »irdischen«* Elemente, die später die eigentlich historischen (nicht historistischen) Elemente des Daseins sind, läßt sich trotzdem nicht als eine Wiederaneignung [riappropriazione] darstellen. Die Zähigkeit, mit der Heidegger in den späten Schriften mit dem Begriff »Ereignis«* und den verwandten Gedanken des Vereignens*, Ent-eignens*, Über-eignens* ringt, kann weniger als Aufmerksamkeit gegenüber dem ereignishaften und nicht bloß anwesenden Charakter des Seins denn als Versuch erklärt werden, den anfangs verwendeten Begriff der Eigentlichkeit* von jeder wiederaneignenden (und folglich als solcher noch metaphysischen und humanistischen) Valenz zu befreien.

Was es bedeutet, daß die Krise des gegenwärtigen Humanismus eine Krise ist, insofern sie jeder Basis einer »Wiederaneignung« entbehrt – d. h. insofern sie unlösbar mit dem Tode Gottes und dem Ende der Metaphysik verbunden ist –, ist, was sich Heidegger mit seiner Frage nach dem Wesen der modernen Technik zu denken bemüht. Die Tragweite des Bezuges, den er zwischen Humanismus, Metaphysik und dem eignenden-enteignenden Charakter des Ereignisses* des Seins herstellt, ist noch längst nicht verstanden worden. Hier scheint es möglich, in Form von Hypothesen einige Elemente zu bestimmen.

Indem er die Krise des Humanismus auf das Ende der Metaphysik als Höhepunkt der Technik und als Moment des Übergangs jenseits des Gegensatzes von Subjekt und Objekt zurückbezieht, verleiht Heidegger nicht nur den »radikalen« Betrachtungen über die Krise des Humanismus, die wir exemplarisch in den Werken Spenglers und Jüngers gefunden hatten, systematische Würde. Er legt, viel umfassender, die theoretische Basis, welche es erlaubt, die Krise des Humanismus, die tatsächlich in den Institutionen der spätmodernen Gesellschaft stattfindet, mit dem Abschied von der Subjektivität, der sich in wichtigen Richtungen des Denkens im 20. Jahrhundert bewahrheitet, in nicht nur polemischer Verbindung zu setzen. Wir haben schon an den Namen Adorno erinnert; er verkörpert eine Haltung, die die Aufgabe des Denkens im 20. Jahrhundert als die des Widerstandes begreift, besonders gegen die Anschläge, die die Rationalisierung der gesellschaftlichen Arbeit gegen das Humane im Menschen, weiterhin im Sinne von Subjektivität und Selbstbewußtsein verstanden, ins Werk setzt. Diese Position Adornos ist nicht nur für eine breite hegelianisch-marxistische Richtung unserer Kultur charakteristisch; auch die Phänomenologie in ihren verschiedenen Ausprägungen und – in einem anderen Bereich – viele Ergebnisse der Psychoanalyse haben im allgemeinen die Tendenz, sich in einem wiederaneignenden [riappropriativo] Horizont anzusiedeln. Im Gegensatz zu dieser immer noch tief humanistischen Kultur arbeiten andere Elemente und Richtungen des zeitgenössischen Denkens an einer Überwindung des Subjektbegriffs. Diese Richtungen bilden die theoretische Entsprechung, welcher das Subjekt auf der Ebene der gesellschaftlichen Existenz unterliegt. Es handelt sich nicht um eine bloß theoretische und apologetische Widerspiegelung dessen, was auf der Ebene der Institutionen geschieht; es ist aber auch nicht die einzige Möglichkeit des Denkens, sich als Verteidigung der Subjektivität, der *humanitas*, gegen die enthumanisierenden Angriffe der Rationalisierung zu begreifen. Wenn die Auflösung, die das Subjekt auf der Ebene der gesellschaftlichen Existenz erfährt, einen nicht nur destruktiven Sinn haben kann, wird dieser in der »Kritik des Subjekts« entdeckt, welche die radikalen Theoretiker der Krise des Humanismus, vor allem Nietzsche und Heidegger, entwickelt haben. Wenn das Geschick des menschlichen Daseins in der technologischen Gesellschaft nicht vom Gesichtspunkt der theoretischen Kritik des Subjekts betrachtet wird, dann kann dieses nur als die von der Frankfurter Schule beschriebene Hölle der Gesellschaft der totalen Organisation erscheinen – und es auch sein. Es geht nicht darum, Adorno eine providentielle (oder – weniger denn je – fatalistische) Vision der kapitalistischen Rationalisierung der gesellschaftlichen Arbeit gegenüberzustellen, sondern es geht darum, gegen die im wesentlich anmaßenden Resultate der kritischen Soziologie selbst festzuhalten, daß – während diese Rationalisierung die historischen und sozialen Bedingungen der Auflösung des Subjekts geschaffen hat – die Philosophie und die Psychologie, aber auch die künstlerische und literarische Erfahrung selbständig erkannt haben, daß dieses Subjekt nicht berechtigt war, eine Verteidigung zu verlangen. Und nicht nur das: Wenn die Heideggersche Analyse des Bezuges zwischen Metaphysik, Humanismus und Technik Gültigkeit hat, war das Subjekt, das wir gegen die technische Enthumanisierung verteidigen sollten, eigentlich selbst die Wurzel dieser Enthumanisierung, da die Subjektivität, die sich nunmehr als Subjekt des Objekts bestimmt, eine reine Funktion der Welt der Objektivität ist und sogar dazu neigt, unaufhaltsam, selbst Objekt der Manipulation zu werden.

Den Appell des Ge-Stells* als »erstes Aufblitzen des Ereignisses*« zu vernehmen heißt also sich dazu entscheiden, die Krise des Humanismus radikal zu leben. Es bedeutet nicht – und Heideggers Name dürfte die Garantie dafür sein – ein bedingungsloses Sichverlassen auf die Gesetze der Technik, auf die Vielfalt ihrer »Spiele«, auf das schwindelerregende Sichverketten ihrer Mechanismen. Das Ende der Metaphysik gibt uns nicht frei für diese Art des Sichverlassens. Deshalb betont Heidegger immer wieder, daß das *Wesen* der Technik bedacht werden muß und daß ein solches Wesen seinerseits nichts Technisches ist. Der Ausgang aus dem Humanismus und aus der Metaphysik ist keine Überwindung, sondern eine Verwindung*; die Subjektivität ist nicht etwas, das wir einfach liegenlassen können wie ein abgelegtes Kleid. Wenn Heidegger einerseits die theoretischen Bedingungen dafür liefert, jede dämonische Vision der Technik und der sozialen Rationalisierung auszuschließen sowie die Elemente des Geschikkes, die aus ihr zu uns sprechen, aufzunehmen, führt er die Technik andererseits auf die Spur der Metaphysik und der Über-lieferung, die uns verbindet, zurück. Die Technik in ihrem Bezug zu dieser Tradition zu sehen bedeutet auch, sich die Welt nicht aufzwingen zu lassen, die sie als *die* »Wirklichkeit« darstellt, ausgestattet mit endgültigen – wiederum metaphysischen – Merkmalen, die dem Platonischen *ontos on* eigen waren. Aber um der Technik, ihren Hervorbringungen, ihren Gesetzen, der Welt, die sie erschafft, die Großartigkeit des metaphysischen *ontos on* abzuerkennen, ist ein Subjekt unerläßlich, das sich seinerseits nicht mehr als starkes Subjekt denkt. Die Krise des Humanismus – in dem radikalen Sinne verstanden, den sie bei Denkern wie Nietzsche und Heidegger, aber auch bei Psychoanalytikern wie Lacan und etwa bei Schriftstellern wie Musil gewinnt – läßt sich wahrscheinlich mit einer »Abmagerungskur des Subjekts« lösen, die es dazu befähigt, den Appell des Seins zu vernehmen, der sich nicht mehr im endgültigen Ton des »Grundes«* oder des Denkens des Denkens oder des absoluten Geistes manifestiert, sondern seine Anwesenheit-Abwesenheit auflöst in den Netzen einer Gesellschaft, die sich immer mehr in einen höchst sensiblen Kommunikationsorganismus verwandelt.

Anmerkungen

1 Vgl. M. Heidegger, »Überwindung der Metaphysik«, in: M.H., *Vorträge und Aufsätze*, Pfullingen 1954, S. 63 ff.

2 Vgl. M. Heidegger; »Die Frage nach der Technik«, in: ebd., S. 19 ff. Über das Ge-Stell* und seine Bedeutung vgl. auch den Schlußaufsatz meines Buches *Le avventure della differenza*, Mailand 1979.

3 M. Heidegger, *Identität und Differenz*, Pfullingen 1957, S. 27.

4 F. Nietzsche, *Menschliches, Allzumenschliches*, Zweiter Band, Aph. 17 (*Sämtliche Werke. Kritische Studienausgabe in 15 Bänden*, hrsg. von G. Colli und M. Montinari, Bd. 2, München / Berlin / New York 1980, S. 386).

Zweiter Teil
Die Wahrheit der Kunst

III
Tod oder Untergang der Kunst

Wie bei vielen anderen Hegelschen Begriffen hat sich auch derjenige vom Tod der Kunst in Zusammenhang mit den tatsächlich eingetretenen Entwicklungen in der fortgeschrittenen Industriegesellschaft als prophetisch erwiesen, wenn auch nicht in dem genauen Sinn, den er bei Hegel hatte, sondern eher, wie es uns Adorno beständig gelehrt hat, in einem eigenartig pervertierten Sinn. Ist es denn nicht so, daß die Universalisierung der Herrschaft der Information als eine pervertierte Verwirklichung des Triumphs des absoluten Geistes interpretiert werden kann? Die Utopie der Rückkehr des Geistes zu sich, der Übereinstimmung zwischen Sein und voll entfaltetem Selbstbewußtsein, aktualisiert sich in gewisser Weise in unserem Alltagsleben als Verallgemeinerung der Sphäre der Kommunikationsmittel, des Universums der von diesen Medien verbreiteten Darstellungen, das sich jetzt nicht (mehr) von der »Wirklichkeit« unterscheidet. Die Medien-Sphäre ist natürlich nicht der Hegelsche absolute Geist; vielleicht ist sie eine Karikatur davon; aber sie ist auf jeden Fall keine Perversion im ausschließlich negativen Sinne, sondern sie enthält vielmehr, wie häufig bei Perversionen, erkenntnismäßige und praktische Möglichkeiten, die wir erforschen müssen und die wahrscheinlich umrißhaft das andeuten, was zu erwarten ist.
Wenn wir vom Tod der Kunst reden – und es ist richtig, das gleich am Anfang zu sagen, auch wenn wir später die Argumentation in dieser allgemeinen Form nicht weiterent-

wickeln –, reden wir im Rahmen dieser tatsächlichen pervertierten Verwirklichung des Hegelschen absoluten Geistes; oder – was dasselbe ist – wir reden im Rahmen der verwirklichten Metaphysik, die an ihr Ende gekommen ist, im Sinne Heideggers, wenn er dieses Ende philosophisch in Nietzsches Werk sich ankündigen sieht. Dies bedeutet aber auch, um einen anderen Ausdruck Heideggers wiederaufzunehmen, daß das, was auf dem Spiel steht, nicht so sehr eine Überwindung*, sondern eine Verwindung* der Metaphysik ist:[1] kein Überschreiten der pervertierten Verwirklichung des absoluten Geistes oder, in unserem Fall, des Todes der Kunst, sondern ein *Sich-wieder-Erholen* [*rimettersi*] in den verschiedenen Bedeutungen, die dieses Zeitwort im Italienischen aufweist: ›genesen‹, aber auch ›anvertrauen‹ (z. B. eine Mitteilung) und ›sich verlassen auf‹. Der Tod der Kunst ist einer jener Ausdrücke, die die Epoche des Endes der Metaphysik, so wie Hegel sie vorhersagt, Nietzsche sie lebt und Heidegger sie registriert, beschreiben oder besser konstituieren. In dieser Epoche befindet sich das Denken in einer Position der Verwindung* gegenüber der Metaphysik: man läßt nämlich die Metaphysik nicht wie ein abgetragenes Kleid fallen, eben weil diese uns als Geschick konstituiert; wir verlassen uns auf sie, wir erholen uns von ihr, sie schickt sich uns an, als etwas, das uns zugewiesen wurde.

Wie beim metaphysischen Erbe überhaupt kann auch der Tod der Kunst nicht als ein »Begriff« verstanden werden, der einem Sachverhalt entspräche oder nicht, der logisch mehr oder weniger widersprüchlich und durch andere zu ersetzen wäre, oder dessen Ursprung, ideologische Bedeutung usw. erklärt werden könnte. Es handelt sich eher um ein Ereignis, das jene geschichtlich-ontologische Konstellation bedingt, in der wir uns bewegen. Diese Konstellation ist eine Verflechtung von geschichtlich-kulturellen Wandlungen sowie von Wörtern, die ihr zugehören, sie beschreiben und sie mitbestimmen. In diesem »geschicklichen«* Sinne ist der Tod der Kunst etwas, was uns betrifft und womit wir nicht einfach abrechnen können. Er betrifft uns vor allem als Prophezeiung und Utopie einer Gesellschaft, in der es die Kunst als spezifisches Phänomen nicht mehr gibt: sie ist abgeschafft und, im Hegelschen Sinne, aufgehoben in einer allgemeinen Ästhetisierung der Existenz. Der letzte Verkünder dieser Ankündigung vom Tod der Kunst war Herbert Marcuse – zumindest jener Marcuse, der in der Jugendrevolte von 1968 eine dominierende Rolle spielte. Ihm erschien der Tod der Kunst als eine greifbare Möglichkeit der technisch entwickelten Gesellschaft (d. h. in unserer Terminologie: der Gesellschaft der vollendeten Metaphysik). Eine solche Möglichkeit hat nicht nur in einer theoretischen Utopie Ausdruck gefunden. Die Praxis der Künste, angefangen bei den Avantgarden zu Beginn des 20. Jahrhunderts, zeigt allgemein das Phänomen der »Explosion« der Ästhetik außerhalb der institutionellen Grenzen, welche die Tradition ihr gesetzt hatte. Die Poetiken der Avantgarde lehnen die Schranken ab, welche die Philosophie, vor allem neukantianischer und neuidealistischer Provenienz, ihnen auferlegt hatte; sie lassen sich nicht ausschließlich als Ort einer atheoretischen und apraktischen Erfahrung betrachten, sondern sie stellen sich als Modelle einer privilegierten Erkenntnis des Realen sowie als Momente der Abschaffung der hierarchisierten Struktur des Individuums und der Gesellschaft, als Instrumente wahrer und eigentlicher sozial-politischer Agitation dar. Das Erbe der historischen Avantgarden wird von der Neo-Avantgarde auf einem weniger umfassenden metaphysischen Niveau bewahrt, aber immer noch im Zeichen der Explosion der Ästhetik außerhalb ihrer traditionellen Grenzen. Diese Explosion zeigt sich zum Beispiel in der Negation der Orte, die traditionell der ästhetischen Erfahrung vorbehalten sind: Konzertsaal, Theater, Galerie, Museum, Buch; so kommt es zu einer Reihe von Aktionen – z. B. »land art«, »body art«, Straßentheater, Theaterarbeit als »Stadtteilarbeit« –, die zwar gegenüber den revolutionären metaphysischen Ambitionen der historischen Avantgarden weniger umfassend erscheinen, der heutigen

Erfahrung aber konkreter zugänglich sind. Man erwartet nicht mehr, daß die Kunst in einer zukünftigen revolutionierten Gesellschaft inaktuell (und deshalb abgeschafft) wird; man strebt statt dessen gleich die Erfahrung der Kunst im Sinne einer integralen ästhetischen Gegebenheit an. Der Status des Werkes wird infolgedessen im wesentlichen doppeldeutig: Das Werk sucht nicht einen Erfolg, der ihm das Recht gibt, sich in einem bestimmten Wertbereich zu etablieren (das imaginäre Museum der mit ästhetischer Qualität versehenen Objekte); sein Erfolg besteht vielmehr grundsätzlich in der Problematisierung dieses Bereiches, indem es, zumindest für den Augenblick, seine Grenzen überschreitet. Aus dieser Sicht scheint eines der Hauptkriterien für die Bewertung von Kunstwerken die Fähigkeit des Werkes zu sein, seinen eigenen Status in Frage zu stellen: sei es in direkter Form und häufig etwas grob, sei es indirekt, etwa durch die Ironisierung der literarischen Gattungen oder durch Über(be)arbeitung, durch die Poetik der Zitate, die Verwendung der Photographie, nicht als Mittel zur Erzielung formaler Effekte, sondern in ihrer reinen, einfachen Bedeutung von Duplizierung verstanden. Bei all diesen Phänomenen, die unter verschiedenen Bezeichnungen in der gegenwärtigen künstlerischen Erfahrung anzutreffen sind, handelt es sich nicht nur um die Selbstreferenz, die in vielen Ästhetiken als etwas die Kunst Konstituierendes aufscheint, sondern wohl eher um Gegebenheiten, die spezifisch mit dem Tod der Kunst im Sinne einer Explosion des Ästhetischen zusammenhängen, die sich selbst auch in diesen Formen der Selbstironisierung der künstlerischen Handlung aktualisiert.

Eine entscheidende Tatsache für den Übergang von der Explosion des Ästhetischen, wie sie sich in den historischen Avantgarden darstellt, zur Explosion, wie sie in der Neo-Avantgarde stattfindet, ist die Wirkung der Technologie, in jenem entscheidenden Sinn, den Benjamin in seiner Schrift *Das Kunstwerk im Zeitalter seiner technischen Reproduzierbarkeit* (1936) vertritt. Das Ausbrechen der Kunst aus ihren institutionellen Grenzen scheint, von Benjamin aus gesehen, nicht mehr ausschließlich, ja nicht einmal hauptsächlich, an die Utopie der metaphysischen oder revolutionären Wiederherstellung der Existenz gebunden; wohl aber hat sie offenbar mit dem Aufkommen neuer Technologien zu tun, die tatsächlich eine Form der ästhetischen Verallgemeinerung ermöglichen und sie sogar bestimmen. Mit dem Aufkommen der technischen Reproduzierbarkeit der Kunst verlieren nicht nur die Werke der Vergangenheit ihre Aura, den Nimbus, der sie umgibt und isoliert – wodurch auch der ästhetische Bereich der Erfahrung isoliert wird; sondern es entstehen auch Kunstformen, wie zum Beispiel der Film oder die Photographie, bei denen die Reproduzierbarkeit konstitutiv ist; hier haben die Werke nicht nur kein Original, sondern es verschwindet allmählich vor allem die Differenz zwischen Produzenten und Betrachter, nicht zuletzt weil diese Künste sich im technischen Gebrauch der Maschinen vollziehen und deshalb jeden Diskurs über das Genie (der im Grunde die Aura, vom Standpunkt des Künstlers aus, ist) beseitigen. Benjamins Idee über die entscheidenden Veränderungen, welche die ästhetische Erfahrung im Zeitalter der Reproduzierbarkeit erfährt, stellt den Übergang dar von der utopisch-revolutionären zur technologischen Bedeutung des Todes der Kunst, was auf eine Theorie der Massenkultur hinausläuft; das gilt auch, wenn – wie schon bemerkt – dies nicht Benjamins theoretische Intention war, welche zwischen einer »guten«, sozialistischen und einer »bösen«, faschistischen Ästhetisierung der Erfahrung durch die Nutzung der Techniken der mechanischen Kunstreproduktion unterschied; wobei es schwierig bleibt festzustellen, mit welcher Strenge und Legitimität. Der Tod der Kunst ist nicht nur jener, den wir von der revolutionären Wiederherstellung der Existenz erwarten können. Er ist auch der, den wir bereits tatsächlich in der Gesellschaft der Massenkultur erleben, in welcher man insofern von allgemeiner Ästhetisierung des Lebens sprechen kann, als die Medien, welche Information, Kultur und

Unterhaltung – aber immer unter den allgemeinen Kriterien von »Schönheit« (im Sinne von formaler Attraktivität der Produkte) – verbreiten, eine Bedeutung im Leben jedes einzelnen angenommen haben, die unendlich viel größer ist als in jeder anderen Epoche zuvor. Die Identifizierung der Sphäre der Medien mit dem Ästhetischen mag sicherlich auf Einwände stoßen. Es sollte aber nicht so schwer sein, sich mit dieser Identifizierung anzufreunden, wenn man bedenkt, daß die Medien – weit hinausgehend über die Verbreitung von Informationen – eine gemeinsame Sprache im sozialen Bereich konsensfähig machen, sie initiieren und intensivieren. Es handelt sich nicht um Mittel für die Masse im Dienste der Masse, sondern es sind Mittel der Masse in dem Sinne, daß sie sie als solche konstituieren, als öffentliche Sphäre der Zustimmung zu allgemeinen Geschmacksrichtungen und Empfindungen. Nun ist diese Funktion, die man gewöhnlich – mit negativem Unterton – als Organisation des Konsensus bezeichnet, vornehmlich eine ästhetische Funktion, zumindest in einer der Hauptbedeutungen, die dieser Begriff in Kants *Kritik der Urteilskraft* hat; darin wird der ästhetische Genuß weniger als derjenige definiert, den das Subjekt gegenüber dem Objekt empfindet, sondern als einer, der bei der Feststellung der eigenen Gruppenzugehörigkeit entsteht – bei Kant die Menschheit schlechthin als Ideal –, verbunden mit der Fähigkeit, das Schöne zu beurteilen.

In dieser Sicht, die – bei durchaus verschiedenem Anspruch und Niveau – einerseits den theoretischen Wandel der Wiederaufnahme Hegelscher Begriffe seitens der revolutionären Ideologie, andererseits die Poetiken der Avantgarde und der Neo-Avantgarde, aber auch die Erfahrung der Massenmedien als Verteiler der ästhetischen Produkte im Sinne von Orten der Organisation des Konsensus miteinschließt, bedeutet der Tod der Kunst zweierlei: im starken utopischen Sinne das Ende der Kunst als spezifisches, vom Rest der Erfahrung abgetrenntes Faktum in einer befreiten und wiederhergestellten Existenz; im schwachen bzw. realen Sinne die Ästhetisierung als Erweiterung der Herrschaft der Massenmedien.

Auf den Tod der Kunst als Werk der Massenmedien haben die Künstler häufig mit einem Verhalten geantwortet, das auch die Kunst unter die Kategorie des Todes stellt, insofern sie selbst wie eine Art Selbstmord aus Protest erscheint: Gegen den Kitsch* und die manipulierte Massenkultur, gegen die Ästhetisierung der Existenz auf niedrigem schwachem Niveau hat sich die authentische Kunst programmatisch in aporetische Positionen geflüchtet, indem sie jedes Element unmittelbarer Fruchtbarkeit der Werke – ihren »gastronomischen« Aspekt – verleugnet und das reine, einfache Schweigen bevorzugt. Das ist die exemplarische Bedeutung, die – wie schon bemerkt – Adorno im Werk Becketts sieht und die er, mit unterschiedlichen Abstufungen, in einem großen Teil der Kunst der Avantgarde wiederfindet. In der Welt des manipulierten Konsensus spricht die authentische Kunst nur, indem sie schweigt, und die ästhetische Erfahrung kann sich nur als Negation all jener Eigenschaften zeigen, angefangen beim Genuß des Schönen, die ihr von der Tradition kanonisch zugesprochen wurden. Sowohl in Adornos negativer Ästhetik als auch im Falle der Utopie der allgemeinen Ästhetisierung der Erfahrung gilt als Grundkriterium für die Bewertung des Erfolgs eines Kunstwerkes die jeweilige Fähigkeit, sich zu negieren: falls der Sinn der Kunst darin besteht, eine Wiederherstellung der Existenz zu produzieren, wird das Werk um so gültiger, je mehr es auf diese Wiederherstellung, sich tendenziell in sie auflösend, zurückführt; falls dagegen der Sinn des Werkes darin besteht, der allesfressenden Macht des Kitsches* zu widerstehen, wird sein Erfolg wieder einmal mit seiner Negation übereinstimmen. In einer noch zu erforschenden Bedeutung zeigt das Kunstwerk in seiner gegenwärtigen Lage Merkmale, die denen des Heideggerschen Seins analog sind: Es gibt sich als das, was sich zugleich verbirgt.

(Man sollte selbstverständlich nicht vergessen, daß das Kriterium für die Bewertung des Kunstwerkes bei Adorno nicht explizit und hauptsächlich die Selbstnegation seines Status ist; es gibt da auch noch die Technik, die als solche die Möglichkeit eines Verhältnisses zwischen Kunst- und Geistesgeschichte garantiert; ja, es geschieht in der Tat vor allem durch die Technik, daß sich das Werk als ein Werk des Geistes mit einem Wahrheitsinhalt bzw. einem geistigen Inhalt aktualisiert. Aber die Technik ist letzten Endes – da Adorno kein optimistischer Hegelianer ist und an den Fortschritt nicht glaubt – nur ein Mittel, um eine noch perfektere Unzugänglichkeit des Werkes zu garantieren, eine Art und Weise, seinen Schweigeschutz zu verstärken. Andernfalls müßten wir sagen, daß Adorno in der Technik den Ort für einen möglichen »Fortschritt« der Kunst sieht, was, offen gestanden, nicht der Fall ist.)
In dieser Art philosophischer Phänomenologie der sich gegenwärtig manifestierenden Kunst, ihres Wesens* (im Heideggerschen Sinne), kehren nicht nur die Phänomene des Todes der Kunst als Utopie der Wiederherstellung, als Ästhetisierung der Massenkultur, als Selbstmord und Schweigen der authentischen Kunst wieder; parallel dazu sollte man vielmehr andere Tatsachen nicht vergessen, die, im Gegensatz dazu, das in vieler Hinsicht erstaunliche Überleben der Kunst in ihrem traditionellen, institutionellen Sinn ermöglichen. Es gibt tatsächlich noch Theater, Konzertsäle, Galerien; und es gibt Künstler, die Werke produzieren, die sich konfliktfrei innerhalb dieser Gegebenheiten ansiedeln lassen; aber theoretisch bedeutet das folgendes: Es sind Werke, deren Bewertung nicht vor allem und ausschließlich auf ihrer Fähigkeit zur Selbstnegation basieren kann. Gegenüber den Phänomenen des Todes der Kunst stellt man nämlich als alternatives Phänomen, das sich auf jene nicht zurückführen läßt, die Tatsache fest, daß es noch »Kunstwerke« im institutionellen Sinne gibt. Bei diesen Werken handelt es sich um eine Sammlung von Objekten, die sich nicht nur in ihrer

variierenden Fähigkeit, den Status der Kunst zu negieren, voneinander unterscheiden. Die Welt der tatsächlichen künstlerischen Produktion läßt sich nicht nur im Rahmen dieses Kriteriums adäquat beschreiben; immer wieder werden wir mit Wertunterschieden konfrontiert, die sich dieser vereinfachenden Klassifizierung entziehen und sich nicht einmal halbwegs auf sie beziehen lassen. Darauf muß jene Theorie mit nicht erlahmender Aufmerksamkeit reflektieren, für welche der Diskurs über den Tod der Kunst auch eine bequeme Ausflucht bedeuten kann – bequem, weil vereinfachend und beruhigend in ihrer metaphysischen Abgerundetheit.
Aber auch das Überleben einer Welt von künstlerischen Produkten, die mit einer inneren Artikulation ausgestattet sind, hat einen konstitutiven Bezug zu den Phänomenen des Todes der Kunst in den drei beschriebenen Bedeutungen. Es ist, glaube ich, leicht zu zeigen, daß die Geschichte der Malerei oder, besser gesagt, der visuellen Künste und die Geschichte der Dichtung dieser letzten Jahrzehnte keinen Sinn haben, wenn man sie nicht mit der Welt der Bilder der Massenmedien oder mit der Sprache dieser Welt in Beziehung setzt. Es handelt sich ein weiteres Mal um Beziehungen, die im allgemeinen unter die Heideggersche Kategorie der Verwindung* fallen können: d. h. es sind ironisch-ikonische Beziehungen, welche die Bilder und Worte der vermassten Kultur verdoppeln und gleichzeitig zerschlagen, also nicht nur im Sinn einer Negation dieser Kultur. Die Tatsache, daß es heute noch, trotz allem, lebendige »Kunst«-Produkte gibt, hängt wahrscheinlich damit zusammen, daß diese Produkte der Ort sind, wo – in einem komplexen Beziehungssystem – die drei Aspekte der Kunst als Utopie, Kitsch* und Schweigen miteinander spielen und zusammenkommen. Die philosophische Phänomenologie unserer Situation könnte demnach ergänzt werden durch die Anerkennung, daß das dauerhafte Leben der Kunst in den Produkten, die sich, trotz allem, innerhalb des institutionellen Rahmens der Kunst durchaus

noch unterscheiden, eben das Spiel dieser verschiedenen Aspekte ihres Todes ausmacht.

Mit dieser Situation hat es die philosophische Ästhetik zu tun. Eine Situation, die aufgrund ihrer Dauereigenschaft, daß nämlich der Tod der Kunst ständig angekündigt und immer wieder verschoben wird, mit dem Begriff des *Untergangs* der Kunst bezeichnet werden kann.

Es handelt sich um eine Ansammlung von Phänomenen, mit denen sich die traditionelle philosophische Ästhetik schwertut. Die Begriffe dieser Tradition haben offenbar keinen Ansprechpartner in der konkreten Erfahrung. Wenn man sich mit Ästhetik beschäftigt und dabei die Erfahrung der Kunst oder des Schönen – die eigene und die anderer – mit der etwas emphatischen begrifflichen Sprache, dem Erbe der Philosophie der Vergangenheit, beschreiben soll, befällt einen immer ein gewisses Unbehagen. Begegnen wir dem Kunstwerk wirklich noch als einem exemplarischen Werk des Genies, als einem sinnlichen Scheinen der Idee, als einem »Ins-Werk-Setzen der Wahrheit«? Man kann gewiß dieses Unbehagen überwinden, indem man die emphatische Beschreibung auf die Ebene der Utopie und der Sozialkritik verlagert (wir finden keine Kunstwerke, die mit dieser Begrifflichkeit beschrieben werden können, weil die Welt der vollständigen und authentischen menschlichen Erfahrung nicht (mehr oder noch nicht) wirklich ist); oder man kann die begriffliche Terminologie der traditionellen Ästhetik pauschal ablehnen, indem man sich an ihrer Stelle auf die »positiven« Begriffe dieser oder jener »Humanwissenschaft« beruft: Semiotik, Psychologie, Anthropologie, Soziologie. Diese beiden Einstellungen bleiben zutiefst – reaktiv, wie Nietzsche sagen würde – an die Tradition gebunden: Sie setzen voraus, daß die von der Tradition überlieferte Welt der ästhetischen Begriffe die einzig mögliche für die Konstruktion eines philosophischen Diskurses über die Kunst ist; sodann behalten sie diese entweder bei, indem sie sie in einer negativen, sei es utopischen oder kritischen, Perspektive zu retten versuchen, oder sie erklären, daß die philosophische Ästhetik keinen Sinn mehr hat. In beiden Fällen – wenn auch auf unterschiedlichen Ebenen – stehen wir dem Tod einer philosophischen Ästhetik gegenüber, der mit jenem Tod der Kunst in den angegebenen Bedeutungen eine Symmetrie bildet. Aber die von der Tradition ererbte Ästhetik bräuchte weder das einzige mögliche begriffliche System noch einfach eine Gesamtheit von falschen Begriffen (da sie keinen Ansprechpartner in der Erfahrung haben) zu sein. Wie die Metaphysik (ich benutze diesen Begriff im Heideggerschen Sinn), so ist für uns die Ästhetik der Tradition schicksalhaft: etwas, das wir »verwinden« [»rimetterci«] müssen. Der emphatische Charakter der Begriffe, die uns die innerhalb der metaphysischen Tradition gereifte Ästhetik hinterlassen hat, steht in Zusammenhang mit dem Wesen dieser Metaphysik selbst. Heidegger hat sie als objektivierendes Denken beschrieben und, allgemeiner, als Epoche der Seinsgeschichte, in der das Sein als Anwesenheit sich ereignet. Wir können hinzufügen, daß diese Epoche auch und vor allem dadurch charakterisiert ist, daß das Sein sich als *Stärke* manifestiert: Großartigkeit, Evidenz, Endgültigkeit, Dauer und, wahrscheinlich auch, Herrschaft. Mit der Setzung des Problems von Sein und Zeit – die selbst nicht als reine, einfache Bewegung eines Denkers zu interpretieren ist – beginnt die Verwindung* der Metaphysik: Das Sein gibt sich jetzt, wie es sich schon in Nietzsches Nihilismus angekündigt hatte, als das, was entschwindet und vergeht: nicht als das, was feststeht, und zwar seit *Sein und Zeit*, sondern als das, was geboren wird und stirbt.

Die Situation, in der wir leben, die Situation des Todes oder, besser, des Untergangs der Kunst, läßt sich philosophisch lesen als ein Aspekt dieses allgemeineren Geschehens, der Verwindung* der Metaphysik, als ein Aspekt jenes Ereignisses, das das Sein selbst betrifft. Auf welche Weise? Um dies zu erklären, müssen wir zeigen, wie – und sei es vielleicht in einem Sinne, der in der Literatur selbst über Heidegger noch nicht sehr häufig vorkommt – die Erfahrung, die wir im Augenblick des Untergangs der Kunst machen, mit dem Heideggerschen Begriff des Kunstwerkes als »Ins-Werk-Setzen der Wahrheit« beschrieben werden kann.

In der Epoche der technischen Reproduzierbarkeit des Kunstwerks geschieht es, daß die ästhetische Erfahrung sich immer mehr dem annähert, was Benjamin die »zerstreute Wahrnehmung« genannt hat. Diese Wahrnehmung trifft nicht mehr das »Kunstwerk«, zu dessen Begriff die Aura als ein Bestandteil gehörte. Man kann also erklären, daß es eine Kunsterfahrung nicht mehr (oder noch nicht) gibt; aber das gilt durchaus noch im Rahmen einer Annahme der Begriffe der metaphysischen Ästhetik. Es ist dagegen möglich, daß gerade im zerstreuten Genuß, der als der einzig mögliche in unserer Situation erscheint, uns das Wesen* der Kunst entgegentritt, und zwar in einem Sinn, der uns dazu zwingt, auch auf diesem Gebiet einen Schritt über die Metaphysik hinaus zu tun. Die Erfahrung der zerstreuten Wahrnehmung trifft keine Werke mehr, sie bewegt sich in einem Licht des Untergangs und Absinkens, und auch, wenn man will, der verstreuten Bedeutungen, in derselben Weise wie etwa die moralische Erfahrung keine großen Wahlmöglichkeiten zwischen absoluten Werten, dem Guten und dem Bösen, sondern nur mikrologische Tatsachen antrifft, vor denen sich die Begriffe der Tradition, wie im Falle der Kunst, als emphatisch enthüllen. Nietzsche hat diese Situation in *Menschliches, Allzumenschliches* (I,34) beschrieben, indem er einen griesgrämigen Menschen, der den Verlust der pathetischen und metaphysischen Dimensionen der Existenz als ein Drama lebt, einem Menschen »von gutem Temperament«, und der »die Emphasis los« ist, gegenüberstellte.[2]

Man kann auf diese Situation den Heideggerschen Begriff des »Ins-Werk-Setzen der Wahrheit« für die Philosophie in produktiver Weise anwenden. Dieser Begriff hat bei Heidegger zwei Aspekte: das Werk ist »Aufstellung«* einer Welt und »Her-stellung«* der Erde.[3] »Aufstellung« wird von Heidegger im Sinne von »etwas zur Schau stellen« akzentuiert, d. h. daß das Kunstwerk eine Art Gründungs- und Konstituierungsfunktion für etwas erfüllt, das eine geschichtliche Welt ausmacht. Eine geschichtliche Welt, eine Gesellschaft oder gesellschaftliche Gruppe erkennt in einem Kunstwerk die konstitutiven Wesenszüge der eigenen Welterfahrung – etwa die geheimen Kriterien der Unterscheidung zwischen wahr und falsch, gut und böse usw. – wieder. Diese Idee enthält gewiß eine Bejahung des eröffnenden Charakters des Werkes, die jene Unableitbarkeit des Werkes aus Regeln – wovon Kant gesprochen hat – wiederaufnimmt; aber es gibt da auch die Idee Diltheys, wonach im Kunstwerk, mehr als in jedem anderen geistigen Produkt, die Wahrheit einer Epoche sich enthüllt. Das wesentliche Element scheint mir hier nicht so sehr der Eröffnungscharakter oder eine »Wahrheit« im Gegensatz zum Irrtum, sondern die Konstitution der Grundzüge einer geschichtlichen Existenz zu sein; das, was, im abwertenden Sinne, die ästhetische Funktion als Organisation des Konsensus genannt wird. Im Werk wird die Zugehörigkeit eines jeden zu einer geschichtlichen Welt wiedererkannt und verstärkt. Auf diese Weise wird die Unterscheidung, aufgrund deren Adorno die Welt der Medienkultur ablehnt – d. h. die Unterscheidung eines angeblichen Gebrauchswertes des Werkes im Gegensatz zu seinem Tauschwert –, auf ein bloßes Unterscheidungszeichen, ein Zeichen der Wiedererkennung, sowohl für Gruppen als auch für die Gesellschaft, herabgestuft. Das Werk als Ins-Werk-Setzen der Wahrheit, in seinem Aspekt der »Aufstellung« einer Welt, ist ein Ort für die Präsentierung und Intensivierung der Gruppenzugehörigkeit. Diese Funktion, die ich als wesentlich für den Heideggerschen Begriff der Aufstellung einer Welt vorschlagen möchte, kann nicht nur dem Werk als großem individuellem Gelingen eigen sein. Vielmehr handelt es sich um eine Funktion, die sich noch vollkommener in einer Situation manifestiert und erfüllt, in der die einzelnen Werke mit ihrer Aura verschwinden zugunsten eines Bereiches von

Produkten, die relativ fungibel sind, aber analoge Valenz aufweisen.

Die Tragweite der Berufung auf den Heideggerschen Begriff des Werkes als »Ins-Werk-Setzen der Wahrheit« läßt sich aber vor allem dann ermessen, wenn dieser auch auf seinen zweiten Aspekt, d. h. auf die »Herstellung« der Erde bezogen wird. In Heideggers Vortrag »Der Ursprung des Kunstwerkes« aus dem Jahre 1936 wird die Idee des Werkes als Her-stellung* auf die Stofflichkeit des Werkes und vor allem auf die Tatsache bezogen, daß dank dieses (keineswegs »physischen«) Stoffes das Werk sich als etwas gibt, das sich immer zurückstellt. Die Erde im Werk ist nicht der Stoff im engeren Sinne, sondern ihre Anwesenheit als solche, ihr punktuelles Sichzeigen als etwas, das immer wieder die Aufmerksamkeit auf sich zieht. Auch hier – wie im Falle des Weltbegriffs – geht es darum (mehr als vierzig Jahre nach Abfassung des Vortrags) den Sinn des Heideggerschen Diskurses für uns von den metaphysischen Mißverständnissen zu befreien, in die er zurückzufallen droht. Die Erde ist ganz gewiß das *hic et nunc* des Werkes, wohin jede neue Interpretation immer zurückkehrt, welche immer neue Lesearten, und somit neue mögliche »Welten«, hervorruft. Liest man aber den Heideggerschen Text aufmerksam – etwa wo er über die Erde des griechischen Tempels, ihren Bezug zum Wechsel der Jahreszeiten, zur natürlichen Zerstörung der Materialien usw. spricht, oder wo es um den Konflikt zwischen Welt und Erde geht, worin die Wahrheit als *aletheia* hervortritt –, dann erkennt man, daß die Erde jene Dimension ist, die das Werk mit der Welt – im Sinne eines Systems von entfalteten und artikulierten Bedeutungen – mit jenem »Anderen« – nämlich mit der *physis* – verbindet, die mit ihren Rhythmen die tendenziell unbeweglichen Strukturen der geschichtlich-sozialen Welten in Bewegung setzt. Das Kunstwerk ist schließlich das Ins-Werk-Setzen der Wahrheit, weil in ihm das Sichöffnen einer Welt als Kontext ausgesprochener Verweise – als Sprache – ständig auf die Erde – auf das Andere gegenüber der Welt –

zurückgeführt wird, das bei Heidegger die Züge der *physis* hat (so aber nicht im Vortrag aus dem Jahre 1936, sondern in den Schriften über Hölderlin), welche durch die Tatsache des Geborenwerdens und Wachsens und – so müssen wir hinzufügen – des Sterbens bestimmt ist. Erde und *physis* sind das, was »zeitigt«*: das, was reift, im Sinne des Lebendigen; aber auch das, was »sich zeitigt«, entsprechend dem etymologischen Gebrauch, der in *Sein und Zeit* von diesem Verbum gemacht wird. Das Andere gegenüber der Welt, die Erde, ist nicht das, was dauert, sondern ist eigentlich vielmehr gerade das Gegenteil, nämlich das, was als das erscheint, was sich immer in eine »Natürlichkeit« entzieht, die das »Zeitigen«, das Geborenwerden und das Reifen mit sich bringt, der die Zeichen der Zeit auf die Stirn geschrieben sind. Das Kunstwerk ist die einzige Art von handwerklichen Erzeugnissen, die das Altern als ein positives Ereignis registriert, die sich aktiv in die Bestimmung neuer Sinnmöglichkeiten einfügt.

Dieser zweite Aspekt des Heideggerschen Begriffs des Werkes als »Ins-Werk-Setzen der Wahrheit« scheint mir bedeutsam, weil er den Diskurs in Richtung Zeitlichkeit und Vergänglichkeit des Kunstwerkes öffnet, in einem Sinne, der der traditionellen metaphysischen Ästhetik immer fremd geblieben ist. Alle Schwierigkeiten, denen die philosophische Ästhetik begegnet, wenn sie sich mit dem Untergang der Kunst, dem zerstreuten Genuß, der vermassten Kultur abgibt, entstehen deshalb, weil sie weiterhin das Werk im Sinne einer tendenziell ewigen Gestalt und im Grunde im Sinne des Seins als Dauer, Großartigkeit, Kraft auffaßt. Der Untergang der Kunst ist dagegen ein Aspekt der allgemeineren Situation des Endes der Metaphysik, worin das Denken zu einer Verwindung* der Metaphysik aufgerufen wird. Die Ästhetik kann ihre Aufgabe einer philosophischen Ästhetik in dieser Hinsicht durchaus erfüllen, wenn sie in den verschiedenen Phänomenen, in denen sich der Tod der Kunst gezeigt hat, eine sich ankündigende Epoche des Seins erkennt, in welcher – aus der Sicht einer Ontologie, die sich nur als »Untergangsontologie« bezeichnen kann – das Denken sich öffnet, um die nicht rein negative und leere Bedeutung aufzunehmen, welche die Erfahrung des Ästhetischen in der Epoche der Reproduzierbarkeit und der Massenkultur angenommen hat.

Anmerkungen

1 Vgl. M. Heidegger, »Überwindung der Metaphysik«, in: M. H., *Vorträge und Aufsätze*, Pfullingen 1954, S. 63 ff.
2 Vgl. F. Nietzsche, *Menschliches, Allzumenschliches*, Erster Band, Aph. 34 (*Sämtliche Werke. Kritische Studienausgabe in 15 Bänden*, hrsg. von G. Colli und M. Montinari, Bd. 2, München / Berlin / New York 1980, S. 54 f.).
3 Vgl. M. Heidegger, »Der Ursprung des Kunstwerkes«, in: M. H., *Holzwege*, Frankfurt a. M. 1950.

IV

Das Zerbrechen des dichterischen Wortes

Am Ende des langen Aufsatzes über »Das Wesen der Sprache« (erschienen in *Unterwegs zur Sprache*)[1], wird von Heidegger der Vers Georges »neu geschrieben«, den er auf den vorhergehenden Seiten kommentiert hat (und den er, zusammen mit den übrigen Aufsätzen, wovon dieser ein Teil ist, in dem in dieser Sammlung nachfolgenden Vortrag »Das Wort« kommentieren wird). Diesen Vers, der wörtlich lautet: »Kein ding sei wo das wort gebricht«, wandelt Heidegger in einem Sinn um, der nur scheinbar die Bedeutung umkehrt: »Ein ›ist‹ ergibt sich wo das Wort zerbricht.«
Indem Heidegger hier, wie der Kontext zeigt, an das dichterische Wort denkt,[2] meint er dabei nicht ein »Sichergeben« [»darsi«] des Seins »in Person«, außerhalb oder jenseits der Vermittlung der Sprache, als ob das Zerbrechen des Wortes, das in der Dichtung stattfindet, uns auf die »Sachen selbst« führen würde. Was in der Umgangsprache – oder in der Sprache der Dichtung, was bis zu einem gewissen Grade dasselbe ist – geschieht, ist eine Aufstellung des Dinges im Spiel des »Gevierts«*, der Vierung von Erde und Himmel, Sterblichen und Göttlichen, die sich nur als »Geläut der Stille«* ergibt und die nichts von der objektiven Evidenz der Wesenheiten, an die die Phänomenologie dachte, enthält. Obwohl das ziemlich klar ist, läßt sich dennoch das Zerbrechen des Wortes, das in der dichterischen Sprache das »ist« erscheinen läßt, sehr schwer in Heideggers Lehre von der Dichtung als »Ins-Werk-Setzen der Wahrheit« einfügen. Diese Lehre scheint ganz von einer eröffnenden und grundlegenden Auffassung der Kunst und der Dichtung beherrscht zu sein – nämlich der, die sich exemplarisch in jenem Distichon Hölderlins ausdrückt, das Heidegger so oft wiederholt und kommentiert: »Was bleibet aber, stiften die Dichter.«[3] Das Kunstwerk ist

das Ins-Werk-Setzen der Wahrheit, insofern als Wahrheit – seit dem Vortrag »Vom Wesen der Wahrheit« (1936)[4] und noch genauer seit »Der Ursprung des Kunstwerkes« (1936)[5] – zunächst und viel grundsätzlicher als Übereinstimmung der Aussage mit dem Ding – das Sichöffnen der geschichtlich-geschicklichen Horizonte ist, innerhalb deren jede Verifizierung von Aussagen möglich wird; es ist also der Akt, durch den eine bestimmte geschichtlich-kulturelle Welt gestiftet wird, durch den eine bestimmte geschichtliche »Menschheit« in ursprünglicher Weise die Grundzüge der eigenen Welterfahrung definiert sieht. Diese eröffnenden Ereignisse sind für Heidegger, wie man weiß, Sprachereignisse, da es – bereits auf der Grundlage von *Sein und Zeit* – die Sprache ist, in der sich die ursprüngliche Vertrautheit mit der Welt entfaltet, welche die nicht-transzendentale, sondern immer geschichtlich endliche und »situierte« Bedingung der Möglichkeit der Erfahrung konstituiert. Das Vorverständnis der Welt, in das das Dasein immer schon geworfen ist, ist ein Sprachhorizont. Ein solcher Horizont ist nicht der immer gleich bleibende transzendentale Schirm der Kantischen Vernunft; er ist geschichtlich-endlich. Er ist eigentlich das, was von einem »Geschehen« der Wahrheit zu sprechen ermöglicht. Das, was wir Dichtung nennen, sind die eröffnenden Ereignisse, auf denen sich die geschichtlich-geschicklichen Horizonte der Erfahrung der einzelnen geschichtlichen Menschheiten errichten. (Es ist dennoch ziemlich schwer, das Problem der Beziehung zwischen diesen »verschiedenen« eröffnenden Ereignissen zu artikulieren; Heidegger spricht von »Seinsereignis« nur im Singular und ebenfalls von der *Epoche* des Seins. Im übrigen ist es wahrscheinlich dieser Punkt des Heideggerschen Denkens, worüber die hermeneutische Ontologie, die sich auf ihn beruft, am ergiebigsten nachgedacht hat. Wir müssen uns aber daran erinnern, daß in dem Vortrag »Der Ursprung des Kunstwerkes« das, was in *Sein und Zeit die* Welt war, *eine* Welt wird; das weist jedenfalls darauf hin, daß die Öffnung der Wahrheit nicht als eine stabile

Struktur, sondern immer als (ein) Ereignis gedacht werden muß.)

Die Bedeutung des Eröffnungscharakters des Werkes kann auch weniger emphatisch verstanden werden, wenn man an die Dichtung, etwa an die Bibel oder die großen Nationalepen oder die »epochalen« Werke unserer Kultur (die griechischen Tragiker, Dante, Shakespeare, Hölderlin ...) denkt, oder wenn wir uns statt dessen bemühen, die Definition auch auf die »kleinen« Kunstwerke anzuwenden (in diesem Fall kann der Eröffnungscharakter vor allem als Originalität, Nichtreduzierbarkeit des Werkes in bezug auf das, was schon war, wahrgenommen werden). Die Betonung des Eröffnungscharakters des Werkes als Wesen der Wahrheit der Dichtung ist also jedenfalls eine weit verbreitete, auch unter verschiedenen Bezeichnungen laufende These in der Ästhetik der Gegenwart: Die Nichtreduzierbarkeit des Kunstwerkes auf das Seiende kann als seine »Quasi-Subjektivität«[6] verstanden werden, und zwar in dem Sinne, daß das Werk sich nicht als Ding in der Welt erfahren läßt, sondern es selbst eine neue Globalperspektive über die Welt darzustellen beansprucht; oder sie kann als wahre und im eigentlichen Sinn prophetisch-utopische Darstellung einer alternativen Welt, jener versöhnten Existenz, der gegenüber die existierende Ordnung in ihrer Ungerechtigkeit und Uneigentlichkeit enthüllt wird (wir denken dabei an Theoretiker wie Ernst Bloch, Adorno, Marcuse), verstanden werden; oder auch als die Präsentation von verschiedenen Existenzmöglichkeiten, die, ohne als utopisches *telos* oder als Urteilskriterium über das Seiende gelten zu wollen, dennoch die Funktion haben, es zu verflüssigen, indem sie seinen exklusiven und zwingenden Charakter aufheben.[7] In all diesen sowie in anderen möglichen Variationen wird der Eröffnungscharakter der Dichtung und der Kunst immer im Licht des »Gründens«, d. h. des Darstellens *möglicher* geschichtlicher alternativer Welten gegenüber der existierenden Welt gedacht (wenngleich die Alternative als reine Utopie erkannt wird, die aber den Wert eines Urteilskriteriums, eines idealen Metrums, erhält). In einer solchen Perspektive kann das Zerbrechen und Schwinden des dichterischen Wortes, wovon in Heideggers »Neu-Schreiben« von Georges Vers die Rede ist, nur in einem Sinn interpretiert werden, der den Darstellungsbezug zwischen Worten und Dingen nochmals aufwirft. Das dichterische Wort ist dazu bestimmt, zu zerbrechen, so wie das prophetische Wort im Augenblick der »Verwirklichung« der Prophezeiung zerbricht. Wenn allgemein der Eröffnungscharakter der Dichtung im Gründen geschichtlicher (wirklicher oder möglicher, aber auch in diesem zweiten Falle immer geschichtlicher) Welten besteht, hat die dichterische Sprache dieselben Grundzüge von Unwesenheit wie die darstellende Sprache: Sie vollzieht sich und zerbricht im Bezug auf das Ding, wenn das Ding (nunmehr) anwesend gemacht worden ist. Die Tatsache, daß die Zukunft, auf die die Dichtung sich bezieht, immer noch von einem Jenseits kommt, wie die Utopie Blochs, Adornos und Marcuses, verändert nicht grundlegend jene un-wesentliche Struktur ihrer Sprache.

Was Heidegger auf denselben Seiten schreibt, in denen er vom Zerbrechen des Wortes spricht, weist auf eine Bedeutung von »Zeigen«* hin, die auf eine repräsentativ-referentielle Auffassung von Sprache grundsätzlich nicht zurückgeführt werden kann. Es ist eben diese repräsentative Auffassung des Bezuges zwischen Sprache und Dingen, die im Zeigen* des ursprünglichen Wortes, das sich in der Dichtung bewahrheitet, »umgeworfen«* wird, wie Heidegger sagt. Das Zerbrechen des Wortes, wohin die Reflexion über das Wesen der Sprache gelangt, wird gewiß wie ein Zeigen* verstanden. Aber dieses beschränkt sich nicht auf den Bereich der metaphysischen Auffassung von Sprache als Zeichen, das für etwas steht, sondern stürzt unsere übliche referentielle Weise um, in der wir den Bezug zwischen Wort und Ding und unseren Bezug zur Sprache selbst auffassen. Die Sprache als Zeigen* oder, was dasselbe ist, als »Sage«* (d. h. als »ursprüngliches Sagen«),[8] zu erfahren bedeutet, daß »die

Sprache keine bloße Fähigkeit des Menschen« ist. Sie ist nicht nur etwas, »wozu wir, die sprechenden Menschen, ein Verhältnis haben«; und es wird dann klar, daß statt dessen die Sprache »das Verhältnis aller Verhältnisse« ist.[9] Die Sprache ist Zeigen* nicht als ein Instrument, um die Dinge zu zeigen; »Zeigen«* bedeutet zwar »Erscheinenlassen«*, aber eher im Sinne von Widerspiegelnlassen im Spiel der Spiegel des »Gevierts«*.[10] Deshalb hat die »Nahnis« einen so großen Anteil an der Definition von »Zeigen«*. »Sagen heißt: Zeigen, Erscheinen lassen, lichtend-verbergend-freigebend Darreichen von Welt. Jetzt bekundet sich die Nähe als die Bewegung des Gegen-einander-über der Weltgegenden. [...] Bei ruhiger Umsicht ist der Einblick möglich, inwiefern die Nähe und die Sage als das Wesende der Sprache das Selbe sind.«[11] Die Weltgegenden, von denen hier gesprochen wird, sind die vier Gegenden des Gevierts*: Erde und Himmel, Sterbliche und Göttliche. Das Zeigen, bei dem das Wort zerbricht, ist nicht ein Verweisen auf das Ding, sondern eher ein Stellen des Dinges in die Nähe, in die Vierung der Weltgegenden, wohin es gehört. Zum Geviert* aber gehört der Mensch als Sterblicher. »Die Sterblichen sind jene, die den Tod als Tod erfahren können. Das Tier vermag dies nicht. Das Tier kann aber auch nicht sprechen. Das Wesensverhältnis zwischen Tod und Sprache blitzt auf [...].«[12] Das Zerbrechen des Wortes im Zeigen* des ursprünglichen Sagens findet hier einen genauen Bezugspunkt in einer der konstitutiven Dimensionen von Heideggers existenzialer Meditation, des Seins zum Tode, welches eine zentrale Funktion in der Analyse von *Sein und Zeit* einnimmt. Es handelt sich nicht nur darum, den Nimbus der Weltgegenden um das Ding »dichterisch zu beschwören«, in einer Weise freilich, die undeutlich bliebe und die der »Poetizität« ihre Sinnvagheit, die sie immer in der metaphysischen Tradition hatte, weiter beließe. Der Bezug zwischen Sprache und Sterblichkeit, der »aufblitzt« und der dennoch unthematisiert bleibt (wie Heidegger selbst anerkennt), bedeutet, daß das Zerbrechen des Wortes im ursprünglichen Sagen und in der Dichtung zwar nicht als referentielle (eventuell auch prophetische) Vorläufigkeit verstanden werden darf, statt dessen aber von seinem Bezug zu der das Dasein konstituierenden Sterblichkeit bestimmt aufgefaßt wird. Trotz der Veränderung der Terminologie blieb Heidegger bis in seine letzten Schriften hinein den Prämissen von *Sein und Zeit* zutiefst treu: Die Eigentlichkeit der Existenz bleibt immer noch vom thematischen Sichentwerfen zum eigenen Tode bestimmt; aber während in *Sein und Zeit* die *existentielle* Bedeutung des Vorlaufens in den Tod unbestimmt blieb, scheint nun der Bezug zwischen usprünglichem Sagen und Sterblichkeit einige Elemente zu liefern, so daß in artikulierter Weise der Sinn der eigentlichen Existenz und ihres Entschlusses zum Tod gedacht werden kann. Wir können sagen: Das Vorlaufen in den eigenen Tod – von dem die Möglichkeit des eigentlichen Existierens abhängt – bedeutet für den Heidegger von *Unterwegs zur Sprache* die Erfahrung des Bezugs von Sprache und Sterblichkeit, d. h. das Zerbrechen des Wortes im ursprünglichen Sagen der Dichtung.[13] Dieses Zerbrechen darf seinerseits nicht als ein referentieller Verweis, der das Zeichen vor der Anwesenheit der bedeuteten Sache selbst verschwinden läßt, sondern muß als ein besonderer Bezug zwischen dichterischer Sprache und Sterblichkeit verstanden werden.

Wie können wir aber diesen konstitutiven Bezug zwischen dichterischer Sprache und Sterblichkeit aus der Sicht der eröffnenden Auffassung der Dichtung, die Heidegger in »Der Ursprung des Kunstwerkes« entwickelt, verstehen? Erforderlich ist eine Interpretation der gründenden und eröffnenden Bedeutung der Dichtung, die das Ins-Werk-Setzen der Wahrheit als Stiftung und Öffnung geschichtlicher Welten nicht in ausschließlicher Weise betont. Wenn die Dichtung eine Weise sein soll, wie die Sterblichkeit in der Sprache erfahren wird, dann kann sie nicht nur Gründung im Sinne von Eröffnung, Beginn, Stiftung neuer Erfahrungshorizonte sein, in denen sich das Leben der geschichtlichen Menschheiten entfalten wird. »Was bleibet aber, stiften die Dichter«, schreibt Heidegger in Anschluß an Hölderlin. Ist aber das, was bleibt, eine »Welt«, ein bestimmter geschichtlich-kultureller Bereich, definiert durch ein Lexikon, eine Syntax, eine Gesamtheit von Regeln zur Unterscheidung zwischen wahr und falsch – und sonst nichts? Die Welt so verstanden, die geschichtliche Welt, die als der »Sinn« des dichterischen Diskurses, als jener, der das Wort des Dichters ankündigt und bestehen läßt, erscheinen könnte, ist nicht etwas, was »bleibt«, sondern sie ist eben das, was vergeht und sich ständig verändert. Es wurde schon darauf hingewiesen, daß Heidegger in »Der Ursprung des Kunstwerkes« das Werk als »Eröffnung einer Welt« und »Herstellung der Erde« definiert. Das, was bleibt und dauert von dem, was die Dichter gründen, muß nun wahrscheinlich als in Beziehung gesetzt zur *irdischen* Dimension des Werkes – eher als zu seiner weltlichen Dimension – verstanden werden. Die ausschließliche Betonung des eröffnenden und prophetischen Charakters des Kunstwerkes, die das Zerbrechen des dichterischen Wortes unverständlich macht, reduziert das Werk auf die Dimension der Welt und vergißt seinen irdischen Aspekt. Der Sinn der Formel »Ein ›ist‹ ergibt sich, wo das Wort zerbricht« wird eigentlich in der Dimension der Erde* gesucht. Während die Welt das System von Bedeutungen ist, die sich in entfalteter Form im Werk auffinden lassen, ist die Erde jenes Element des Werkes, das als Immer-wieder-Sichverschließen, als eine Art niemals durch die Interpretationen aufgebrauchter, niemals in den Bedeutungen erschöpfter Kern hervortritt. So wie vom Zeigen* sind wir auch von der Erde auf die Sterblichkeit verwiesen. »Erde«* ist im Grunde ein relativ seltener Begriff bei Heidegger; er kommt zuerst in dem Vortrag »Der Ursprung des Kunstwerkes« (1936) vor und dann dort, wo vom Geviert* die Rede ist, wo die Erde eins der »Vier« der Vierung ist: Erde und Himmel, Sterbliche und Göttliche. Wenn wir also auf der Grundlage des Heideggerschen Textes zu klären versuchen, was jenes dunkle Element sei, das sich im Kunstwerk der Welt entgegenstellt, finden wir die der Vierung zugehörende Erde, in der das Dasein als Sterbliches ist. Die Dichtung scheint sich als jene Sprache definieren zu lassen, in der zusammen mit der Öffnung einer Welt (entfalteter Bedeutungen) auch unser Irdischsein als Sterblichkeit erklingt.

Wir können bei dieser These zumindest drei Bedeutungen unterscheiden, die zwar verschieden, aber untereinander durch vielfältige und teilweise noch zu klärende Beziehungen tief verbunden sind. Zunächst aber: Es ist wahr, daß bis zu einem gewissen Grade das Zerbrechen des Wortes das Sein als das »Sichergeben« in Person der Sache selbst erscheinen läßt; aber das geschieht in einer paradoxen Weise, da das Sein sich nicht als ein Jenseits des Wortes, als etwas, das zunächst und unabhängig von ihm da war, sondern eher als »Wirkung der Stille« ergibt.[14] Das, was die Phänomenologie als eine Begegnung mit den Sachen selbst auffaßt, wird von Heidegger nicht aus dem Auge verloren, sondern er denkt dies aufs neue als eine Wirkung der Stille. Zu den Sachen selbst zu gelangen bedeutet nicht, mit ihnen wie mit Objekten zu tun zu haben, sondern ihnen in einem Spiel des Schiffbruchs der Sprache zu begegnen, in dem das Dasein zugleich seine eigene Sterblichkeit erfährt. Die Kraft der Evidenz zu akzeptieren – so wie es bei der These des erkenntnistheoretischen Realismus anklingt – bedeutet immer, die Erfahrung der *Endlichkeit* zu machen: das sieht man sehr deutlich bei Kant, für den die Endlichkeit unserer Verfassung durch die *Rezeptivität* der Anschauung in unbestreitbarer Weise bezeugt wird. Das Zerbrechen* des Wortes, kraft dessen allein ein »ist« sich ergibt, mit der Erdhaftigkeit und Sterblichkeit des Daseins zu verbinden könnte auch ein Weg sein, um in echt Heideggerschem Sinne den phänomenologischen Begriff der Wesensanschauung sowie den Evidenzbegriff überhaupt, der aus Heideggerscher Sicht nicht mehr die Überordnung eines *obiectum* über ein *subiectum* als Modell übernehmen kann, neu zu durchdenken.[15] Die These von der Dichtung als einem Ort des Ins-Werk-Setzens der Wahrheit kann indessen auch hier eine suggestive Bestätigung finden: Wenn es tatsächlich wahr ist, daß das Sichergeben des »ist«, auch jenes, was wir in der Evidenzerfahrung feststellen, eine Wirkung der Stille in Verbindung mit der Erdhaftigkeit und Sterblichkeit des Daseins ist, könnte die Dichtung, auch unter dem Aspekt der Wahrheit als eines Sichergebens einer Evidenz, als ein gegenüber der Alltagserfahrung privilegierter Ort bestimmt werden, da die Sprache eigentlich in der Dichtung, mehr als anderswo, sich als das ergibt, was zerbricht*.

Wo aber, genauer, wird in der Dichtung das Zerbrechen* des Wortes, und das heißt die Erdhaftigkeit und Sterblichkeit, wiedererkannt? Das, was in der Dichtung die Erde als etwas, was sich verschließt und auf die Sterblichkeit hinweist, in den Vordergrund stellt, ist an erster Stelle ihrer *Monumentalität*. Es war Gadamer, der im Bereich der hermeneutischen Ontologie Heideggerscher Herkunft auf die Funktion von Beispiel und Modell der »poésie pure« aufmerksam gemacht hat, um das Wesen jeder Dichtung zu verstehen, insofern als in ihr (vom Symbolismus bis zu den verschiedenen hermetischen Erfahrungen der Avantgarde im 20. Jahrhundert) die Sprache einen wesentlichen Zustand wiedergewinnt, indem sie ihre ursprüngliche Funktion des *Nennens* wiedererlangt – worin eben genau das Wesen der Dichtung besteht.[16] Diese These Gadamers kann, von ihrer spezifischen Bedeutung abgesehen, in einem allgemeineren Sinn mit dem in Zusammenhang gebracht werden, was über die dichterische Sprache im formalistischen (Jakobson) oder semiotischen Bereich (Morris) gesagt worden ist; die Theorien des 20. Jahrhunderts haben in unterschiedlicher Weise die Selbstreferentialität, die Nicht-Transitivität usw. als konstitutive Elemente der dichterischen Sprache hervorgehoben, welche die Aufmerksamkeit als ein »Zeichen« auf sich zieht, ohne sich im Zurückverweisen auszuschöpfen.

Wenn man also – wenn auch implizit – diese Funktion der Selbstreferentialität der dichterischen Sprache im Rahmen einer Philosophie des Selbstbewußtseins nicht denken möchte (für das die Selbstreferentialität der dichterischen Sprache die Bedingung für eine authentischere Freiheit des Subjekts im Gebrauch der Sprache wäre – außerhalb der Bindungen und der praktischen Abhängigkeiten, in denen die Sprache im Alltagsleben funktioniert), dann sollte man eben auf den Begriff der Monumentalität zurückgreifen. Das Denkmal ist eine Funktion der Selbstreferentialität des Subjekts: Es ist vor allem, auch wohl unter dem Gesichtspunkt der Kulturanthropologie, ein Todesdenkmal, geschaffen, um Spur und Andenken irgendeiner Person über die Zeiten hinweg zu bewahren, freilich *für andere*. Die formalen Regeln der Dichtung vom Rhythmus und Reim bis hin zu den raffinierten Techniken, an denen die Avantgarden des 20. Jahrhunderts gearbeitet haben, um aus der Dichtung eine »wesentliche« Sprache zu machen, sind die Weisen, in denen diese die Monumentalität verfolgt: letztere kann nicht, wenn man der Heideggerschen Auffassung des Werkes als Streit* zwischen Welt und Erde anhängen will, in klassizistischen, sondern muß eher in neoklassischen Grundzügen verstanden werden. Das Denkmal ist in der Tat nicht das Werk, in dem sich, wie Hegel es wollte, Form und Inhalt, Außen und Innen, Idee und Erscheinung, ohne Rest identifizieren und das als solches ein eminentes Beispiel der erfolgreichen Verwirklichung der Freiheit (die schöne versöhnte Menschheit der Griechen, die Winckelmann in deren Statuen verkörpert sah) darstellen würde. Das Denkmal ist eher etwas, das dauert in der schon als solcher entworfenen Form der Todesmaske. Das Denkmal – und die neoklassische Kunst war, historisch gesehen, auch dies – ist nicht die Kopie eines erfüllten Lebens, sondern die *Formel*, die sich errichtet, um sich zu übertragen, gekennzeichnet also schon durch ihr Schicksal radikaler Entfremdung; d. h. gekennzeichnet, schließlich, durch die Sterblichkeit. Das Formel-Denkmal wird aufgebaut, nicht um die Zeit »herauszufordern«, um sich gegen die Zeit und ihr zum Trotz aufzuzwingen, sondern um in der Zeit zu dauern. An den Stellen seines Aufsatzes über das Kunstwerk, wo Heidegger vom Werk als Herstellung der Erde spricht, beschwört er den griechischen Tempel, der seine Bedeutungen trägt (und somit also seine Welt öffnet) nur dank der Tatsache, daß er auf der eigenen steinernen Oberfläche die Zeichen der Zeit eingravieren läßt: durch das sich verändernde Licht des Tages, durch die Winde und alle Jahreszeiten, bis hin zu den »zerstörerischen« Spuren der vergehenden Jahre und Jahrhunderte. Dieses Ausgesetztsein an Erdhaftigkeit und Sterblichkeit, das für ein Ding-Instrument des Alltags nur im einschränkenden und zerstörerischen Sinne gilt, hat für das Kunstwerk einen positiven Sinn, so wie die – mit der Aufeinanderfolge der Generationen, somit mit dem Sterben verbundenen – Wechselfälle des kritischen Geschicks oder Mißgeschicks, des aufeinanderfolgenden Sichveränderns und Sichkristallisierens der Interpretationen für das Kunstwerk sich positiv auswirken.[17]

In einem ersten Sinne weist also die Anwesenheit der Erde im Werk, und das heißt das Zerbrechen des Wortes und die Erfahrung der Sterblichkeit, in Richtung auf eine nicht-klassizistische, vielmehr neoklassische Lesart der Heideggerschen Kunstlehre. Wir können dem Zerbrechen den Sinn von Denkmal- und Formelwerden zuschreiben, das sich mit gutem Recht so nennt, weil es nicht eine Form der Potenzierung der Wortfülle ist, sondern eine Schwächung und ein Sichanpassen gemäß der Gestalt des Todes, gewissermaßen auch der Rückkehr in den Zustand des »natürlichen Dinges«, wie es aus dem Beispiel des griechischen Tempels hervorzugehen scheint. Aber beim Formel- und Denkmalwerden kündigt sich ein zweiter Sinn des Zerbrechens des dichterischen Wortes an. Wenn das dichterische Wort, indem es zum Denkmal wird, insofern zerbricht, als es dazu neigt, nur in der Gestalt des Todes von Dauer zu sein, dann weist die Denkmalfähigkeit auch auf eine Weise des Geschehens der Wahrheit hin, die sich explizit durch den zweifachen Grundzug der Entbergung und Verborgenheit charakterisiert. Auf diesen zweifachen Grundzug verweist übrigens bereits die Definition des Werkes als des Ins-Werk-Setzens der Wahrheit, die sich gerade im Konflikt zwischen Welt und Erde aktualisiert; das bedeutet, daß im Kunstwerk ein Wahrheitsereignis stattfindet, weil hier das Sichentbergen (die Welt) sich als eingedenk der Verborgenheit, woraus es stammt (die Erde), darstellt. Es ist üblich, diese Heideggersche Auffassung der Wahrheit als eine These zu begreifen, welche die metaphysische Idee der Wahrheit im Sinne einer stabilen Struktur (dem ewigen und unwandelbaren *onton on* Platons) widerlegt und die Wahrheit statt dessen als Ereignis versteht – das jeweils neue und andere Sichbestimmen der ordnenden Strukturen der Erfahrung, geschrieben in den sich wandelnden Sprachen der Menschheit. Aber die Tatsache, daß die Wahrheit, die Öffnung, innerhalb deren die Welt sich jeweils den geschichtlichen Menschheiten ergibt, Ereignis und nicht stabile Struktur (etwa von der Art des Kantischen Transzendentalen) ist, verändert tiefgreifend das Wesen der Wahrheit. Der Bereich, der sich im Ereignis öffnet, hat nicht die Eigenschaften entfalteter Helligkeit – Evidenz – der metaphysischen Wahrheit. Die Evidenz jenes »ist«, die sich nur als Wirkung der Stille ergibt, ist nicht dieselbe Evidenz der metaphysischen Prinzipien, denen nur die Ewigkeit abgenommen und die Ereignishaftigkeit hinzugefügt worden wäre. Das Wahre, das geschieht und dessen Geschehen sich vor allem in der Kunst ergibt (eher und wesentlicher als in der Wissenschaft, wo etwa das Prinzip der metaphysischen Evidenz als ausgemacht gilt), ist ein Wahres des »Halblichts«, und auf dieses Halblicht deutet der Heideggersche Gebrauch des Begriffs »Lichtung«* hin.[18] Die Dichtung ist Formel auch in dem Sinne, in dem das Wort auf einen linguistischen, durch den Gebrauch abgenutzten, nicht (mehr) erfüllten Ausdruck hinweist. Die Mühe, die der Dichter auf das Gedicht verwendet, mit der er ziseliert, schreibt und nochmals schreibt, ist nicht eine Mühe, die sich richtet auf die Vollendung der Übereinstimmung zwischen Inhalt und Form, auf die voll durchsichtige *energeia* des klassischen Werkes; es ist vielmehr eine Art Vorwegnahme der wesenhaften Erosion, die die Zeit auf das Werk ausübt, indem sie es *zum Denkmal werden läßt*. Was mit der dichterischen Arbeit verfolgt wird, ist das Geschehen einer Lichtung*, jenes Halblichts, in der die Wahrheit sich nicht mehr mit den zwingenden Eigenschaften der metaphysischen Evidenz ergibt. Von der so verstandenen dichterischen Monumentalität läßt sich ein Modell im Mythos finden in den Grundzügen seines Errichtens und Wiedererrichtens, so wie es Lévi-Strauss beschrieben hat (bis hin zur Annäherung zwischen Mythopoiese und *bricolage*...): nicht zufällig wird diese Nachbarschaft ausdrücklich von jenen Theorien formalistischer Herkunft abgelehnt, die die Selbstreferentialität der Dichtung im Sinne eines Spiels zwischen den verschiedenen Ebenen der Sprache auffassen, eines Spiels, in dessen Mitte das selbstbewußte Subjekt bleibt.

Das Zerbrechen des dichterischen Wortes findet sich hier schließlich auf die Heideggersche Auffassung der Wahrheit zurückgeführt. Das Kunstwerk kann das »Ins-Werk-Setzen« der Wahrheit sein, weil die Wahrheit keine metaphysische stabile Struktur, sondern Ereignis ist; aber gerade als Ereignis kann die Wahrheit nur im Zerbrechen des Wortes – in der die Denkmalhaftigkeit, die Formel, das Halblicht der Lichtung* ist – geschehen. Was bleibet aber, stiften die Dichter: aber nicht so sehr als »was dauert«, sondern vor allem als »was übrigbleibt«: Spur, Erinnerung, Denkmal. Eben auf diese Wahrheit, die der autoritären Eigenschaften der metaphysischen Evidenz entkleidet ist, bezieht sich jede andere Wahrheitserfahrung – auch diejenige, die sich in der Prüfung der positiven Wissenschaften entfaltet; und es ist diese Wahrheit, die jener wesenhaften Beziehung mit der Freiheit fähig ist, auf die Heidegger zum erstenmal 1930 in »Vom Wesen der Wahrheit« hingewiesen hat und die noch expliziert werden muß, auch auf der Grundlage der Erfahrung des Hörens auf die Dichtung.

Anmerkungen

1 Vgl. M. Heidegger, »Das Wesen der Sprache«, in: M. H., *Unterwegs zur Sprache*, Pfullingen 1959.
2 Das geht klar aus den letzten Zeilen des Aufsatzes hervor (ebd., S. 216).
3 Dieses Distichon Hölderlins, aus dem Gedicht »Andenken«, ist eines der »Leitworte«* von Heideggers Vortrag über »Hölderlin und das Wesen der Dichtung« (1936), erschienen in seinen *Erläuterungen zu Hölderlins Dichtung*, Frankfurt a. M. [5]1981.
4 Vgl. M. Heidegger, *Vom Wesen der Wahrheit*, Frankfurt a. M. [7]1986.
5 Vgl. M. Heidegger, »Der Ursprung des Kunstwerkes«, in: M. H., *Holzwege*, Frankfurt a. M. 1950.
6 So die These von M. Dufrenne, *Phénoménologie de l'expérience esthétique*, Paris 1953.
7 Das scheint die Bedeutung einiger Thesen von P. Ricœur (*La métaphore vivante*, Paris 1975; dt.: *Die lebendige Metapher*, übers. von R. Rochlitz, München 1986) zu sein; aber Ideen dieser Art finden sich schon in Diltheys Auffassung der Dichtung: zum Beispiel in seiner kleinen Schrift »Das Wesen der Philosophie« (1907).
8 Über den Bezug zwischen Sagen* und Zeigen* vgl. Heidegger (s. Anm. 1) S. 214.
9 Ebd., S. 215.
10 Zum Begriff des Gevierts* vgl. auch Heideggers Vortrag »Das Ding«, in: M. H., *Vorträge und Aufsätze*, Pfullingen 1954.
11 Heidegger (s. Anm. 1) S. 214.
12 Ebd., S. 215.
13 Über diesen Bezug zwischen ursprünglicher Sprache und Sterblichkeit vgl. auch G. Vattimo, *Al di là del soggetto*, Mailand 1981 (dt.: *Jenseits vom Subjekt*, übers. von S. Puntscher Riekmann, Graz / Wien 1986), Kap. 3.
14 Es ist das, was Heidegger in *Unterwegs zur Sprache* das »Geläut der Stille« nennt (s. Anm. 1, S. 215).
15 Daran erinnert H.-G. Gadamer in »Philosophie und Poesie« (*Kleine Schriften*, Bd. 4: *Variationen*, Tübingen 1977, S. 243). Husserl meinte, daß die eidetische Reduktion in der Dichtung »spontan« stattfinde. Das bedeutet, daß er die Dichtung immer noch innerhalb des Horizonts des Verhältnisses von Subjekt und Objekt auffaßte.

16 Vgl. Gadamer (s. Anm. 15) S. 245.

17 Man kann diese Wechselfolge entweder auf der Grundlage des Interpretationsbegriffs, den L. Pareyson in seiner *Estetica. Teoria della formatività* (Bologna 1954, ^{2}1960) vorgelegt hat, oder auch mit dem Begriff der Wirkungsgeschichte* in der ihm von H.-G. Gadamer (*Wahrheit und Methode*, Tübingen 1975) beigemessenen Bedeutung denken. In bezug auf die Wirkungsgeschichte* wäre aber der Gadamersche Begriff in dem Maße, wie die historische Existenz des Werkes nicht so sehr mit einer »positiven« Wirkung, die den geschichtlichen Handlungen im üblichen Sinne des Wortes eigen ist, sondern eher mit einer Erfahrung von Sterblichkeit und Abnutzung identifiziert wird, vielleicht durch einen anderen Begriff, nämlich »Spur«, zu ersetzen, der den »residualen« Charakter der historischen Existenz des Werkes stärker betont. Vgl. aber Teil 3, Kap. VII des vorliegenden Bandes.

18 Über den Bezug zwischen Helligkeit und Dunkelheit im Begriff der Lichtung* vgl. L. Amoroso, »La ›Lichtung‹ di Heidegger come ›lucus a (non) lucendo‹«, in: G. Vattimo / P. A. Rovatti (Hrsg.), *Il pensiero debole*, Mailand 1983 (zugleich dt.: »Heideggers ›Lichtung‹ als ›lucus a (non) lucendo‹«, in: *Philosophisches Jahrbuch* 90, 1983, Nr. 1).

V

Ornament (als) Denkmal

Eine kleine, ziemlich unbekannte Schrift Heideggers, der Vortrag »Die Kunst und der Raum« (aus dem Jahre 1969)[1], schließt mit folgendem Goethe-Zitat: »Es ist nicht immer nötig, daß das Wahre sich verkörpere; schon genug, wenn es geistig umherschwebt und Übereinstimmung bewirkt, wenn es wie Glockenton ernst-freundlich durch die Lüfte wogt.« Ein Schluß, der die Argumentation des – thematisch der Skulptur gewidmeten – Vortrags zusammenfaßt. Wenn es auf der einen Seite so aussieht, als nehme dieser Vortrag die Thesen des Vortrags »Der Ursprung des Kunstwerkes«[2] aus dem Jahre 1936 wieder auf und wende sie auf die Skulptur und die Künste des Raumes an, so zeigt doch eine aufmerksame Lektüre auf der anderen Seite, daß diese »Anwendung« Anlaß zu wichtigen Veränderungen gibt, ja sogar zu einer sozusagen neuen Deklination jener im Vortrag von 1936 zentralen Definition des Kunstwerkes als »Ins-Werk-Setzen der Wahrheit«. Es besteht kein Zweifel, daß diese Neuheit sich in den allgemeineren Wandlungsprozeß des Heideggerschen Denkens einfügt, was um so interessanter ist, als es sich dabei nicht nur um einen marginalen Aspekt der sogenannten Kehre* handelt (die *Sein und Zeit* von den nach 1930 folgenden Werken trennen würde), sondern einen weiteren Schritt darstellt, der in den Schriften stattfinden würde, die nach der »Kehre« eingeordnet werden. Es ist hier jedoch nicht der Ort, diese Frage in einer solchen Allgemeinheit zu diskutieren:[3] Man kann darin übereinstimmen, daß der Vortrag von 1969 den Höhepunkt eines Prozesses der Wiederentdeckung der »Räumlichkeit« durch Heidegger bildet und deshalb auch eine Abwendung nicht nur von den Positionen von *Sein und Zeit* bezeichnet, wo die Zeitlichkeit die leitende Dimension für die Neufassung des Problems des Seins war, sondern auch von vielen der nachfolgenden ontologischen Abhandlungen. Es ist schwierig zu entscheiden, was diese Wiederentdeckung der Räumlichkeit für das gesamte Heideggersche Denken bedeutet, vor allem weil man, wie mir scheint, dabei riskiert, sie als den Beginn von ausgesprochen mystischen Ansätzen zu verstehen. Es ist aber sicher, daß die verstärkte Aufmerksamkeit, die der sogenannte »zweite Heidegger« dem Raum widmet, nicht verkürzt als ein bloßes Überwiegen – sozusagen als stilistisches Faktum – von räumlichen Metaphern (beginnend mit der »Lichtung«* bis hin zum »Geviert«* von Erde, Himmel, Sterblichen und Göttlichen)[4] interpretiert werden kann.

Was aber genauer die Auffassung der Kunst und der ästhetischen Implikationen des Heideggerschen Denkens betrifft, so scheinen der Vortrag »Die Kunst und der Raum« und die neue Aufmerksamkeit, die dort der Räumlichkeit gewidmet wird, eine Präzisierung bezüglich des Begriffs des Werkes als Ins-Werk-Setzen der Wahrheit mit sich zu bringen, die sich auch auf die Heideggersche Auffassung vom Sein und von der Wahrheit auswirkt. All dies hat, wie ich zeigen möchte, bedeutende Konsequenzen für den ästhetischen Diskurs über das Ornament.

Die Heideggersche Auffassung mit ihrer Betonung des »Wahrheitscharakters« des Kunstwerkes scheint – und so wurde sie tatsächlich meistens interpretiert – genau das Gegenteil einer Anerkennung der Rechte des Ornaments und des Dekorativen zu bilden. Die Vorstellung vom Werk als Ins-Werk-Setzen der Wahrheit, als Eröffnung geschichtlicher Welten, als »epochale« Dichtung, ist offenbar vor allem am Modell der großen klassischen Werke, zumindest im üblichen Sinn dieses Ausdrucks, entwickelt worden; nicht aber im Hegelschen Sinne, da das Ins-Werk-Setzen der Wahrheit, so wie Heidegger es denkt, sich nicht mittels einer Versöhnung und vollständigen Angleichung von Innen und Außen, von Idee und sinnlichem Schein, sondern mittels des anhaltenden Konflikts zwischen »Welt« und »Erde« innerhalb des

Werkes verwirklicht. Auch in diesem radikalen Unterschied zu Hegel scheint die Heideggersche Ästhetik das Werk als »klassisch« zu denken, sofern sie es denkt als Gründung von Geschichte, als Eröffnung und Stiftung von Modellen der geschichtlich-geschicklichen Existenz (worin genau sein Sein als Wahrheitsgeschehen besteht; wenn auch, wie man sehen wird, nicht nur darin).

Die eröffnende Funktion des Werkes als Wahrheitsereignis vollzieht sich für Heidegger, wie schon gesagt, insofern im Werk das »Aufstellen einer Welt«[5] zusammen mit dem »Herstellen der Erde« geschieht. Solange diese Begriffe in bezug auf die Dichtung gedacht werden, geben sie unvermeidlich einer Vorliebe für eine »starke« Auffassung des Eröffnungscharakters der Kunst Raum (es hat viel für sich, anzunehmen, daß Heidegger den Bezug der interpretatorischen Tradition zu den großen dichterischen Werken der Vergangenheit anhand des Modells des Bezuges der christlichen Tradition zur Heiligen Schrift denkt). Was geschieht statt dessen, wenn Aufstellen einer Welt und Herstellen der Erde in bezug auf eine Kunst wie die Skulptur gedacht werden? Schon vor dem Vortrag »Die Kunst und der Raum« konnte man aus einigen Passagen von Gadamers *Wahrheit und Methode* erahnen, wo die Ergebnisse der Heideggerschen Auffassung vom Kunstwerk als Wahrheitsgeschehen in einer Perspektive wiederaufgenommen wurden, die der Architektur eine Art »gründende« Funktion gegenüber allen anderen Künsten zugeschrieben hatte, zumindest in dem Sinn, daß sie ihnen ihren »Platz« anweist und sie so »umgreift«.[6] Eine Aussage wie jene, die den Vortrag von 1969 beschließt, wäre, auch über ihre offensichtlichen räumlichen Implikationen hinaus, im Hinblick auf die Heideggersche Auffassung von Dichtung schwer verständlich. Die Tatsache, daß Heidegger hier die eröffnende Funktion der Kunst in bezug auf eine räumliche Kunst denkt, bestimmt und erklärt letzten Endes, was unter dem Konflikt zwischen Welt und Erde sowie unter der Bedeutung des Begriffs »Erde« selbst positiv zu verstehen ist.

»Die Kunst und der Raum« beschränkt sich also nicht vollständig darauf, die Thesen des Vortrags von 1936 auf die räumlichen Künste anzuwenden, sondern bringt eine entscheidende Klärung gegenüber jenem Vortrag (analog etwa zum Übergang des Begriffs »Sein zum Tode« in *Sein und Zeit* zu den ontologisch-hermeneutischen Werken der letzten Periode).[7] In dem Vortrag »Der Ursprung des Kunstwerkes« hatte Heidegger, wie schon gesagt, ein »dichterisches«* Wesen aller Künste, sei es im Sinn von »dichten«* als ›schöpfen‹ und ›erfinden‹, sei es im genaueren Sinn von Dichtung als Kunst des Wortes, erörtert. Es wurde dort aber nicht vollkommen klar, wie der Konflikt zwischen Welt und Erde sich in der Dichtung als Kunst des Wortes aktualisieren könnte (eines der »konkreten« Beispiele, die Heidegger gab, war übrigens bereits ein Beispiel aus den Künsten des Raumes, nämlich der griechischen Tempel; und zuvor van Goghs Gemälde). Wenn man mit Heidegger ausschließt, daß Erde und Welt sich mit der Materie und Form des Werkes identifizieren lassen, dann fiel ihr Sinn im Vortrag von 1936 mit dem von »thematisiert« (oder »thematisierbar«: die Welt) und nicht-thematisiert (oder nicht thematisierbar: die Erde) zusammen. Die Erde im Werk war dennoch als solche in den Vordergrund gestellt (»her-gestellt»*), und nur dies machte letztlich den Unterschied zwischen dem Kunstwerk und dem Ding-Werkzeug des Alltags aus. Die Versuchung, der übrigens Heideggers Kritiker weitgehend erlegen sind, lag nahe, diese These als die Unterscheidung zwischen einer ausdrücklichen Bedeutung des Werkes (die Welt, die sich öffnet, sich her-stellt) und einer sich noch in Reserve haltenden Gesamtheit von Bedeutungen (die Erde) zu verstehen. Wenn wir im rein zeitlichen Sinn denken, kann das Sich-in-der-Reserve-Halten der Erde nur als die Möglichkeit künftiger Welten, nachfolgender geschichtlich-geschicklicher Öffnungen erscheinen. Heidegger hat, wie man einräumen muß, die Theorie nie in diesem Sinne dargelegt, wahrscheinlich aufgrund des berechtigten Widerstrebens, die Erde auf eine

noch-nicht-anwesende, aber der Anwesenheit fähige »Welt« zu reduzieren. Der entscheidende Schritt findet aber dann statt, wenn Heideggers Betrachtung sich den Künsten des Raumes zuwendet, wie in dem Text von 1969; und nicht nur dort: bereits in *Vorträge und Aufsätze* wird das dichterische Wohnen als ein »Einräumen«*, ein Raum-Machen in dem von Gadamer später anläßlich der schon erwähnten Passagen entwickelten Sinn verstanden. In »Die Kunst und der Raum« wird dieses Einräumen* in seiner zweifachen Bedeutung dargestellt: es ist zugleich ein Einräumen von Ortschaft und ein In-Beziehung-Setzen dieser Orte mit »der freien Weite der Gegend.«[8] Im Gadamerschen Text, auf den wir uns berufen haben und den wir auch als eine Art »Kommentar« zu Heidegger auffassen können, besteht das Wesen sowohl der dekorativen als auch der okkasionellen Künste darin, daß sie in einem doppelten Sinne operieren: diese Kunstform zieht »die Aufmerksamkeit des Betrachters« auf sich und weist ihn doch auch wieder »in das größere Ganze des Lebenszusammenhanges, den sie begleitet«, von sich weg.[9]
Ist es richtig, dieses Spiel von »Ortschaft«* und »Gegend«* als eine Spezifizierung des Konflikts zwischen Welt und Erde, wovon in »Der Ursprung des Kunstwerkes« die Rede ist, anzusehen? Ja, wenn wir bedenken, daß Heidegger diesen Bezug zwischen Ortschaft und Gegend eben dort findet, wo er, in »Die Kunst und der Raum« zu erklären versucht, wie das Ins-Werk-Setzen der Wahrheit, das das Wesen der Kunst ist, in jener räumlichen Kunst – wie der Skulptur – geschieht. Die Skulptur ist Ins-Werk-Setzen der Wahrheit, insofern sie ein Geschehen des authentischen Raumes ist (in dem, was dieser an Eigenem besitzt); ein solches Geschehen ist eben das Spiel von Ortschaft und Gegend, worin das Ding-Werk einerseits in den Vordergrund als Agens einer (neuen) räumlichen Ordnung, andererseits aber auch als Fluchtpunkt in die freie Weite der Gegend gestellt wird. »Das Offene«*, »die Offenheit«* sind, wie man weiß, Ausdrücke, mit denen Heidegger, vor allem seit dem Vortrag »Vom Wesen der Wahr-

heit« (1930), die Wahrheit in ihrem ursprünglichen Sinn (jenem, der auch jedes Wahre als Übereinstimmung der Aussage mit dem Ding ermöglicht) bezeichnet; das gilt auch, wenn wie in dieser Schrift über Kunst und Raum klar ist, daß diese Ausdrücke nicht nur die Öffnung als Eröffnung und Gründung, sondern auch (und in einer ebenso wesentlichen Form) das Öffnen im Sinn von Ausweiten oder Freilassen bezeichnen; oder sie bedeuten auch, wenn man will: »grundlos werden« [»sfondare«] im Sinne der Ausdrücke »Hintergrund« [»sfondo«] und »auf den (Hinter-)Grund stellen« [»porre sullo sfondo«]. Das, was auf den (Hinter-)Grund gestellt ist, wird zugleich in seiner begrenzten und bestimmten Gestalt gezeigt, ebenso wie – in einem im italienischen Gebrauch der Ausdrücke unauflösbaren Sinne – das, was in die zweite Reihe gestellt wird. Wenn beim Spiel von Ortschaft und Gegend diese doppelte Bedeutung der Öffnung als (Hinter-)Grund aufgeklärt ist, dann führt die Schrift über Kunst und Raum zu einer Einsicht, die im Vortrag von 1936 implizit oder sogar ungedacht geblieben war: Wenn nämlich das Kunstwerk als Ins-Werk-Setzen der Wahrheit definiert wird, handelt es sich dabei um eine These, die nicht nur das Kunstwerk, sondern auch und vor allem den Wahrheitsbegriff betrifft. Die Wahrheit, die geschehen bzw. die »ins Werk gesetzt« werden kann, ist nicht bloß die Wahrheit der Metaphysik (Evidenz, objektive Stabilität) mit einem zusätzlichen Charakter von »Ereignishaftigkeit« anstelle von Struktur. Jene Wahrheit, die geschieht, in einem Geschehen, das für Heidegger sich fast ohne Rest[10] mit der Kunst identifiziert, ist nicht die Evidenz des Sichgebens [darsi] des *obiectum* an das *subiectum*, wohl aber das aneignende-enteignende Spiel, das Heidegger anderswo mit dem Ausdruck »Ereignis«* bezeichnet.[11] Wenn wir aber über die Skulptur sowie über die räumlichen Künste allgemein nachdenken, zeigt sich das übereignende Spiel des Ereignisses*, das auch jenes des Konflikts zwischen Welt und Erde ist, als Spiel zwischen Ortschaft und freier Weite der Gegend.

Man findet hier, jenseits jedes Wohlgefallens an Heideggerscher Philologie oder Scholastik, bedeutende Elemente für den Begriff des Ornaments. In seinem langen Aufsatz über Gombrichs *The sense of order*[12] bemerkt Yves Michaud, daß die von Gombrich vorgeschlagene Deutung, warum sich in der Kunst im Übergang vom 19. zum 20. Jahrhundert das Problem des Ornaments aufdrängt, zwar entscheidende Konzeptionen zu dieser Frage bereitstellt, zugleich aber die Unterscheidung zwischen »einer Kunst, die man betrachtet, der man Aufmerksamkeit schenkt, und einer anderen Kunst, die dekorativ, die nur Gegenstand einer bloß nebensächlichen Aufmerksamkeit wäre«, unbefragt läßt.[13] Michaud schlägt seinerseits statt dessen die Radikalisierung von Gombrichs These vor und stellt die Hypothese auf, daß »eine große Anzahl bestimmender Erscheinungen in der Kunst der Gegenwart genau in der Tatsache begründet sein könnten, daß sie etwas in den Mittelpunkt bzw. in den Fokus der Wahrnehmung einlassen, das normalerweise am Rande bleibt.«[14] Ohne auf eine breitere und unmittelbare Diskussion der Thesen Gombrichs einzugehen – bei denen man auch andere Motive für eine Reflexion über die Implikationen der Heideggerschen Lehre im Hinblick auf eine »dekorative« Auffassung der Kunst (auch der Musik zum Beispiel) finden könnte –, kann man feststellen, daß vom Standpunkt der Elemente aus, die sich vor allem in »Die Kunst und der Raum« finden lassen, der Bezug zwischen Mittelpunkt und Peripherie weder nur den Sinn hat, eine Typologie (die Unterscheidung zwischen einer Kunst, die man betrachtet, und einer, der man keine Aufmerksamkeit schenkt) zu begründen, noch aber den, einen Schlüssel für die Interpretation der Wechselfolgen der Gegenwartskunst in der Auseinandersetzung mit der Kunst der Vergangenheit zu liefern; offenbar geht es für Heidegger weder nur darum, die dekorative Kunst als eine spezifische Art von Kunst zu definieren, noch um die Bestimmung der spezifischen Grundzüge der heutigen Kunst, sondern um die Erkenntnis des dekorativen Charakters einer jeden Kunst (das ist eine Frage, die – wenn wir uns Heideggers Insistieren auf dem verbalen Sinn des Ausdrucks »Wesen«* vor Augen halten – durchaus mit dem zusammenhängt, was auch die Umkehrung zwischen Mittelpunkt und Peripherie, welche die Gegenwartskunst bei Michaud zu charakterisieren scheint, betrifft; und das hat ferner mit dem Wesen der Kunst im allgemeinen zu tun, da es die Weise ist, in der diese sich in unserer Seinsepoche im wesentlichen manifestiert).

Aus der Sicht des Vortrags »Die Kunst und der Raum« bedeutet das Geschehen der Wahrheit in der Kunst – ein Problem, das Heidegger bis zuletzt beschäftigt hat – folgendes: (a) daß die Wahrheit, die geschehen kann, nicht die Grundzüge der Wahrheit als thematische Evidenz hat, sondern eher jene der »Öffnung der Welt«, was zugleich Thematisierung und Stellung des Werkes auf dem Hintergrund [sfondo], d. h. »Hintergrundschaffung« [»sfondamento«] bedeutet; (b) daß, wenn die Wahrheit so aufgefaßt wird, die Kunst, die ihr Ins-Werk-Setzen ist, in einem viel weniger emphatischen Sinne, als man üblicherweise glaubt, wenn man sich auf Heidegger beruft, definiert wird. Die in gewisser Weise führende und gründende Stellung, die ein vom Heideggerianismus genährter Autor wie Gadamer der Architektur (in seinem schon erwähnten Werk *Wahrheit und Methode*) zuweist, kann legitimerweise so weit gefaßt werden, daß für Heidegger die Kunst im allgemeinen, und gerade sofern sie Ins-Werk-Setzen der Wahrheit ist, ein dekoratives und »peripherisches« Wesen hat.

Diese beiden Ergebnisse werden nicht in all ihrer Reichweite verstanden, wenn man sie nicht in eine allgemeinere Interpretation der Heideggerschen Ontologie als »schwacher Ontologie« einfügt: Das Ergebnis der Rückbesinnung auf den Sinn von Sein ist in der Tat – bei Heidegger – das Abschiednehmen vom metaphysischen Sein und seinen starken Eigenschaften, aufgrund deren sich letzten Endes (und sei es bloß durch lange Verkettungen begrifflicher Vermittlungen) die Positionen der Entwertung der ornamentalen Aspekte der Kunst legitimieren. Das, was in Wahrheit ist, das *ontos on*, ist nicht der Mittelpunkt gegenüber der Peripherie, das Wesen gegenüber dem Schein, das Dauerhafte gegenüber dem Zufälligen und Wechselhaften, die Sicherheit des *objectum* für das Subjekt, gegenüber der Vagheit und Ungenauigkeit des Welthorizontes; das Geschehen des Seins ist eher, in der schwachen Ontologie Heideggers, ein unscheinbares und marginales, ein hintergründiges Ereignis.

Das soll nicht heißen – wenn wir Heideggers den Dichtern gewidmeter Arbeit des Ausgrabens und wiederholten Betrachtens folgen – daß man vor dem Unscheinbaren des Sich-peripher-Gebens des Schönen in einer reinen, sozusagen mystischen Kontemplation stehen müßte. Die Heideggersche Ästhetik veranlaßt nicht dazu, die Aufmerksamkeit auf die kleinen Vibrationen am Rande der Erfahrung zu lenken, sondern behält, trotz allem, eine monumentale Sicht des Kunstwerkes bei. Auch wenn das Geschehen der Wahrheit im Werk sich in der Weise des Peripheren und Dekorativen vollzieht, bleibt für ihn wahr: »Was bleibet aber, stiften die Dichter« (nach dem Distichon Hölderlins, das Heidegger wiederholt kommentiert[15]). Es geht aber um ein Bleiben, das eher durch den Grundzug des Überrestes als jenen des »aere perennius« gekennzeichnet ist. Das Denkmal ist zwar zum Überdauern geschaffen, aber nicht als volle Anwesenheit dessen, wovon es die Erinnerung trägt; es bleibt vielmehr eben als Erinnerung (auch die Wahrheit des Seins selbst kann sich für Heidegger übrigens nur in der Form des Andenkens ergeben). Die Techniken der Künste zum Beispiel, und allen voran vielleicht das Versemachen in der Dichtung, können als – nicht zufällig selbst so genau institutionalisierte und monumentalisierte – Kunstgriffe betrachtet werden, welche das Werk in einen Überrest verwandeln, in ein Denkmal, zur Dauer fähig, weil von Anfang an in die Form dessen, was tot ist, gegossen; fähig nicht aufgrund seiner Stärke, sondern seiner Schwäche.

In so vielfältiger Weise läßt sich das Kunstwerk als Geschehen der »schwachen« Wahrheit aus Heideggerscher Sicht denken: auch im Sinne des architektonischen Denkmals, das dazu beiträgt, den Hintergrund unserer Erfahrung zu bilden, das aber an sich zumeist Gegenstand einer zerstreuten Aufmerksamkeit bleibt. Nicht aber in der noch emphatischen und metaphysischen Bedeutung, die in Ernst Blochs Auffassung vom Ornament (in seinem *Geist der Utopie*[16]) anklingt, wo das Ornament die Form des Denkmals im Sinn des Sichenthüllens unseres wahreren Gesichtes hat – eine noch zutiefst klassische und Hegelianische Monumentalität, auch wenn man versucht, sich dieser Bindung zu entledigen, indem man die »genaue Entsprechung zwischen Innen und Außen« in eine immer von Jenseits zukommende Zukunft verlegt. Beim Denkmal – im Sinne der Kunst als Geschehen der Wahrheit im Konflikt von Welt und Erde – gibt es kein Emporsteigen einer tiefen und wesentlichen Wahrheit; auch in diesem Sinne hat »Wesen«* eine verbale Bedeutung, Geschehen einer Form, die keinen Kern enthüllt oder wieder zudeckt, sondern in seinem Sichüberlagern mit anderen »Ornamenten« die ontologische Dichte des Wahrheitsereignisses konstituiert.

Man könnte damit fortfahren, weitere Sinnzusammenhänge der Heideggerschen schwachen Ontologie im Hinblick auf eine »ornamentale« und monumentale Auffassung des Kunstwerkes aufzudecken (man denke nur nebenbei daran, daß Mikel Dufrenne, von phänomenologischen Prämissen ausgehend, einen Begriff des »Poetischen« erarbeitet hat,[17] der viel von dem *Hintergrund* [*sfondo*] enthält, den wir bei Heidegger theoretisch manifestiert zu finden glauben). Wichtig ist aber, daß die ornamentale Kunst, sei es als Stiftung von Hintergründen, denen man keine Aufmerksamkeit schenkt, sei es als Stellung von Überschüssen, die keine mögliche Legitimation in einem authentischen »eigenen« Grund haben, viel mehr als eine marginale Rechtfertigung in der Heideggerschen Ontologie findet; sie wird zum zentralen Phänomen der Ästhetik und letzten Endes der ontologischen Betrachtung (wie im Grunde der ganze Vortrag »Die Kunst und der Raum« zeigt). Das, was bei dieser Gründung-Hintergrundschaffung [fondazione-sfondamento] verlorengeht, ist die heuristische, kritische Funktion des Unterschiedes zwischen dem Dekorativen als Überschuß und dem »Eigenen« des Dinges und des Werkes. Aber eben die kritische Gültigkeit dieses Unterschiedes scheint heute ganz und gar verbraucht, auch und vor allem auf der Ebene des Diskurses der Künste und der militanten Kritik. Indem sich die Philosophie – wenn auch nicht ausschließlich – auf die Ergebnisse der Heideggerschen hermeneutischen Ontologie beruft, tut sie nichts anderes, als von dieser Tatsache Kenntnis zu nehmen, und sie bemüht sich darum, im Hinblick auf die Schaffung von verschiedenen kritischen Modellen, diesen Standpunkt radikal zur Geltung zu bringen.

Anmerkungen

1 M. Heidegger, *Die Kunst und der Raum*, St. Gallen 1969.
2 Vgl. M. Heidegger, »Der Ursprung des Kunstwerkes«, in: M. H., *Holzwege*, Frankfurt a. M. 1950.
3 Eine äußerst sorgfältige, dichte Analyse dieses Sachverhalts bietet E. Mazzarella, *Tecnica e metafisica. Saggio su Heidegger*, Neapel 1981, Teil 1, Kap. 3.
4 Für eine Untersuchung der Sprache Heideggers bleibt weiterhin der nützlichere und vollständigere Ausgangspunkt (neben dem *Index zu Heideggers »Sein und Zeit«* von H. Feick, Tübingen [2]1968) E. Schöfers Buch *Die Sprache Heideggers* (Pfullingen 1962).
5 Hier und im weiteren beziehe ich mich auf die Terminologie und die Inhalte des Vortrags »Der Ursprung des Kunstwerkes«, ohne die Begriffe im einzelnen nachzuweisen. Für eine umfangreichere Darstellung des Vortrags vgl. G. Vattimo, *Essere, storia e linguaggio in Heidegger*, Turin 1963, Kap. 3.
6 H.-G. Gadamer, *Wahrheit und Methode*, Tübingen 1975, S. 150.
7 Vgl. dazu die letzten Kapitel meines Buches *Le avventure della differenza*, Mailand 1979.
8 Heidegger (s. Anm. 1) S. 11.

9 Gadamer (s. Anm. 6) S. 150.

10 In dem Vortrag »Der Ursprung des Kunstwerkes« ist bekanntlich von unterschiedlichen Formen des Geschehens von Wahrheit die Rede (vgl. Heidegger – s. Anm. 2 –, S. 50); aber keine von ihnen, auch nicht die mit dem philosophischen Denken verbundene, wird von Heidegger in den nachfolgenden Werken thematisiert; das Geschehen der Wahrheit bleibt auf ihr Ins-Werk-Setzen, das in der Kunst geschieht, bezogen.

11 Vgl. vor allem M. Heidegger, *Vorträge und Aufsätze*, Pfullingen 1954.

12 Vgl. E. H. Gombrich, *The sense of order. A Study in the Psychology of Decorative Art*, Ithaca (N. Y.) 1978.

13 Y. Michaud, »L'art auquel on ne fait pas l'attention. A propos de Gombrich«, in: *Critique* 38 (1982) Nr. 416, S. 36.

14 Ebd., S. 36 f.

15 Zum Beispiel in dem Vortrag »Hölderlin und das Wesen der Dichtung« (in: M. H., *Erläuterungen zu Hölderlins Dichtung*, Frankfurt a. M. ^{5}1981).

16 Vgl. E. Bloch, *Geist der Utopie*, Frankfurt a. M. ^{2}1964, S. 20 ff.

17 Vgl. M. Dufrenne, *Le poétique*, Paris 1963.

VI

Die Struktur künstlerischer Revolutionen

1. Läßt sich ein Diskurs über die Entwicklung der Künste denken, welcher dem entspricht, den Thomas Kuhn in seinem Werk von 1962[1] vorgeschlagen hat, dessen Titel diesen Aufsatz inspiriert hat? Die Rede von künstlerischen anstelle von wissenschaftlichen Revolutionen erscheint auf den ersten Blick zugleich einfacher und schwieriger. Einfacher zunächst, weil die Veränderungen der Modelle und Kanons in der Kunst – sowohl was die Produktion als auch was den Genuß anlangt – sich offenbar nicht mit jener fundamentalen Instanz der Wahrheit oder auch nur der Gültigkeit messen müssen, die ihrerseits die wissenschaftliche Tätigkeit über Jahrhunderte beherrscht hat und die auch heute nicht völlig in Zweifel gezogen wird. Es gibt, mit anderen Worten, bei den Künsten keinen so klaren und unangefochtenen Grundwert, dem gegenüber Änderungen und Umgestaltungen als Momente von Fortschritt oder Rückschritt identifiziert werden können; das scheint unter anderem, wie Croce folgerichtig meinte, die Möglichkeit einer wahren Geschichte der Künste (oder besser: der Kunst, da auch die Pluralität der Künste bzw. der Kunsttypen ein Zeichen von Geschichtlichkeit ist, das ihr eigentliches Wesen nicht tangiert) auszuschließen, die sich nicht als eine bloß äußerliche Katalogisierung mit ökonomischen (didaktischen, museologischen, mnemotechnischen usw.) Funktionen versteht. Ohne diese grundlegende Urteilsinstanz erscheint die Welt der Kunst als eine Welt, in der das Spiel der Paradigmen und Revolutionen sich sozusagen frei und in reiner Form entfalten kann, ohne irgendeine Grenze, welche sich aus der Sorge ergibt, den Forderungen der Gültigkeit, Wahrheit und Verifizierbarkeit entsprechen zu müssen. Im übrigen ist das eine der traditionelleren Weisen, in denen sich der Unterschied zwischen Kunst

und Wissenschaft oder auch zwischen den schönen und den nützlichen Künsten dargestellt hat: d. h. der Unterschied zwischen einem Bereich, in dem von Fortschritt oder Rückschritt gesprochen werden kann (eben das Gebiet von Wissenschaft und Technik), und einem, in dem diese Ausdrücke – wenn überhaupt – eine ziemlich problematische Bedeutung haben. Das Problem, das sich dennoch sofort stellt und die Konstruktion eines »ästhetischen« Analogons zum Kuhnschen Diskurs viel schwieriger macht, als man glaubt, besteht darin, daß auch bei Kuhn die Unterscheidung zwischen einem Bereich der Wissenschaft, in dem es Fortschritt – d. h. eine kumulative Annäherung an die Wahrheit der Dinge – geben kann, und einem Bereich der Kunst, in dem es dieses Verhältnis zum Wahren in einer solchen Klarheit nicht gibt, sich weitgehend in einer Krise befindet. Der Erfolg der Kuhnschen Argumentation und der Diskussionen, die sie hervorgerufen hat, und – noch allgemeiner – die vielfältige Ausbreitung einer kräftigen Strömung des »epistemologischen Anarchismus« scheinen nicht nur dazu geführt zu haben, daß *diese* Unterscheidung zwischen Wissenschaft und Technik auf der einen und Kunst auf der anderen Seite unbrauchbar wurde, sondern vor allem, daß gewissermaßen die Entwicklung der Wissenschaften selbst auf ein »ästhetisches« Modell reduziert wurde (ich unterstreiche die Anführungszeichen). Wenn es sich so verhält, wie Kuhn in seinem Buch schreibt – die Wahl »zwischen konkurrierenden Paradigmata [erweist sich] als eine Wahl zwischen unvereinbaren Lebensweisen der Gemeinschaft«, und diese Wahl »kann nicht nur von den Bewertungsverfahren, die für die normale Wissenschaft charakteristisch sind, bestimmt werden – und wird es auch nicht –, denn jene Verfahren hängen zum Teil von einem bestimmten Paradigma ab, und dieses Paradigma ist strittig« (S. 130) –, dann ist jede Argumentation, die eine Wahl zwischen Paradigmata beweisend begründen will, notwendig zirkulär. Aber »wie stark [diese Darstellung] auch sein mag, dieses im Kreis gehende Argument hat nur den

Status eines *Überredungsversuches*« (S. 131; Hervorhebung: G. V.). Wegen dieses Grundzugs, nämlich daß es eher an die Überredung als an den Beweis gebunden ist, hat das Sichdurchsetzen eines Paradigmas in der Geschichte einer Wissenschaft viele oder alle Merkmale einer »künstlerischen Revolution«: seine Verbreitung, seine Artikulation, das Sichstabilisieren als Kanon nachträglicher Wahlmöglichkeiten, was sowohl die Bewertung als auch den Geschmack anlangt – all das gründet sich in der Tat nicht auf irgendeine Angleichung an die Wahrheit der Dinge, sondern auf seine »Funktionalität« bezüglich einer Lebensform, eine Funktionalität, die ihrerseits durchaus nicht mit »Adäquatheits«-Kriterien gemessen wird (als ob es primäre Bedürfnisse gäbe, denen man sich angleichen würde), sondern selbst – auf zirkuläre Weise – Gegenstand der Überredung eher als des Beweises ist. Auch wenn man sich das Sichdurchsetzen neuer Paradigmata als eine Wirkung von gewaltsamen Ereignissen vorstellen möchte, zum Beispiel einer Revolution oder der Machtergreifung seitens eines Eroberers usw., könnte man schließlich keinen genauen Vergleich mit dem »ästhetischen« Modell der geschichtlichen Veränderungen anstellen; denn das Aufkommen eines Paradigmas erfordert weit mehr, als daß es bloß von außen und mit Gewalt aufgezwungen würde; es bedarf in der Tat eines komplexen Systems von Überredungen, von aktiver Teilnahme, von Interpretationen und Antworten, die niemals ausschließlich oder vorwiegend die Wirkung von Stärke oder Gewalt sind, sondern eine Assimilation ästhetischer, hermeneutischer oder rhetorischer Art mit sich bringen.

In dieser These Kuhns – auf die hier modellhaft hingewiesen wird, insofern sie, sehr allgemein ausgedrückt, eine diffuse Tendenz der gegenwärtigen Erkenntnistheorie anzeigt – scheint sich eine Antithese zu vollenden und aufzulösen, die sich m. E. am deutlichsten in Kants *Kritik der Urteilskraft* sowie in der *Anthropologie in pragmatischer Hinsicht* ankündigt, und zwar dort, wo Kant zwei Modelle von Geschichtlichkeit einander gegenüberzustellen scheint (ich sage »scheint«, da Kant nicht explizit von zwei Modellen von Geschichtlichkeit spricht): wir können, mit Kuhn, das eine »normal« und das andere »revolutionär« nennen. Als normale Geschichtlichkeit kann diejenige bezeichnet werden, die aus jenen »mechanischen Köpfen« entsteht, die, »wenn sie gleich nicht Epoche machten, mit ihrem alltägigen, langsam am Stecken und Stabe der Erfahrung fortschreitenden Verstande« wahrscheinlich »das Meiste zum Wachsthum der Künste [scil.: der Techniken; G. V.] und Wissenschaften beigetragen haben [. . .].«[2] Ein mechanischer Kopf solcher Art, wenn auch von einer ganz und gar außergewöhnlichen Würde und Fähigkeit, scheint Newton gewesen zu sein, zumindest nach der Beschreibung Kants in § 47 der *Kritik der Urteilskraft* (auch in der *Anthropologie* – vgl. § 59 – ist von Newton die Rede als von einem Genie, das fähig sei, Epoche zu machen): »So kann man alles, was Newton [. . .], so ein großer Kopf auch erforderlich war, dergleichen zu erfinden, vorgetragen hat, gar wohl lernen; aber man kann nicht geistreich dichten lernen [. . .]. Die Ursache ist, daß Newton alle seine Schritte [. . .] nicht allein sich selbst, sondern jedem andern ganz anschaulich und zur Nachfolge bestimmt vormachen könnte; kein Homer aber oder Wieland anzeigen kann, wie sich seine phantasiereichen und doch zugleich gedankenvollen Ideen in seinem Kopfe hervor und zusammen finden, darum weil er es selbst nicht weiß und es also auch keinen andern lehren kann. Im Wissenschaftlichen also ist der größte Erfinder vom mühseligsten Nachahmer und Lehrlinge nur dem Grade nach, dagegen von dem, welchen die Natur für die schöne Kunst begabt hat, specifisch unterschieden. Indeß liegt hierin keine Herabsetzung jener großen Männer, denen das menschliche Geschlecht so viel zu verdanken hat, gegen die Günstlinge der Natur in Ansehung ihres Talents für die schöne Kunst. Eben darin, daß jener Talent zur immer fortschreitenden größeren Vollkommenheit der Erkenntnisse und alles Nutzens, der davon abhängig ist, imgleichen zur

Belehrung anderer in eben denselben Kenntnissen gemacht ist, besteht ein großer Vorzug derselben vor denen, welche die Ehre verdienen, Genies zu heißen [...].«[3] Gegenüber dieser aus den mechanischen Köpfen (sowie von den großen Wissenschaftlern) erwachsenen Geschichtlichkeit gibt es eine scheinbare Ungeschichtlichkeit des Genies: es kann nicht anderen seine Methoden des Erfindens und Hervorbringens beibringen, da es sich selbst nicht ganz davon Rechenschaft geben kann. Dennoch bleiben die Werke des Genies als Modelle und Beispiele bestehen, und wenn die Natur ihm gleichartige Genies erweckt, dann werden diese Anlaß für neue, analoge Hervorbringungen. Auch und wohl vor allem dies kann als Geschichtlichkeit bezeichnet werden; denn wenn der Fortschritt von den mechanischen Köpfen vorbereitet wird, dann stellt sich dieser vor allem dar als Modell von Kontinuität und Kumulation, bar jedes echten prozessualen Charakters: alles, was die Wissenschaftler entdecken, wird als schon verfügbar vorausgesetzt; oder, mit anderen Worten, die wissenschaftlichen Entdeckungen artikulieren lediglich bereits existierende Paradigmata, während man es im Falle des Genies, wie auch Kant an der erwähnten Stelle der *Anthropologie* (§ 58) annimmt, mit der Eröffnung »neuer Wege und neuer Aussichten« zu tun hat. Ein weiterer Aspekt des Genies konstituiert dieses als wesentlich geschichtlich, nämlich seine »musterhafte Originalität« (*Anthropologie*, § 57), die Beispielhaftigkeit seiner Werke, ohne die die Originalität selbst zur Extravaganz würde (*Kritik der Urteilskraft*, § 46 und 47). Ohne diese Kantische Gegenüberstellung hier weiter zu verfolgen, ist es doch möglich, in ihr einen nicht aufgelösten Gegensatz zu sehen, zumindest in dem Sinne, daß auf der einen Seite nur Wissenschaft und Technik eine Geschichte zu haben scheinen, indem sie eine fortlaufende, kumulative Entwicklung nehmen, der man den Namen Fortschritt beilegen kann; während auf der anderen Seite die Genies es sind, die »Epoche machen«, indem sie neue Wege und Horizonte eröffnen, worin Geschichtlichkeit im eigent-

lichen Sinne – nämlich als Neuheit und nicht nur als Kontinuität oder Entwicklung – zu bestehen scheint.
Die »historizistische« Bewußtwerdung der gegenwärtigen Erkenntnistheorie, exemplarisch, aber nicht erschöpfend dargestellt im Werk Kuhns, scheint sich als eine Auflösung der Gegenüberstellung zwischen einer Geschichte (im eigentlichen Sinne) von Wissenschaft und Technik und einer problematischen (uneigentlichen) Geschichte des künstlerischen Genies herauszubilden. Dieser Gegebenheit sehen wir uns gegenüber, wenn wir das scheinbar unschuldige Problem der Übertragung des Kuhnschen Ansatzes für die Wissenschaftsgeschichte auf die künstlerische Entwicklung behandeln. Diese Übertragung gelingt deshalb nicht, weil sich die Unterscheidung zwischen beiden Bereichen in der Wirklichkeit anscheinend aufgelöst hat. (Im übrigen ist die Unterscheidung zwischen den beiden Arten von Geschichtlichkeit bei Kant selbst eher prinzipiell als voll wirksam und explizit: das Genie verdient, wie man weiß, nur dann seinen Namen, wenn es vom Geschmack, aber auch von einer technischen Fähigkeit begleitet wird, die ihm erlaubt, wahrhaft mustergültige – Epoche machende – Werke hervorzubringen; jedoch sind die technischen Regeln eben seine notwendige Verbindung mit der Geschichte der mechanischen Köpfe . . .). Nicht nur die Unterscheidung zwischen zwei Arten von Geschichtlichkeit scheint heute, wie bereits angedeutet, aufgelöst; vielmehr ist diese Auflösung aufgrund einer Reduktion der »kumulativen« Geschichtlichkeit selbst auf die »geniale« Geschichtlichkeit zustande gekommen. Wenn man wirklich berücksichtigt, daß für Kant die Genialität notwendigerweise sowohl Mustergültigkeit als auch »Epoche-Machen« – d. h. komplexe Mechanismen von Rezeption und Vergeschichtlichung – einschließt, dann ist leicht zu erkennen, daß die wissenschaftlichen Revolutionen weitgehend der besonderen (und, nach Kant, uneigentlichen) Geschichtlichkeit des Kantischen Genies nachgebildet worden sind.

2. Wenn all dies, wie mir scheint, in der gegenwärtigen Erkenntnistheorie als das Sichbehaupten eines ästhetischen Modells der Geschichtlichkeit gegenüber dem Schema einer kumulativen, grundsätzlich theoretischen und gnoseologischen Entwicklung bezeichnet werden kann, dann ist das, was sich daraus ergibt, auch die Anerkennung einer besonderen »Verantwortung« des Ästhetischen; nicht nur oder allein der Ästhetik als philosophischer Disziplin, sondern des Ästhetischen als einer Sphäre der Erfahrung, als einer Dimension der Existenz, die auf diese Weise einen beispielhaften Wert, ja Modellcharakter annimmt, damit Geschichtlichkeit überhaupt gedacht werden kann.

Die Ästhetisierung der Wissenschaftsgeschichte – wenn man sie denn, mit aller Vorsicht, so bestimmen kann –, die bei Kuhn stattfindet, ist kein fremdes und außergewöhnliches Ereignis: Sie entspricht in der Tat einem viel umfassenderen Phänomen, wofür sie zugleich Symptom und schlüssige Erscheinung ist, nämlich jener Erscheinung, die man als den Mittelpunktcharakter des Ästhetischen (ästhetische Erfahrung; Kunst und verwandte Phänomene) in der Moderne bezeichnen kann. Ich glaube nicht, daß der Beweis eines solchen Mittelpunktcharakters nur möglich ist mit Hilfe eines verständlichen perspektivischen Fehlers – sozusagen einer Deformierung von Berufs wegen – von Philosophen und Kunsthistorikern. Schellings These von der Kunst als einem Organon der Philosophie beispielsweise ist nur eine der extremsten Äußerungen zu einer Thematik, die als Basso continuo die Moderne durchzieht und sie charakterisiert. Wenn Nietzsche für einen Abschnitt seines abschließenden theoretischen (nie vollendeten und nur fragmentarisch als *Der Wille zur Macht* veröffentlichten) Werkes den Titel »Der Wille zur Macht als Kunst« vorsieht, so nimmt er damit in der wohl klarsten und entmythisierten Form gerade diese tiefe Strömung des modernen Geistes wieder auf. Es ist ja vor allem und gerade seit Nietzsche möglich, den Sinn des Mittelpunktcharakters des Ästhetischen in der Moderne wiederzuerkennen. Dieser Mittelpunktcharakter hat sich, zunächst auf der praktischen Ebene, im Prozeß der sozialen Förderung des Künstlers und seiner Produkte (seit der Renaissance)[4] angekündigt, in einem Prozeß, der ihm schrittweise Würde, Ausnahmestellung, priesterliche und zivile Funktionen verlieh; und gleichzeitig wurde auf der theoretischen Ebene, in der Perspektive etwa Vicos oder der Romantiker, der Zivilisation und Kultur ein »ästhetischer« Ursprung angewiesen; mit Beginn der modernen Massengesellschaft schließlich kündigte er sich in der Bedeutung an, welche die ästhetischen Modelle des Verhaltens (Starkult verschiedener Art) und der Organisation des sozialen Konsensus (denn die Wirkung der Massenmedien ist vor allem eine ästhetisch-rhetorische) immer deutlicher annehmen. Dieser Prozeß ist sehr weitreichend und verzweigt; aber vielleicht war sich nur Nietzsche über den wahren Sinn der *antizipatorischen* Bedeutung klar, die das Ästhetische im Zusammenhang mit der globalen Entwicklung der modernen Zivilisation besitzt. In den Notizen, die die ersten Herausgeber sehr zweckmäßigerweise dem Abschnitt aus *Der Wille zur Macht* mit dem Titel »Der Wille zur Macht als Kunst« (Nr. 794–797) voranstellen, wird explizit der Grund dieser Funktion von Antizipation und Modell deutlich, welche die Kunst angesichts einer Welt einnimmt, die sich immer ausdrücklicher als Welt des Willens zur Macht darstellt. Wenn der Glaube an den Grund* und an den Verlauf der Dinge als eine Entwicklung in Richtung auf einen letzten Zustand schwindet, dann erscheint die Welt nicht mehr als »ein sich selbst gebärendes Kunstwerk« (ein Ausdruck, den Nietzsche von Schlegel übernimmt), sondern der Künstler ist eine Vorstufe*, ein Ort, in dem sich jenes zu erkennen gibt und im Kleinen vollendet hat (Nr. 795), das sich jetzt – mit der Entfaltung der technischen Organisation der Welt, so interpretieren wir (aber im Sinne Nietzsches) – als das Wesen der Welt selbst enthüllen kann, nämlich als der Wille zur Macht. Die zentrale Bedeutung, die das Verhältnis zur Technik – und zwar nicht nur zu den spezifischen Techniken der einzelnen Künste, die sich überall in den Vordergrund gedrängt haben, sondern zur Technik als allgemeinerem sozio-historischem Faktum, zur technologischen Organisation der Produktion und des gesellschaftlichen Lebens – in den Künsten unseres Jahrhunderts bekommen hat (dabei sollte m. E. auf die Analysen Hans Sedlmayrs hingewiesen werden, auch ohne seine theoretischen Ergebnisse zu teilen)[5], stellt nur die konkrete Entfaltung der Funktion von Präludium, Antizipation, Modell dar, die Nietzsche der Kunst und den Künstlern gegenüber der Welt als Wille zur Macht zuerkennt. Der lange Kampf, den die Ästhetiken und Poetiken der Moderne gegen die aristotelische Definition der Kunst als Nachahmung geführt haben – Nachahmung der Natur oder der klassischen Modelle, die jedoch aufgrund ihrer vorgeblichen Nachbarschaft zur Natur und zu ihren Maßstäben noch eine Legitimation besaßen –, gewinnt aus dieser Perspektive seinen vollen Sinn, und ich glaube, man kann ihn nur als ontologisch bezeichnen. Hans Blumenberg[6] und zuvor Edgar Zilsen mit seiner Rekonstruktion der Ursprünge des Geniebegriffs im Humanismus sowie in der Renaissance haben gezeigt, wieviel *Technizistisches* auf dem Grunde der Auffassung des Künstlers als eines schöpferischen Genies vorhanden ist. Nietzsches Bestimmung des Willens zur Macht als Kunst bringt diesen Bezug zum Ausdruck, indem sie alle Folgerungen zieht, die sich aus der im 19. Jahrhundert stattfindenden Auflösung der Verwurzelung ergeben, welche noch das Kantische Genie mit der Natur verbindet.[7] Der Verwurzelung des Genies in der Natur entspricht bei Kant die Verwurzelung der wissenschaftlichen Erkenntnis in einer »Objektivität« der Welt der Natur, welche die bloße Identifizierung des Wissenschaftlers mit dem Künstler verhindert. Aus der von Nietzsche erreichten Sicht erscheinen all diese Formen der Verwurzelung aufgelöst: weder legitimiert das Genie die eigenen Schöpfungen, insofern es von der Natur inspiriert wird, noch schreitet der Wissenschaftler in der Erkenntnis des Wahren fort, indem die Sache, die man entdeckt, »als vorher schon existirend angenommen [wird], nur daß sie noch nicht bekannt war, z. B. Amerika vor dem Columbus«.[8] Die ständige Wiederaufnahme der Kunst, sowohl im theoretischen Bewußtsein als auch in der sozialen Praxis der Moderne, im Sinne eines »dichten« Bereiches – sei es in bezug auf die soziale Erscheinung des Künstlers, sei es in bezug auf die besondere Würde (Benjamins Aura), die man seinen Werken zumißt, in einer Perspektive, die, wie jene Nietzsches, den Begriff des Willens zur Macht als Basis einer wahren und eigentlichen Ontologie der Moderne betrachtet – gewinnt die Bedeutung einer Vorwegnahme des Wesens der Moderne (sowohl ihrer eigentlichen Natur als auch der Weise, wie sich das Wesen in der modernen Epoche gibt) vor ihrer vollendeten Entfaltung in der technologischen Organisation der heutigen Welt. Der theoretische und praktische Mittelpunktcharakter, welcher der Kunst, mehr oder weniger ausdrücklich, seit der Renaissance zuerkannt wird und der, nach unserer Hypothese, seine extremen Folgen auch in der Durchsetzung der ästhetischen Modelle bei einer Betrachtung der Wissenschaftsgeschichte – etwa der von Kuhn – zeitigt, wäre also kein Anzeichen für eine allgemeine ästhetisierende Richtung der Kultur der letzten Jahrhunderte; sie wäre hingegen eine Vorwegnahme und eine Ankündigung des Erscheinens des Willens zur Macht als eines Wesens des Seins der Moderne. Wenn auch – zumindest nach der hier vorgeschlagenen Hypothese – Nietzsche den radikaleren und theoretisch deutlicheren Standpunkt liefert, von dem aus sich der Sinn des Mittelpunktcharakters der Kunst im modernen Bewußtsein erschlösse, so ist unbestreitbar, daß sich bei ihm kein klares Selbstbewußtsein des typisch modernen Charakters des Phänomens findet. Es ist zwar richtig, daß für Nietzsche das Erscheinen des Willens zur Macht als Wesen des Seins – oder, was dasselbe ist, der Tod Gottes – ein geschichtliches Ereignis ist (und nicht die Entdeckung einer »wahren« metaphysischen Struktur), und daß es deshalb in irgendeiner Weise mit der Moderne zusammenhängt; aber es wäre schwierig zu behaupten, daß für Nietzsche der Begriff des Modernen durch den Bezug zu diesen Ereignissen charakterisiert ist. Es ist wahrscheinlicher, daß er ein extremes Beispiel von Bewußtsein der Moderne, im Sinne des Genitivus subiectivus, noch nicht des obiectivus, verkörpert: Zahlreiche Texte, in denen Nietzsche über die Moderne als Phänomen der Dekadenz spricht, lassen sich nicht einfach mit jenen zusammenfügen, in denen statt dessen von der Notwendigkeit einer Vollendung des Nihilismus (und somit der Dekadenz) mittels eines Fortschreitens aus seinem reaktiven Stadium in jenes affirmative oder aktive die Rede ist. Auch die zentrale Funktion der Kunst als Prinzip einer Gegenbewegung* gegen die Formen des reaktiven Nihilismus (Religion, Moral, Philosophie: ich berufe mich hier auf das Fragment 794 des *Willens zur Macht*), wird von Nietzsche nicht in ihrem spezifischen Bezug zur Moderne, sondern in einem allgemeineren Sinne gedacht. Dieser Unterschied zwischen unserer Perspektive, die gewiß mit Nietzsches Perspektive in Zusammenhang steht, und Nietzsches eigener ist theoretisch durchaus stärker belastet, als es auf den ersten Blick scheinen könnte: wenn dieser Unterschied, wie ich glaube, tatsächlich bedeutet, daß wir bei Nietzsche den Höhepunkt des Bewußtseins der Moderne nur im Sinne des Genitivus subiectivus finden, dann heißt das auch, daß wir nicht einfach seine Thesen wiederaufnehmen können, sondern daß wir uns in einer anderen Stellung [dislocazione] einrichten bzw. erkennen müssen, daß wir uns in ihr befinden. Diese »Dislokation« entfernt uns nicht nur von Nietzsche, sondern verleiht uns auch eine Position, die von der seinen verschieden ist, sofern es die Bedeutung des Mittelpunktcharakters der Kunst in der Moderne betrifft.

Indem wir manche Passage sowie eine eingehendere Analyse des »kleinen Unterschiedes« zwischen der subjektiven und der objektiven Funktion des Genitivs in dem Ausdruck »Nietzsche: Bewußtsein der Moderne« überspringen, zugleich aber diesen Unterschied voll berücksichtigen, glaube ich, daß man anerkennen muß, daß die besondere Verbindung zwischen dem Mittelpunktcharakter der Kunst und der Moderne klar wird – weniger für Nietzsche als für uns – im Licht eines genauen Begriffs, den Nietzsche vielleicht deshalb nicht zu thematisieren vermag, weil er ihm zu nahe stand, nämlich dem des Wertes des Neuen bzw. der Neuheit als eines Wertes. Es empfiehlt sich hier, eine Definition der Moderne ausdrücklich einzuführen, die sich – wenn auch nicht explizit in dem von mir vorgeschlagenen Sinne – bei vielen Theoretikern der Moderne, von Weber bis Gehlen, Blumenberg und Koselleck,[9] findet und gewiß auch Nietzsches Themen reflektiert. Eine derartige Definition lautet: Die Moderne ist jene Epoche, durch die das moderne Sein ein Wert wird, ja sogar *der* grundlegende Wert, auf den alle anderen bezogen werden. Diese Formel kann verstärkt werden, indem man zeigt, daß sie mit der anderen, vageren Definition des Modernen im Sinne von Säkularisierung übereinstimmt. Der Ausdruck »Säkularisierung« beschreibt zugleich, ebenso wie der Ausdruck »modern«, sowohl das, was in einer bestimmten Epoche stattgefunden hat und als deren Charakterzug angesehen wird, als auch den »Wert«, der das Bewußtsein der jeweiligen Epoche beherrscht und leitet, vor allem in der Form des Glaubens an den Fortschritt (der zugleich ein säkularisierter Glaube und ein Glaube an die Säkularisierung ist).[10] Gerade das ist es: der Glaube an den Fortschritt, der im Sinne des Glaubens an den geschichtlichen Prozeß von providentiellen und metahistorischen Bezügen immer mehr befreit wird, identifiziert sich ganz einfach mit dem Glauben an den Wert des Neuen. Vor diesem Hintergrund muß man vor allem die Betonung des Geniebegriffs sehen und, an zweiter Stelle, den Mittelpunktcharakter, den die Kunst und der Künstler in der modernen Kultur annehmen. Moderne und Mode stehen nicht nur in terminologischer und nominaler Beziehung zueinander: Moderne ist auch und vor allem die Epoche, in der der Verkehr der Waren (Simmel)[11] und der Ideen sowie die Zunahme der sozialen

Beweglichkeit (Gehlen)[12] den Wert des Neuen anvisieren bzw. die Bedingungen für die Identifikation des Wertes (des Seins selbst) mit Neuheit vorbereiten. Die Betonung, mit der viele Vertreter der Philosophie des 20. Jahrhunderts von der Zukunft gesprochen haben (von der Definition der Existenz als Entwurf und Transzendenz beim frühen Heidegger, über Sartres Transzendenzbegriff, bis hin zu E. Blochs Utopismus, der charakteristisch ist für die gesamte hegelianisch-marxistische Philosophie, sowie zu den Ethiken, die den Wert einer Aktion immer mehr in der Ermöglichung anderer Wahlmöglichkeiten, anderer Aktionen, also in der Eröffnung einer Zukunft zu sehen scheinen), diese Betonung ist der getreue Spiegel einer Epoche, die sich allgemein und mit Recht »futuristisch« nennen kann (um Krzysztof Pomians Ausdruck zu gebrauchen, den er in einem Aufsatz vorgeschlagen hat, auf den ich mich im folgenden beziehen werde).[13] Dasselbe kann natürlich auch über die künstlerischen Avantgarden des 20. Jahrhunderts gesagt werden, von denen Futurismus und Dadaismus die radikal »anti-vergangenheitliche« [»antipassatista«] Inspiration am authentischsten zum Ausdruck bringen. Das Pathos der Zukunft wird immer noch – sei es in der Philosophie, sei es in den Poetiken der Avantgarde – vom Anspruch des Authentischen getragen, entsprechend einem Denkmodell, das charakteristisch für den ganzen *modernen* »Futurismus« ist: Die Spannung auf die Zukunft hin als Spannung hin zur Erneuerung, zur Wiederkehr in einem Zustand ursprünglicher Authentizität.

Ein erster sehr einfacher, evidenter Bezug zwischen Moderne, Säkularisierung und Wert des Neuen zeigt sich also, wenn man folgendes klarstellt: (a) die Moderne ist als die Epoche der Diesseitigkeit*, der Preisgabe der sakralen Betrachtungsweise der Existenz sowie der Bejahung der Sphären profaner Werte, d. h. insgesamt als die Epoche der Säkularisierung charakterisiert; (b) der Kernpunkt der Säkularisierung auf begrifflicher Ebene ist der Glaube an den Fortschritt (oder die Ideologie des Fortschritts), der sich aufgrund einer Wiederaufnahme der jüdisch-christlichen Betrachtungsweise der Geschichte bildet, aus der alle Aspekte und transzendenten Bezüge »schrittweise« eliminiert werden;[14] seitdem wird, gerade weil man das Risiko der Theoretisierung des Endes der Geschichte vermeiden will (denn es ist ein Risiko, wenn man nicht mehr an das Leben im Jenseits glaubt, wie es vom Christentum gepredigt worden ist), der Fortschritt immer mehr als ein Wert an sich charakterisiert; der Fortschritt ist ein solcher, wenn er auf einen Zustand der Dinge hinsteuert, bei dem weiterer Fortschritt möglich ist, und nichts anderes. (c) Diese extreme Säkularisierung der providentialistischen Betrachtungsweise der Geschichte bedeutet einfach die Bejahung des Neuen als eines Wertes, und zwar als eines grundlegenden Wertes. In diesem Prozeß der Säkularisierung und Bejahung des Wertes des Neuen – ein Prozeß, der, historisch gesehen, nicht gänzlich linear verläuft, wie sich zeigt, wenn man theoretisch die wesentlichen Grundzüge rekonstruiert – nimmt die Kunst eine Position der Vorwegnahme oder des Zeichens an. Das heißt: während in einem großen Zeitraum der Moderne die Entdeckungen der »mechanischen Köpfe« – sowohl auf der Ebene der Wissenschaft als auch auf der der Technik – noch vom Wert der »Wahrheit« oder des »Nutzens für das Leben« eingegrenzt und geleitet wurden, entfielen für die schönen Künste diese Einschränkungen bzw. Formen der metaphysischen Verwurzelung sehr früh, so daß die Kunst auf diese Weise mit dem Beginn des modernen Zeitalters oder jedenfalls mit einem großen Vorsprung (es gibt Unterschiede in der Entwicklung einzelner Künste) der Kondition der Entwurzelung, in der sich Wissenschaft und Technik heute explizit befinden, unterworfen wurde.

In seinem Aufsatz »Die Säkularisierung des Fortschritts« aus dem Jahre 1967 beschreibt Gehlen diesen Prozeß, zwar mit anderen Worten, im wesentlichen aber in Übereinstimmung mit den hier vorgeschlagenen Thesen. Die Säkularisierung des Fortschritts erscheint ihm unterschiedlich artikuliert – sei es in bezug auf den Bereich der Wissenschaft und Technik (bzw. auf das, was er genauer als »die Zusammenarbeit* der exakten Wissenschaften, der technischen Entwicklung und der industriellen Auswertung« bezeichnet)[15], sei es im Hinblick auf das Gebiet der Kultur im engeren Sinne: die Künste, die Literatur, die »schönen Wissenschaften«*. Im ersten Fall wurde der Fortschritt zu einer Art Fatalismus, zur Routine; das Neue in Wissenschaft, Technik, Industrie bedeutet das bloße, einfache Überleben dieser Sphären von Aktivität; im übrigen ist in der Wirtschaft nur von Entwicklungsraten, nicht aber von der Befriedigung grundlegender Lebensbedürfnisse die Rede. Die in diesen Bereichen stattfindende Verwandlung des Fortschritts in Routine verschiebt, wie Gehlen meint, das ganze Pathos des Neuen in einen anderen Bereich, nämlich den der Künste und der Literatur. Hier nun – wie und warum, wird aus Gehlens Text nicht ganz klar – erfahren der Wert des Neuen und das Pathos der Entwicklung eine noch radikalere Säkularisierung als die, welche beim Übergang vom Glauben an die Erlösungsgeschichte zur profanen Ideologie des Fortschritts stattgefunden hat. Aus verschiedenen Gründen – sei es wegen der »Routinierung« des wissenschaftlich-technischen-industriellen Fortschritts, sei es aufgrund der Verschiebung des Pathos des Neuen auf den Bereich der Künste – hat man es mit einer wirklichen Auflösung des Fortschritts selbst zu tun. Die Auflösung ist auf der einen Seite mit dem Prozeß der Säkularisierung selbst verbunden. Die Säkularisierung »besteht«, wie Gehlen schreibt, »im allgemeinen darin, daß die Eigengesetze der neuen Welt den Glauben erdrücken, oder vielmehr nicht eigentlich ihn, sondern ›die siegesbeglückte Gewißheit‹*. Zugleich fächert sich der große Entwurf, dem Sachzwang folgend, in auseinanderlaufende Prozesse auf, die immer mehr ihre eigene Gesetzlichkeit entfalten, und langsam verschiebt sich der große Fortschritt, da man unbedingt an ihm festhalten will, an die Peripherie der Tatsachen und der Geister und entleert sich dort.«[16] Die Säkularisierung selbst enthält schließlich eine auflösende Tendenz, die sich mit dem Übergang des Pathos des Neuen auf das Gebiet der Kunst verstärkt, da die Kunst, nach Gehlen, ein an sich peripheres Gebiet ist und der Bedarf an Neuem sowie zugleich dessen zunehmendes Unwesentlichwerden extrem steigen.[17] Daß die Säkularisierung – als Durchsetzung der eigenen Gesetze aus verschiedenen Bereichen und Sphären der Erfahrung – insofern eine Bedrohung für den Fortschrittsbegriff bedeutet, als sie ihn sogar zunichte machen kann, findet man bei einem Denker wie Bloch bestätigt. Während er unbeirrt an der Betrachtung der Geschichte als eines fortschrittlichen, emanzipatorischen Laufes festhielt, beobachtete er mit Sorge die »Differenzierungen im Begriff Fortschritt« (so der Titel eines berühmten Vortrags)[18] und suchte er bei aller Vielfalt der geschichtlichen Zeiten, die mit den Klassenkämpfen einhergingen, den roten – vereinheitlichenden – Faden (eben den, der auch Gegenstand der Kritik und des rekonstruktiven Ansatzes von Benjamins *Thesen* zur Geschichte war).

3. Die von Gehlen beschriebene *extreme Säkularisierung* – Gehlen war übrigens der erste, der den Begriff *post-histoire* in bezug auf diese Eigenschaften der Spätmoderne gebrauchte, indem er ihn von dem Mathematiker Antoine-Augustin Cournot übernahm (dieser hat aber, wie es scheint, jenen Ausdruck nie verwendet; Gehlen hat ihn von Hendrik de Man entlehnt[19]) – öffnet uns den Weg zu einem weiteren Schritt, nämlich demjenigen, der auch die Frage beantworten sollte, die sich abgezeichnet hat in der Anspielung auf Nietzsche, was den Unterschied im Bewußtsein der Moderne zwischen der subjektiven und objektiven Funktion des Genitivs anlangt. Die Definition der Moderne als Epoche, in der das moderne Sein den grundlegenden Wert darstellt, ist keine Definition, welche die Moderne von sich selbst geben kann. Das Wesen des Modernen wird in Wahrheit erst in dem Augenblick sichtbar, in dem der Mechanismus der Moderne – in einem noch zu bestimmenden Sinne – sich von uns ent-

fernt. Dieses Sichentfernen deutet sich an in dem, was Gehlen über die Auflösung und Entleerung des Fortschrittsbegriffs – sei es im wissenschaftlich-technisch-industriellen, sei es im künstlerischen Bereich – sagt. Der Tendenz zur Auflösung ist vielleicht auch die ebenfalls von Gehlen hervorgehobene Tatsache an die Seite zu stellen, daß der von den radikalsten futuristischen Utopien – so wie von den großen revolutionären Ideologien – verfolgte Endzustand kennzeichnende Züge von Ungeschichtlichkeit aufweist. »Wo man nun wirklich versucht, den neuen Menschen zu schaffen, dort ändert sich das Verhältnis zur Geschichte. [. . .] Die französischen Revolutionäre ernannten das Jahr 1793 zum Jahre 1 eines neuen Weltalters [. . .].«[20] Deutlicher sieht Gehlen diesen Grundzug von Ungeschichtlichkeit in einer typischen Utopie derselben Epoche, nämlich in derjenigen Sébastien Merciers, die er in seinem Buch *L'an 2240* aus dem Jahre 1770 verkündet. In Merciers künftiger Welt, in der Mäßigkeit und Rousseaus Tugenden herrschen, ist der Kredit in all seinen bankmäßigen Formen abgeschafft usw., man zahlt nur bar, die klassischen Sprachen werden nicht mehr gelernt, da sie der Tugend nicht dienlich sind.[21] Die Abschaffung des Kredits und der klassischen Sprachen zeigt beispielhaft eine Reduktion der Existenz auf die nackte Gegenwart, d. h. die Eliminierung der geschichtlichen Dimension.

Auch in den extremen futuristischen Utopien jenseits des wirklichen Säkularisierungsprozesses scheint sich also eine Tendenz des Fortschritts zur Auflösung hin abzuzeichnen, die auch den Wert des Neuen in Mitleidenschaft zieht. Diese Auflösung ist – deutlicher und entschiedener, als es Gehlen zu erkennen vermag – das Ereignis, das es möglich macht, uns vom Mechanismus der Moderne zu entfernen. Dieselbe Denkrichtung wie Gehlen – wenn auch ohne einen ausdrücklichen Hinweis auf ihn – schlägt der schon erwähnte Aufsatz von Krzysztof Pomian über die »Krise der Zukunft« ein, der einige für unsere Argumentation nützliche Elemente hinzufügt, indem er die Krise des Wertes des Neuen deutlicher thematisiert, welche die gegenwärtige Lage zu charakterisieren scheint (die sich, wie wir hinzufügen können, genau auf dieser Basis als *post-histoire* definiert, und zwar in einem genaueren Sinne als dem von Gehlen angegebenen). Was die Charakterisierung der Moderne als »futuristische« Epoche betrifft, so ist bei Pomian die Thematisierung des Bezuges zwischen dem Sichdurchsetzen des Wertes des Neuen und der Bildung des modernen Staates bemerkenswert. Ich habe schon darauf hingewiesen, daß die von Gehlen zitierte Utopie Merciers das Ende der Kreditmechanismen vorsieht; Pomian schreibt seinerseits: »Die Zukunft ist buchstäblich injiziert gerade in das Gewebe der Gegenwart in der Gestalt des Papiergeldes. [. . .] Die schon über 2000 Jahre alte Geschichte der Geldwirtschaft ist auch die Geschichte der zunehmenden Abhängigkeit der Gegenwart von der Zukunft.«[22] Wenngleich diese Abhängigkeit prinzipiell in jeder Agrarwirtschaft existiert, in der es ein Zwischenstadium zwischen Saat- und Erntezeit gibt, wird sie zu einer entscheidenden Dimension nur in der modernen Gesellschaft. »Es war nur der Großhandel in der Art, wie er seit dem 12. Jahrhundert in den italienischen, flämischen, hanseatischen Städten betrieben wurde – mit der dazugehörigen Entwicklung des Kredits und der Schiffahrtsversicherungen, der die Zukunft in den Rang einer konstitutiven Dimension erhoben hat.«[23] Auch der der Familie, d. h. der Nachkommenschaft als Form profaner Ewigkeit beigemessene Wert und die daraus resultierende Anerkennung der Kindheit und Jugend als tragender Bedingungen spezifischer an die Zukunft gebundener Werte hängen mit diesen grundlegenden Mechanismen der modernen Gestalt der Gesellschaft zusammen. Noch deutlicher aber als Gehlen wird sich Pomian einer Krise des Zukunftswertes in der gegenwärtigen Kultur bewußt, die sich parallel zu der Krise und den auflösenden Tendenzen entwickelt, welche die Institutionen selbst – vor allem den modernen Staat – betreffen, die die Bedingungen für sein Erstarken geschaffen hatten. Die Institutionen, in denen sich die Zukunftsorientierung der modernen Welt verkörpert hatte, »scheinen schweren Funktionsstörungen ausgesetzt zu sein«[24] von der Inflation, welche die Kaufkraft des Geldes schwächt, bis zur Komplizierung und zunehmenden Schwerfälligkeit der Staatsmaschine usw. Wenn wir – indem wir Pomian und die Makrosoziologie verlassen – in bescheidenerer Weise das Gebiet der Künste betrachten, so treffen wir auch hier auf das auffallende Phänomen der Auflösung des Wertes des Neuen. Darin liegt, wie ich meine, der Sinn der Postmoderne, sofern diese sich nicht auf ein Faktum der kulturellen Mode im pejorativen Sinne reduzieren läßt. Von der Architektur bis hin zum Roman, zur Dichtung, zu den darstellenden Künsten weist die Postmoderne als den ihr gemeinsamen und überragenden Grundzug das Bemühen auf, sich der Logik der Überwindung, der Entwicklung und der Innovation zu entziehen. Von diesem Standpunkt aus entspricht sie dem Heideggerschen Bemühen um die Vorbereitung eines postmetaphysischen Denkens, das zur Metaphysik nicht in einem Bezug der Überwindung*, sondern in einem der Verwindung* steht (ein Begriff, der, trotz all seiner Mehrdeutigkeit, bei einer philosophischen und nicht bloß historischen* Betrachtungsweise der Moderne neben dem der Säkularisierung und dem des Nietzscheschen Nihilismus einen Platz verdient). Wenn die postmoderne Erfahrung der Kunst nicht nur aus der Sicht des Nietzscheschen »Willens zur Macht als Kunst«, sondern auch und vor allem vom Standpunkt der postmetaphysischen Ontologie Heideggers betrachtet wird, dann erscheint sie als die Weise des Gegebenseins von Kunst in der Endepoche der Metaphysik. Das ist nicht nur eine Anspielung auf das, was heute im Bereich der darstellenden Künste, der Literatur, der Architektur unter dem Namen Postmoderne geschieht, sondern auf die Tendenzen der Auflösung, die sich schon in derselben großen historischen Avantgarde des 20. Jahrhunderts offenbaren: zum Beispiel in Joyces Übergang vom *Ulysses* zu *Finnegans Wake*, den Ihab Hassan mit Recht als Schlüsselereignis für die Definition der Postmoderne bezeichnet hat.[25]

4. Die Postmoderne in den Künsten stellt sich als der äußerste Punkt des von Gehlen umrissenen Säkularisierungsprozesses dar und als die Vorbereitung der Bedingungen, die dazu führen, daß das Bewußtsein der Moderne ein solches auch im objektiven Sinne des Genitivs wird. Die Künste, im phantasmagorischen (nach einem Wort Adornos) Spiel der Gesellschaft der Märkte und der technologischen Medien gefangen, haben ohne jede metaphysische Maskierung (d. h. ohne die Suche nach einem angeblichen echten Grund der Existenz) die Erfahrung des Wertes des Neuen als solche erlebt – und zwar in einer deutlicheren und sichtbareren Form als die gewissermaßen immer noch an den Wahrheitswert sowie an den Gebrauchswert gebundenen Wissenschaften und Techniken; in einer solchen Erfahrung hat der radikal enthüllte Wert des Neuen jede Berechtigung sowie jede Möglichkeit weiterer Gültigkeit verloren. Die Krise der Zukunft, welche die gesamte spätmoderne Kultur und das gesamte spätmoderne gesellschaftliche Leben betrifft, hat in der Erfahrung der Kunst ihren privilegierten Ausdrucksort. Eine solche Krise schließt selbstverständlich eine radikale Veränderung in der Art, Geschichte und Zeit zu erfahren, ein – auch das wurde von Nietzsche noch dunkel in seiner »Lehre« von der ewigen Wiederkehr des Gleichen vorweggenommen. Daß bestimmte »epochale« Werke des 20. Jahrhunderts – von Prousts *Recherche* bis hin zum *Mann ohne Eigenschaften* sowie zu *Ulysses* und *Finnegans Wake* – auch auf der »inhaltlichen« Ebene das Problem der Zeit und die Erfahrungsweise von Zeitlichkeit außerhalb ihrer vorgeblichen natürlichen Linearität in den Mittelpunkt gerückt haben – all dies hat doch wohl seine Bedeutung.[26] Sie zeigt auch eine positive – nicht in die bloße Auflösung führende – Richtung an, in die sich Gehlens *posthistoire* bewegt, ohne jede Nostalgie nach »Untergängen« Spenglerscher Art. Wenn auf diese Weise der Begriff der künstlerischen Revolution selbst bei diesem Spiel ohne Boden [sfondamento] seine Bedeutung verliert, eröffnet sich vielleicht ein Weg für einen Dialog des Denkens und der Dich-

tung im Hinblick auf das, was sich in der Philosophie der Gegenwart ständig als die mögliche, wenngleich problematische Überwindung der Metaphysik darstellt.

Anmerkungen

1 Th. S. Kuhn, *The Structure of Scientific Revolutions*, Chicago/London 1962 (dt.: *Die Struktur wissenschaftlicher Revolutionen*, übers. von K. Simon, Frankfurt a. M. 1973).
2 I. Kant, *Anthropologie in pragmatischer Hinsicht*, § 58 (*Gesammelte Schriften*, Akademie-Ausgabe, Bd. 7, Berlin 1917, S. 226).
3 I. Kant, *Kritik der Urteilskraft*, § 47 (ebd., Bd. 5, Berlin 1913, S. 308 f.).
4 Vgl. dazu M. Perniola, *L'alienazione artistica*, Mailand 1971.
5 Vgl. vor allem H. Sedlmayrs Bücher *Verlust der Mitte* (Salzburg 1948, Frankfurt a. M. 1988); und *Die Revolution der modernen Kunst* (Köln 1955).
6 Vgl. H. Blumenberg, *Wirklichkeiten, in denen wir leben*, Stuttgart 1981 (besonders der Aufsatz »Nachahmung der Natur«), und, in allgemeinerer Form, H. Blumenberg, *Die Legitimität der Neuzeit*, Frankfurt a. M. 1966.
7 Vgl. dazu den ersten Teil von H.-G. Gadamers *Wahrheit und Methode* (Tübingen 1975).
8 Kant (s. Anm. 2) § 57 (S. 224).
9 Von M. Weber vgl. vor allem: *Gesammelte Aufsätze zur Religionssoziologie* (3 Bde., Tübingen 1920, 1988). Von A. Gehlen vgl. z. B. *Die Seele im technischen Zeitalter* (Hamburg 1957) sowie den Aufsatz »Die Säkularisierung des Fortschritts« (1967), abgedr. in Bd. 7 der Gesamtausgabe (*Einblicke*, Frankfurt a. M. 1978). Von R. Koselleck vgl. besonders *Vergangene Zukunft. Zur Semantik geschichtlicher Zeiten*, Frankfurt a. M. 1979.
10 Die beste zusammenfassende Geschichte des Begriffs der Säkularisierung ist die von H. Lübbe, *Säkularisierung. Geschichte eines ideenpolitischen Begriffs* (Freiburg i. Br. / München 1965).
11 Vgl. G. Simmel, »Die Mode«, in: G. S., *Philosophische Kultur*, Potsdam [3]1923).
12 Vgl. besonders A. Gehlen, »Die Säkularisierung des Fortschritts« (s. Anm. 9).

13 K. Pomian, »La crisi dell'avvenire«, in: R. Romano (Hrsg.), *Le frontiere del tempo*, Mailand 1981.
14 Die klassische Formulierung der These vom modernen Historismus als Säkularisierung der Theologie der jüdisch-christlichen Geschichte stammt bekanntlich von K. Löwith (*Weltgeschichte und Heilsgeschehen*, übers. von H. Kesting, Stuttgart 1953).
15 A. Gehlen, »Die Säkularisierung des Fortschritts« (s. Anm. 9), S. 410.
16 Ebd., S. 409.
17 Vgl. ebd., S. 411.
18 E. Bloch, »Differenzierungen im Begriff Fortschritt« (1955), in: E. B., *Tübinger Einleitung in die Philosophie*, Frankfurt a. M. 1985, S. 118 ff. Über Blochs Auffassung der Geschichte mit besonderer Berücksichtigung der »Pluralität« der geschichtlichen Zeiten vgl. R. Bodei, *Multiversum. Tempo e storia in E. Bloch*, Neapel 1979.
19 Vgl. die Anmerkungen des Herausgebers (K. S. Rehberg) zu Gehlens Aufsatz »Die Rolle des Lebensstandards in der heutigen Gesellschaft« (*Gesamtausgabe*, Bd. 7 – s. Anm. 9 –, S. 468–470; Anm. zu 19.12).
20 Ebd., S. 408.
21 Vgl. ebd., S. 409.
22 Pomian (s. Anm. 13) S. 102.
23 Ebd., S. 103.
24 Ebd., S. 112.
25 Vgl. I. Hassan, *Paracriticisms*, Chicago 1975.
26 Vgl. darüber A. Asor Rosa, »Tempo e nuovo nell'avanguardia ovvero: l'infinita manipolazione del tempo«, in: Romano (s. Anm. 13).

Dritter Teil

Das Ende der Moderne

VII

Hermeneutik und Nihilismus

Das Werk, das im zeitgenössischen Denken eröffnet, was von nun an hermeneutische Ontologie genannt wird, ist H.-G. Gadamers *Wahrheit und Methode*, erschienen 1960[1]. Es beginnt bekanntlich mit einem langen ersten Abschnitt über die »Freilegung der Wahrheitsfrage an der Erfahrung der Kunst«. Der theoretisch relevante Kernpunkt ist ein Kapitel über die »Wiedergewinnung der Frage nach der Wahrheit der Kunst«, mit einer Kritik der Abstraktion des ästhetischen Bewußtseins. In dieser Kritik hat Gadamer auf originelle Weise die Ergebnisse der Heideggerschen Betrachtung über die Kunst, die sich vor allem in seiner These über das Kunstwerk als »Ins-Werk-Setzen der Wahrheit« konkretisiert hatten, verarbeitet.[2] Gadamers Kritik des ästhetischen Bewußtseins ist darauf gerichtet, den geschichtlich relevanten Charakter des Kunstwerkes aufzuzeigen, und zwar in einer Weise, die die ästhetische Erfahrung auf die geschichtliche Erfahrung zu reduzieren scheint. Die hermeneutische Ontologie hat in den Jahren, die seit der Veröffentlichung von Gadamers Buch vergangen sind, wichtige Entwicklungen durchgemacht.[3] Viele dieser Entwicklungen, vor allem im deutschsprachigen Raum (ich denke besonders an das Werk K.-O. Apels)[4], haben den Charakter der Hermeneutik als einer Art Philosophie der Kommunikation betont: So hat sich Apel darum bemüht, eine Synthese zwischen der Sprachphilosophie pragmatistischen und empiristischen Ursprungs und der Existenzphilosophie Heideggerschen Ursprungs herbei-

zuführen, indem er das hervorhob, was er das Apriori der unbegrenzten Kommunikationsgemeinschaft nennt.[5]
Andere neuere Arbeiten zur Hermeneutik, etwa die literarische Hermeneutik von H. R. Jauß,[6] scheinen sich in eine Richtung zu orientieren, die den geschichtlich »konstruktiven« Charakter der Apelschen Philosophie der Interpretation betont: Das Ideal des Verstehens*, das Apels Hermeneutik leitet, ist das zu verwirklichende Modell in einer von der Trübung durch Neurosen, Ungleichheit und Mangel befreiten Gesellschaft; für Jauß ist ein schärferes hermeneutisches Bewußtsein entscheidend, um eine umfassendere literarische und künstlerische Kritik zu schaffen, die vor allem die Einbettung des Werkes in den geschichtlichen Kontext, aus dem es entsprungen ist und in dem es sich fortsetzt und weiterwirkt, stärker berücksichtigt. Sowohl Apel als auch Jauß scheinen bemerkenswerte Vertreter der »konstruktiven Interpretationen« der Hermeneutik zu sein, welche die schon in Gadamers Werk enthaltenen Prämissen ziemlich konsistent weiterentfalten. Bei diesen konstruktiven Arbeiten scheint sich die Hermeneutik immer mehr von ihrem Heideggerschen Ursprung zu entfernen. Den äußersten Punkt dieser Verfremdung kann man bei Apel erkennen, der die hermeneutische Problematik vor dem Horizont und in der Terminologie des Neukantianismus neu bedenkt,[7] während doch eben der Neukantianismus immer Heideggers polemischen Bezugspunkt darstellte. Obwohl Gadamer weit davon entfernt ist, sich in diesen neukantianischen Resultaten wiederzuerkennen, finden sie sich meiner Meinung nach schon in seinem Buch von 1960, in dem, beginnend mit einer »Kritik des ästhetischen Bewußtseins«, alle »nihilistischen« Bedeutungen der Heideggerschen Ontologie außer Kraft gesetzt werden, und er beschwört so für die Hermeneutik (zumindest) die Gefahr herauf, eine Geschichtsphilosophie im wesentlichen humanistischen und letztlich neukantianischen Zuschnitts zu werden.
Wir können aber im Augenblick diese umfassenderen Impli-

kationen, die eine kritische Rekonstruktion der Bedeutung der gesamten hermeneutischen Philosophie erfordern würde, beiseite lassen. Wir werden uns hier darauf beschränken, die gewissermaßen »nihilistischen« Grundzüge der Heideggerschen Hermeneutik aufzuweisen und außerdem zu zeigen, wie – auf dieser Grundlage – das von Gadamer so hart kritisierte, weil dem Subjektivismus der Philosophie des 19. und 20. Jahrhunderts verbundene »ästhetische Bewußtsein« dieser Kritik entzogen und als Wahrheitserfahrung im Sinne einer wesentlich nihilistischen Erfahrung wiedergefunden werden kann.

Man ist im allgemeinen der Ansicht, Heidegger liefere die Grundlagen der hermeneutischen Ontologie, insofern er den Zusammenhang – beinahe die Identifizierung – von Sein und Sprache behaupte. Aber von dieser – an sich ziemlich problematischen – These abgesehen, gibt es andere Aspekte der Heideggerschen Philosophie, die eine grundlegende Bedeutung für die Hermeneutik haben und die sich folgendermaßen zusammenfassen lassen: (a) die Analyse des Daseins (d. h. des Menschen) als »hermeneutische Totalität«; (b) das Bemühen im Spätwerk, ein Denken jenseits der Metaphysik im Sinne von An-denken* oder, genauer, im Sinne des Verhältnisses zur Tradition zu bestimmen. Es sind genau diese zwei Elemente, die den allgemeinen Hinweis auf den Zusammenhang zwischen Sein und Sprache wieder mit Inhalt füllen, indem sie diesen Zusammenhang in einem nihilistischen Sinne auszeichnen.

Das erste nihilistische Element der hermeneutischen Theorie Heideggers findet sich in seiner Analyse des Daseins als hermeneutischer Totalität. Dasein bedeutet im wesentlichen, wie man weiß, In-der-Welt-Sein; dieses aber artikuliert sich seinerseits in der dreifachen Struktur der »Existenzialien«, d. h. Befindlichkeit*, Verstehen und Auslegung, Rede.[8] Der Zirkel von Verstehen und Auslegung konstituiert die zentrale Struktur des In-der-Welt-Seins, welche das Dasein charakterisiert. In-der-Welt-Sein bedeutet in der Tat nicht wirklich

Kontakt zu haben mit allen Dingen, welche die Welt ausmachen, sondern das Immer-schon-Vertrautsein mit einer Bedeutungsganzheit, d. h. mit einem Referenz-Kontext. In Heideggers Analyse der »Weltlichkeit der Welt« sind die Dinge für das Dasein lediglich innerhalb eines Entwurfs gegeben, oder, so Heidegger, als Zeug. Das Dasein existiert in der Weise eines Entwurfs, in dem die Dinge nur sind, sofern sie diesem Entwurf angehören bzw. sofern sie einen Sinn in diesem Kontext haben. Diese vorgängige Vertrautheit mit der Welt, die mit der Existenz des Daseins selbst identisch ist, nennt Heidegger Verstehen oder Vorverständnis. Jeder Erkenntnisakt ist nur eine Artikulation, eine Interpretation dieser vorgängigen Vertrautheit mit der Welt.

Diese Definition der hermeneutischen Struktur der Existenz ist aber so nicht vollständig: der zweite Abschnitt des ersten Teiles von *Sein und Zeit* stellt in der Tat das Problem erneut in Frage und entfaltet es in einem Sinne, der jedes Mißverständnis als mögliche Form eines neukantianischen »Transzendentalismus« beseitigt (jedenfalls soweit es den Heidegger von *Sein und Zeit* betrifft). Die Welt, mit der das Dasein immer schon vertraut ist, ist kein transzendentaler bzw. kategorialer Schirm; die Welt ist für das Dasein immer schon in einer geschichtlich-kulturellen »Geworfenheit«* gegeben, die tief mit seiner Sterblichkeit zusammenhängt. Heidegger zeigt den Zusammenhang zwischen Entwurf des Daseins und Sein zum Tode am Beginn des zweiten Abschnitts von *Sein und Zeit*, nämlich dort, wo er das Problem der Totalität der Strukturen des Daseins aufwirft. Das Dasein kann nur eine Totalität sein, indem es (sich für) den Tod vorwegnimmt. Bei allen Möglichkeiten, die den Entwurf des Daseins, d. h. sein In-der-Welt-sein bilden, ist die Möglichkeit zu sterben die einzige, der sich das Dasein nicht entziehen kann. Und nicht nur das: der Tod ist auch die Möglichkeit, welche, solange das Dasein existiert, reine Möglichkeit bleibt. Indem sie aber immer Möglichkeit bleibt – während ihre Realisierung alle anderen Möglichkeiten (die konkreten Möglichkeiten, von denen der Mensch faktisch lebt) jenseits von ihr unmöglich machen würde –, wirkt sie auch als der Faktor, der alle anderen Möglichkeiten in deren Eigenschaft als Möglichkeit manifestiert, und verleiht so der Existenz den beweglichen Rhythmus eines *dis-cursus*, d. h. eines Kontextes, in dem der Sinn sich konstituiert, wie bei einem musikalischen Ganzen, das niemals auf einer einzelnen Note verweilt.

All dies bedeutet, daß das Dasein sich nur als eine hermeneutische Totalität gründet, sofern es ständig die Möglichkeit des Nicht-mehr-Daseins lebt. Wir können diese Bedingtheit beschreiben, indem wir sagen, daß die Begründung [fondazione] des Daseins mit der »Auflösung« seines »Grundes« [»sfondamento«] übereinstimmt: Die hermeneutische Totalität des Daseins ist nur in bezug auf ihre konstitutive Möglichkeit des Nicht-mehr-Daseins gegründet.

Dieser Zusammenhang zwischen Begründung und Auflösung des Grundes, der in *Sein und Zeit* bei der Analyse des Seins zum Tode eingeführt wird, ist eine Konstante der ganzen nachfolgenden Entwicklung von Heideggers Denken, auch wenn das Todesthema in den späteren Werken fast zu verschwinden scheint. Begründung und Auflösung des Grundes bilden die Basis des Begriffs »Ereignis«*, d. h. des Ereignisses des Seins, eines Begriffs, auf den beim späten Heidegger die Gesamtheit der Probleme, die in *Sein und Zeit* mit dem Begriff der Eigentlichkeit* zusammenhingen, übertragen werden. »Ereignis«* heißt, zum Beispiel in *Vorträge und Aufsätze* (1954), das, worin das Ding sich »als etwas« gibt; sich als etwas geben, »eignen«*, kann es sich aber nur insofern, als es im »Spiegel-Spiel der Welt«, im »Ring«* aufgefaßt wird, wo es, während es »vereignet«, zugleich ent-eignet* wird, so daß die »Vereignung« immer schließlich ein Über-eignen* ist.[9] Diese Auffassung des Ereignisses als Ereignen*, das letztlich Über-eignen* ist (letztlich aus denselben bereits in *Sein und Zeit* dargestellten Gründen: das Ding kommt ins Sein nur als Aspekt eines Gesamtentwurfs, der es, während er es zur Erscheinung bringt, im Netz der Verweisungen aufge-

hen läßt), entspricht in Heideggers Spätwerk dem, was in *Sein und Zeit* den Zusammenhang zwischen Begründung und Auflösung des Grundes bildete. Die hermeneutische Totalität gründete sich in *Sein und Zeit* nur in bezug auf die Möglichkeit, nicht mehr da zu sein; jetzt erscheint jedes Ding als solches, in dem, was ist, nur, indem es sich in einer zirkulären Verweisung zu allen anderen vollzieht; diese hat jedoch nicht den Charakter einer dialektischen Eingliederung in eine gründende Totalität, sondern den des Rings, wie es in dem Vortrag »Das Ding« ausdrücklich heißt, auf den wir uns hier berufen.
In welchem Maße läßt sich diese Betrachtung der hermeneutischen Konstitution des Daseins als nihilistisch bezeichnen? Vor allem in einer der Bedeutungen, die Nietzsche diesem Begriff gibt (vgl. im *Willen zur Macht* die Herausgeberbemerkung zu Beginn der Auflage von 1906): Nihilismus ist jene Situation, in der, wie bei der Kopernikanischen Revolution, »der Mensch vom Zentrum ins X rollt«. Das bedeutet für Nietzsche, daß der Nihilismus jene Situation ist, in der der Mensch ausdrücklich die Abwesenheit eines Grundes als konstitutiv für seine Kondition anerkennt (das, was Nietzsche mit anderen Worten den Tod Gottes nennt). Die Nicht-Identifizierung von Sein und Grund ist aber auch einer der ausdrücklichsten Punkte der ganzen Heideggerschen Ontologie: das Sein ist nicht Grund, jedes Verhältnis der Begründung ergibt sich immer schon innerhalb einer bestimmten Epoche des Seins, aber die Epochen als solche sind vom Sein *geöffnet*, nicht begründet. An einer Stelle von »Zeit und Sein« spricht Heidegger sogar ausdrücklich von der Notwendigkeit »das Sein als den Grund des Seienden fahren zu lassen«,[10] wenn man sich einem Denken annähern will, das nicht mehr nur metaphysisch an der Objektivität orientiert ist.
Es scheint dennoch, als ob Heideggers Denken sich als das Gegenteil des Nihilismus darstellt, zumindest insofern der Nihilismus nicht nur das Verlieren des Seins als Grund, sondern das Vergessen des Seins schlechthin bedeutet: der Nihi-

lismus, wie es in seinem Buch *Nietzsche* heißt, ist jener Prozeß, wo es am Ende »mit dem Sein als solchem nichts ›ist‹«.[11] Ist es legitim, die Heideggersche Hermeneutik auch in diesem Sinne nihilistisch zu nennen, gegen den Wortlaut der Texte Heideggers selbst?

Um zu sehen, wie sich der Nihilismus auch in dieser zweiten Bedeutung auf das Denken Heideggers anwenden läßt, ist es notwendig, zu dem zweiten der beiden »nihilistischen Grundzüge« überzugehen, die ich als entscheidend für Heidegger und seine Hermeneutik bezeichnet habe, d. h. zu seiner Auffassung des Denkens als An-denken*. An-denken* ist, wie schon gesagt, die Weise des Denkens, die Heidegger dem metaphysischen, von der Seinsvergessenheit beherrschten Denken, entgegensetzt. An-denken* ist auch das, was er selbst in den auf *Sein und Zeit* folgenden Werken sich zu tun bemüht hat, in denen er keinen systematischen Diskurs mehr erarbeitet, sondern sich darauf beschränkt, die großen Augenblicke der Geschichte der Metaphysik, so wie sie in den großen Aussagen der Dichter und Denker zum Ausdruck kommen, nochmals durchzugehen. Es wäre ein Irrtum, wollte man diese Arbeit des wiederholten Durchgangs durch die Geschichte der Metaphysik als eine bloße vorbereitende, der Konstruktion einer nachfolgenden positiven Ontologie dienende Arbeit betrachten. Die Erinnerung als Durchgang durch die entscheidenden Augenblicke der Geschichte der Metaphysik ist die *endgültige* Form des Denkens des Seins, das uns zu vollziehen gegeben ist. An-denken* entspricht dem, was *Sein und Zeit* als das Vorlaufen in die Möglichkeit des Todes beschrieben hat und was die Grundlage der eigentlichen Existenz bilden müßte. In *Sein und Zeit* war dieses Vorlaufen nur als eine Möglichkeit bezeichnet, die aber ziemlich vage blieb. Die Übung der Sterblichkeit, welche die hermeneutische Totalität der Existenz begründet, erhellt sich in den Werken des späten Heidegger als An-denken*, d. h. als sich erinnerndes Denken. Es geschieht durch den wiederholten Durchgang durch die Geschichte der Metaphysik als

Seinsvergessenheit, daß das Dasein sich für den eigenen Tod entscheidet und sich so als hermeneutische Totalität gründet, wobei der Grund in der Abwesenheit des Grundes besteht. Eine der seltenen Stellen, wo Heidegger in seinem Spätwerk vom Tod und von der Unsterblichkeit spricht, ist eine Seite im *Satz vom Grund.* Dort kehrt sich die Aufforderung des Satzes vom Grunde, für jedes Phänomen die Ursache anzugeben und damit der Welt eine vernünftige Ordnung zu verleihen, nach Heideggers Lesart um in die Aufforderung, in den Ab-grund* zu springen; in den Abgrund nämlich, in dem wir als Sterbliche immer schon verwurzelt sind. Dieses Springen ist nichts anderes als das An-denken*: d. h. es bedeutet, »seinsgeschicklich zu denken, und d. h. uns an-denkend der lösenden Bindung in die Überlieferung des Denkens anzuvertrauen.«[12] Auch wenn Heidegger den Bezug nicht ausdrücklich herstellt, darf man annehmen, daß das Vorlaufen in die Möglichkeit des Todes in *Sein und Zeit* in den späten Werken zum Denken als Andenken geworden ist, das sich realisiert insofern das Dasein sich der lösenden Bindung anvertraut, die es in die Über-lieferung* setzt. Das An-denken*, d. h. die Erinnerung im Gegensatz zur Seinsvergessenheit, welche die Metaphysik charakterisiert, bestimmt sich so als ein Springen in den Abgrund der Sterblichkeit oder, was dasselbe ist, als ein Sichanvertrauen der lösenden Bindung der Überlieferung. Das Denken, welches sich der metaphysischen Vergessenheit entzieht, ist also nicht ein Denken, das beim Sein persönlich, es vor-stellend, d. h. es (erneut) anwesend machend, ankommt: dies ist vielmehr eigentlich das, was das metaphysische Denken der Objektivität ausmacht. Das Sein ist aber nun nicht mehr denkbar als Anwesenheit; das Denken, das es nicht vergißt, ist nur dasjenige, welches es in Erinnerung bringt, d. h. welches es als immer schon entschwunden, weggegangen, abwesend, denkt. In einem gewissen Sinne ist also auch in bezug auf das andenkende Denken wahr, was Heidegger vom Nihilismus sagt; daß es nämlich in diesem Denken »mit dem Sein als solchem nichts ›ist‹«. Die Bedeutung der Überlieferung, d. h. des Sichübertragens der sprachlichen Mitteilungen, deren Kristallisierungen den Horizont bilden, in den das Dasein* als geschichtlich determinierter Entwurf geworfen ist, rührt daher, daß eben das Sein als übergreifender Horizont, in dem die Seienden erscheinen, sich immer nur als Spur vergangener Worte, als über-lieferte Ankündigung geben kann (hier spielen die Bedeutungsnuancen des Ausdrucks »Geschick«*, der ›Schicksal‹ und ›Sendung‹ bedeutet, mit). Dieses Über-liefern ist eng mit der Sterblichkeit des Daseins verbunden: nur weil die Generationen im natürlichen Rhythmus von Geburt und Tod aufeinanderfolgen, ist das Sein Ankündigung, die sich überliefert.

Die Arbeit, welche die Hermeneutik angesichts der Überlieferung leistet, ist niemals ein Anwesendmachen, in keiner der Bedeutungen dieses Ausdrucks: vor allem nicht im historischen Sinne einer Wiederherstellung der Ursprünge eines bestimmten Sachverhaltes, um ihn sich – entsprechend dem traditionellen Begriff des Wissens als einem Wissen von Ursachen und Prinzipien – besser anzueignen. Was befreit, wenn man sich Tradition anvertraut, ist nicht die zwingende Evidenz von Prinzipien, »Gründen«*, zu denen wir gelangen müssen, um uns das, was uns geschieht, endlich deutlich erklären zu können; vielmehr ist es der Sprung in den Abgrund der Sterblichkeit: wie bei Heideggers etymologischen Rekonstruktionen der großen Worte der Vergangenheit gibt uns der Bezug zur Tradition keinen festen Anhaltspunkt, sondern er bringt uns zu einer Art Rückgang *in infinitum*, in dem die angebliche Endgültigkeit und Zwanghaftigkeit der geschichtlichen Horizonte, in denen wir uns befinden, sich verflüssigt und die gegenwärtige Ordnung der Seienden, welche sich im objektivierenden Denken der Metaphysik mit dem Sein zu identifizieren vorgibt, statt dessen als geschichtlicher Teilhorizont enthüllt wird. Dies aber nicht in einem bloß relativistischen Sinne: was Heidegger im Blick hat, bleibt immer der Sinn des Seins und nicht die nichtrückführbare Relativität der Epochen. Es ist der Sinn des Seins, der durch den Rückgang *in infinitum* sowie durch die Verflüssigung der geschichtlichen Horizonte in Erinnerung gerufen wird. Dieser Sinn, der sich uns nur in Verbindung mit der Sterblichkeit, mit der Über-lieferung der sprachlichen Mitteilungen zwischen den Generationen, ergibt, ist das Gegenteil der metaphysischen Auffassung des Seins als Stabilität, Stärke, *energeia*; es ist ein *schwaches*, untergehendes Sein, das sich im Entschwinden entfaltet, jenes unscheinbar irrelevante Gering*, von dem in dem Vortrag »Das Ding« die Rede war.

Wenn das so ist, dann hat die hermeneutische Konstitution des Daseins einen nihilistischen Charakter, nicht nur weil der Mensch sich bloß darauf gründet, daß er vom Zentrum ins X rollt, sondern auch weil das Sein, dessen Sinn wiedergewonnen werden soll, ein Sein ist, das dazu neigt, sich mit dem Nichts, mit den vergänglichen Eigenschaften des Existierens, zu identifizieren, gleichsam eingeschlossen in den Grenzen von Geburt und Tod.

So wie die hermeneutische Erfahrung in Gadamers Werk definiert wird, läßt sie sich schwer als ein Sprung in den Ab-grund* der Sterblichkeit, im Sinne von Heideggers Satz vom Grund* denken. Das scheint evident, wenn man die Kritik des ästhetischen Bewußtseins beachtet, die Gadamer im ersten Abschnitt von *Wahrheit und Methode* übt. »Ästhetisches Bewußtsein«* ist der Ausdruck, unter dem die von den neukantianischen Philosophien des frühen 20. Jahrhunderts erarbeitete Auffassung der ästhetischen Erfahrung zusammengefaßt wird. Die ästhetische Qualität eines menschlichen Werkes oder eines Naturdinges ist das Korrelat einer vom Bewußtsein ausdrücklich angenommenen Haltung. Dabei bringt sich das Bewußtsein gegenüber dem Ding in eine nicht-theoretische und nicht-praktische, sondern bloß kontemplative Position. Während aber bei Kant, von dem diese Auffassung sich herleitet, die uninteressierte Betrachtung sich Gegenständen zuwandte, die als Werke des Genies,

d. h. als Erscheinungen einer schöpferischen und stiftenden, in der Natur wurzelnden Kraft gedacht waren, beseitigt der Neukantianismus des 20. Jahrhunderts die Theorie des Genies; die ästhetische Qualität hat keine ontologische Wurzel mehr, sondern sie bleibt bloß negativ definiert, als der erkenntnismäßigen und praktischen Bezüge ermangelnd und auf eine bestimmte vom Beobachter eingenommene Haltung bezogen. Gadamer erinnert in diesem Zusammenhang an Valérys »hermeneutischen Nihilismus« (»mes vers ont le sens qu'on leur prête«); wir können aber im italienischen Bereich ebensogut an bestimmte Aspekte der Ästhetik Croces erinnern, mit ihrer Unterscheidung des Schönen von jeder anderen Art von Wert, sei er kognitiv, ethisch oder politisch. Das Gebiet der Kunst konstituiert sich somit als Bereich einer abstrakt aufgefaßten »ästhetischen Qualität«, deren Sinn kein anderer ist als die Kristallisierung eines bestimmten gesellschaftlichen Geschmacks, der allerdings das Schöne als eine Art Fetisch, losgelöst von jedem wirklichen geschichtlich-existentiellen Zusammenhang, auffaßt. Die Entsprechung des so verstandenen ästhetischen Bewußtseins ist das Museum als öffentliche Institution, welches sich nicht zufällig erst in den letzten Jahrhunderten, parallel zur theoretischen Reife des ästhetischen Subjektivismus, entwickelt hat. Das Museum, in dem Werke aus den verschiedensten Schulen und Stilen vereinigt sind, ist der Ort, wo sich die ästhetische Qualität in dieser abstrakten und geschichtlich entwurzelten Weise versammelt: während die fürstliche Kunstsammlung noch die Erscheinung eines bestimmten Geschmacks sowie bestimmter qualifizierter Vorlieben war, sammelt das Museum alles, was »ästhetisch wertvoll« ist, sich aber eben nur durch eine von der geschichtlichen Erfahrung vollkommen losgelöste »Betrachtbarkeit« auszeichnet.

Die so abstrakt definierte ästhetische Qualität vermittelt sich dem einzelnen in einer Erfahrung, welche die Eigenschaften des »Erlebnisses«*, d. h. der visuellen, punktuellen, augenblicklichen, letztlich epiphanischen Erfahrung hat. Gadamer erwähnt eine bedeutende Stelle, in der Dilthey schreibt: »[. . .] jedes seiner Erlebnisse* für sich bestehend, ein gesondertes, aus dem erklärenden Zusammenhang herausgenommenes Bild des Universums«.[13] Diese Bedeutung des romantischen Erlebnisses* war aber noch an die pantheistische Betrachtung des Universums gebunden; das Erlebnis* der Kultur des 20. Jahrhunderts und Diltheys selbst ist ganz subjektiv, ohne jede ontologische Legitimation: in einem Gedicht, in einem natürlichen Panorama, in einem Musikstück destilliert das souveräne Subjekt auf ganz zufällige und willkürliche Weise eine Sinntotalität, die ohne jeden organischen Bezug bleibt zu ihrer geschichtlich-existentiellen Situation sowie zur »Realität«, in der sie lebt. »Die Grundlegung der Ästhetik im Erlebnis führt zur absoluten Punktualität, die die Einheit des Kunstwerks ebenso aufhebt wie die Identität des Künstlers mit sich selbst und die Identität des Verstehenden bzw. Genießenden.«[14] So verstanden, übernimmt das ästhetische Bewußtsein die negativen Eigenschaften, die ihr schon Platon zuerkannt hatte, als er den Tragikern mißtraute, weil sie jedes Gefühl vortäuschen und dabei in gewisser Weise die eigene Identität verlieren können; es übernimmt auch die nihilistischen und selbstzerstörerischen Eigenschaften, die Kierkegaard als dem ästhetischen Stadium der Existenz zugehörend beschrieben hat. Gadamer möchte dem ästhetischen Bewußtsein, verstanden als Vorläufigkeit und Vergänglichkeit des Kierkegaardschen Don Giovanni, eine durch geschichtliche Kontinuität und Konstruktivität charakterisierte Kunsterfahrung entgegensetzen, die Kierkegaard in der ethischen Wahl der Ehe ansiedelt. Gadamers Ziel ist die Wiedergewinnung der Kunst als Wahrheitserfahrung, gegen die moderne szientistische Mentalität, welche die Wahrheit auf den Bereich der mathematischen Wissenschaften der Natur beschränken will und alle anderen Erfahrungen, mehr oder weniger ausdrücklich, in den Bereich der Dichtung, der ästhetischen Punktualität, des Erlebnisses* verbannt hat. Um dieses Ziel zu erreichen, ist es nötig, den Begriff der Wahrheit als Übereinstimmung von Aussage und Sache durch einen umfassenderen Ausdruck zu ersetzen, der sich auf den Begriff der Erfahrung* gründet, im Sinne der Modifikation, die das Subjekt erfährt, wenn es auf etwas trifft, das für es wirklich relevant ist. Man kann sagen, daß die Kunst Wahrheitserfahrung ist, wenn sie echte Erfahrung ist, d. h. wenn die Begegnung mit dem Werk den Beobachter tatsächlich verändert. Dieser Erfahrungsbegriff ist, wie sich zeigt, Hegelschen Ursprungs: sein Modell ist der Weg der *Phänomenologie des Geistes*. Das Hegelsche Erbe ist deutlich spürbar: um als Wahrheitserfahrung gelebt zu werden, muß die Begegnung mit dem Kunstwerk in eine dialektische Kontinuität des Subjekts mit sich selbst und mit der eigenen Geschichte eingebettet werden; das Werk spricht uns nicht in der abstrakten Punktualität des Erlebnisses* an, es ist, so wie auch unsere Begegnung mit ihm, geschichtliches Ereignis, woraus wir verändert hervorgehen, wobei auch das Werk, in der neuen Interpretation, die wir von ihm geben, eine Zunahme von Sein erfährt. All dies gestaltet die ästhetische Erfahrung als eine echte geschichtliche Erfahrung; dadurch wird sogar die Kunsterfahrung mit der geschichtlichen Erfahrung schlechthin derart identifiziert, daß ihr Spezifikum nicht mehr sichtbar wird. Nicht von ungefähr ist der Begriff »klassisch« einer der zentralen Begriffe der Hermeneutik Gadamers: Das klassische Kunstwerk ist in der Tat dasjenige, dessen ästhetische Qualität als geschichtlich gründend anerkannt wird, also jeder Punktualität des Erlebnisses* entgegengesetzt ist. Die ästhetische Qualität ist die Kraft geschichtlicher Begründung [fondazione], die Fähigkeit, eine gestaltende Wirkung* nicht nur auf den Geschmack, sondern auch auf die Sprache und somit letztlich auf die Rahmenbedingungen der Existenz der nachfolgenden Generationen auszuüben.

Ein Distichon Hölderlins, das Heidegger ständig präsent hat und häufig in seinen Werken kommentiert, lautet: »Voll Verdienst, doch dichterisch wohnet / der Mensch auf dieser Erde«. Aber warum »doch«? Hält man sich an Gadamers

Sichtweise, wonach das Kunstwerk und die Begegnung mit ihm geschichtliche Ereignisse sind, vollständig eingebettet in die Kontinuität der Wirkungen*, welche die Handlung der Geschichte darstellen, so sieht man nicht ein, warum ein Gegensatz zwischen dem Verdienst – d. h. der Arbeit, der Produktion der geschichtlichen Wirkungen – und der dichterischen Art des menschlichen Wohnens auf der Erde bestehen sollte. Und dennoch beharrt Heidegger ständig darauf. In seiner Hermeneutik sowie in der sich aus ihr ableitenden Ästhetik gibt es in der Tat eine Auffassung von der Erfahrung der Wahrheit der Kunst, die sich nicht auf die von Gadamer definierten geschichtlich-konstruktiven Begriffe reduzieren läßt; das hat auch die Notwendigkeit einer Revision der Kritik des ästhetischen Bewußtseins zur Folge. Um die Ergebnisse kurz vorwegzunehmen: die Punktualität und Vergänglichkeit des ästhetischen Bewußtseins, die Gadamer so stark kritisiert hat, drücken recht eigentlich den Sinn des »doch« in Hölderlins Vers aus: das, was im Kunstwerk geschieht, ist ein besonderes Moment der Auflösung des Grundes [sfondamento] der Geschichtlichkeit, die sich als eine Unterbrechung der hermeneutischen Kontinuität des Subjekts mit sich selbst und mit der Geschichte ankündigt. Die Punktualität des ästhetischen Bewußtseins ist die Weise, in der das Subjekt den Sprung in den Ab-grund* der eigenen Sterblichkeit erlebt.

Wenn Heidegger vom Kunstwerk als »Ins-Werk-Setzen der Wahrheit« spricht, erläutert er, daß dies zutrifft, insofern es »eine Welt aufstellt« und »die Erde her-stellt«. Die Aufstellung einer Welt ist die Bedeutung der geschichtlichen Öffnung, die das Werk hat: man kann diese öffnende Funktion des Werkes entweder in einem utopischen Sinne verstehen, der die Heideggersche Ästhetik derjenigen Blochs und Adornos annähern würde, oder in einem transzendentaleren Sinne als Fähigkeit des Werkes, alternative Existenzmöglichkeiten als reine Möglichkeiten zu entwerfen, wie es Ricœur getan hat.[15] Aufstellung einer Welt ist auch die Wahrheit der

Kunst, so wie sie Gadamer in *Wahrheit und Methode* denkt. Aber was heißt Her-stellung der Erde? Nach Heidegger ist es das Faktum, daß die Erde hervortritt als dunkles Element, in dem jede Welt wurzelt, aus dem sie ihre eigene Lebenskraft erhält, ohne je ihre Dunkelheit erschöpfen zu können. Wenn wir in anderen Werken Heideggers nach Hinweisen suchen, um deutlicher zu verstehen, was mit dem irdischen Charakter des Kunstwerkes gemeint ist, finden wir den Ausdruck »Erde«* in der Lehre vom »Geviert«*, von der »Vierung« der Welt, entfaltet als Erde, Himmel, Göttliche und Sterbliche.[16] Auch wenn das Geviert* einer der schwierigsten Punkte der begrifflichen Terminologie Heideggers ist, sind die Texte zumindest in einer Hinsicht deutlich: auf der Erde wohnen die Sterblichen als Sterbliche. Wir werden also von der Erde auf die Sterblichkeit zurückverwiesen, die, wie wir gesehen haben, den nihilistischen Grundzug des Daseins als hermeneutische Totalität darstellt. Wir können sagen, daß das Kunstwerk Ins-Werk-Setzen der Wahrheit ist, weil es geschichtliche Welten aufstellt, eröffnet oder vorwegnimmt, als ursprüngliches sprachliches Ereignis, als Möglichkeit geschichtlicher Existenzen – aber nur indem es diese immer wieder in ihrem Bezug zur Sterblichkeit zeigt. Im Kunstwerk, d. h. in dem Bezug, den es zwischen Welt und Erde konstituiert, vollzieht sich jene Vereinigung von Begründung [fondazione] und Auflösung des Grundes [sfondamento], welche die gesamte Heideggersche Ontologie durchzieht. Der griechische Tempel, von dem im Vortrag über den Ursprung des Kunstwerks die Rede ist, erweist die eigenen geschichtlichen Bedeutungszusammenhänge nur auf der Grundlage eines physischen In-der-Natur-Dastehens und verzeichnet am eigenen steinernen Körper die Veränderung der atmosphärischen Zeit und damit das Vergehen der geschichtlichen Zeit. So zeigen auch – noch im selben Vortrag – die Schuhe der Bäuerin in van Goghs Gemälde, die Heidegger als Beispiel für seine Erörterung des Dingbegriffs nimmt, Risse; diese sollen nicht als realistische Darstellung des Lebens auf dem Lande wirken, sondern meinen eher – wieder einmal – die Anwesenheit der Erdhaftigkeit als gelebte Zeitlichkeit, Geburt, Altern und Tod. Bereits in diesem Vortrag zeigt sich also das irdische Element als der Aspekt natürlicher Verwurzelung des Kunstwerks, der mit seinem Materie-Sein zu tun hat – aber Materie, in der die *physis* lebt, die immer gedacht wird als Reifen, »Zeitigung«*, Wachsen eines Organismus, der geboren worden und zum Sterben bestimmt ist. Im Unterschied zu den nützlichen Handwerken betont das Kunstwerk seine Erdhaftigkeit, seine Sterblichkeit, sein Unterworfensein unter die zeitliche Entwicklung (man denke etwa an die Patina der Gemälde oder an die Ansammlung von Interpretationen, oder an den Wechsel von Verschwinden und Wiederauftauchen bestimmter Werke, je nach dem Geschmack) in den Vordergrund, nicht als eine Grenze, sondern als einen in positiver Weise konstitutiven Aspekt seiner Bedeutung.

Diese Anwesenheit der Sterblichkeit, der Natur als Wechsel von Geburt und Tod wird in den Interpretationen des Kunstwerkes jedoch nur als Grenzidee artikulierbar; das Wort »Ausdruck«, so wie es Adorno in seiner *Ästhetischen Theorie* gebraucht, könnte uns hier helfen;[17] dort steht dieses Wort, um anzuzeigen, daß es im Werk, jenseits der Struktur, der Technik, der Dissonanzen selbst, ein »Mehr« an Bedeutung gibt, das so etwas wie die Ausdrucksfähigkeit des Werkes ist. Sofern dieses Mehr nicht Diskurs wird bzw. sich nicht im Sinne einer begrifflichen Vermittlung erfassen läßt, ist es vielleicht genau das Korrelat der Punktualität des ästhetischen Erlebnisses*. Diese Bedeutung, in der das Kunstwerk immer auch ein »Symbol« für den Wechsel von Geburt und Tod ist, ist etwas, das die Interpretation und der kritische Diskurs nicht zu artikulieren vermögen, es sei denn um den Preis der Tautologie oder, was dasselbe ist, der Unaussprechbarkeit und des Stotterns. Unsere ästhetische Erfahrung bezeugt immer wieder, daß die ganze diskursive Arbeit der Interpretation und der Kritik umsonst und Stückwerk wäre, wenn sie nicht in diesem »Schluß«-Moment enden würde, der vielleicht das ist, was Aristoteles in seiner *Poetik* mit dem Begriff der Katharsis gemeint hat. In jedem Kunstwerk gibt es ein erdhaftes Element, das nicht zu Welt, zu Diskurs, zu erklärter Bedeutung wird: dieses deutet auf die Sterblichkeit hin, häufig auf der Ebene der Inhalte des Werkes (zum Beispiel in den Archetypen, die dort aufgespürt werden können), oder ein andermal auf der Ebene der materiellen Grundlagen (die Patina der Zeit, das Schicksal des Vergessens und der Wiederaufnahme, dem das Werk ausgesetzt ist, die Zerstörung des Körpers). Dieses erdhafte Element vermittelt sich, da es kein Gegenstand eines möglichen *discursus* ist, einer punktuellen Erfahrung, die nur als Erlebnis* beschreibbar ist. Es stimmt aber nicht, daß das Erlebnis*, wenn es einmal von der romantischen Metaphysik des Genies und seiner ontologischen Begründung in der Natur befreit ist, notwendigerweise wieder in den Horizont des Subjektivismus gerät. Gerade die von Heidegger in *Sein und Zeit* entwickelte Analyse des Daseins hat uns dazu befähigt, die konstitutiven Strukturen der Existenz außerhalb des Gegensatzes von Subjektivität und Objektivität zu erkennen. In der Erfahrung des Sichkonstituierens des Daseins* als einer hermeneutischen Totalität, in der Erfahrung des andenkenden Denkens und in der Begegnung mit dem Kunstwerk als dem Ins-Werk-Setzen der Wahrheit gibt es ein Element der Auflösung des Grundes untrennbar verbunden mit dem der Begründung und so definiert sich die Kunst als »Ins-Werk-Setzen der Wahrheit« vor allem dadurch, daß sie den Konflikt zwischen Welt und Erde lebendig hält, d. h. sie gründet die Welt, während sie die Auflösung ihres Grundes [sfondamento] vorweist. Das einzige Modell, das uns zur Verfügung steht, um diese Erfahrung der Auflösung des Grundes, diesen Sprung in den Abgrund* der Sterblichkeit, wo wir immer schon sind, jetzt auf der subjektiven Ebene zu beschreiben, ist das des Erlebnisses*, des ästhetischen Bewußtseins in seiner Punktualität, Ungeschichtlichkeit, Diskontinuität; d. h. in den Eigenschaften, in denen diese Erfahrung sich als Erfahrung von Sterblichkeit zeigt. Wenngleich das Dasein in dieser augenblicklichen Erfahrung die ontologische Transzendenz der Natur, die, wie die Romantiker dachten, im Werk des Genies gegenwärtig ist, nicht findet, so stimmt es auch nicht, daß es nur sich selbst als Subjekt findet: es findet sich statt dessen als Existierendes, als Sterbliches, das in seiner Fähigkeit zu sterben eine Erfahrung des Seins macht, die grundsätzlich anders ist als jene der metaphysischen Tradition vertraute.

Anmerkungen

1 H.-G. Gadamer, *Wahrheit und Methode*, Tübingen 1975. Seit diesem Werk spricht man von »hermeneutischer Ontologie« im spezifischen Sinne. Ihre Grundlagen liegen selbstverständlich schon im Werk Heideggers. Andere Denker haben, unabhängig von Gadamer, verschiedene Interpretationen darüber vorgelegt, zum Beispiel in Italien Luigi Pareyson, in dessen Werk sich eine originelle Philosophie der Interpretation herausgebildet hat. Sein langer Denkweg beginnt mit *La filosofia dell'esistenza e Carlo Jaspers* (Neapel 1940; Neuaufl. Casale Monferrato 1983) und setzt sich fort mit *Esistenza e persona* (Turin 1950, danach mehrere Auflagen mit Erweiterungen und Veränderungen), *Estetica. Teoria della formatività* (Bologna 1954, ²1960) und *Verità e interpretazione* (Mailand 1971).

2 Vgl. M. Heidegger, »Der Ursprung des Kunstwerkes«, in: M. H., *Holzwege*, Frankfurt a. M. 1950.

3 Eine wenn auch etwas summarische Darstellung der Diskussionen über Gadamers Werk in den letzten zwei Jahrzehnten findet sich in meiner Einleitung zur 2. Auflage der italienischen Übersetzung (*Verità e metodo*, übers. von G. Vattimo, Mailand ²1983).

4 Von Apel vgl. vor allem die in seiner *Transformation der Philosophie* (Frankfurt a. M. 1973) gesammelten Aufsätze.

5 Vgl. dazu meine Einleitung zu der italienischen Sammlung von Arbeiten K.-O. Apels (*Comunità e comunicazione*, übers. von G. Carchia, Turin 1977).

6 Vgl. H. R. Jauß, *Literaturgeschichte als Provokation*, Frankfurt a. M. ⁸1986, S. 185 ff. sowie S. 240 ff.

7 Vgl. darüber G. Vattimo, *Jenseits vom Subjekt*, übers. von S. Puntscher Riekmann, Graz/Wien 1986, Kap. 4.

8 Diese Themen werden bekanntlich im ersten Abschnitt von *Sein und Zeit* behandelt. Zur Theorie der Interpretation in *Sein und Zeit* vgl. die eindringliche Studie von M. Bonola, *Verità e interpretazione nello Heidegger di »Essere e tempo«*, Turin 1983.

9 Vgl. den Vortrag »Das Ding« in: M. H., *Vorträge und Aufsätze*, Pfullingen 1954.

10 M. Heidegger, »Zeit und Sein«, in: M. H., *Zur Sache des Denkens*, Tübingen 1976, S. 6.

11 »Mit dem Sein als solchem ›ist‹ es nichts« (M. Heidegger, *Nietzsche*, Bd. 2, Pfullingen 1961, S. 338).

12 Vgl. M. Heidegger, *Der Satz vom Grund*, Pfullingen 1957, S. 186.

13 W. Dilthey, *Leben Schleiermachers*, Bd. 1, Berlin ²1922, S. 341 (zitiert von Gadamer – s. Anm. 1 –, S. 60).

14 Gadamer (s. Anm. 1) S. 90 f.

15 Vgl. von Ricœur z. B. *La métaphore vivante*, Paris 1975 (dt.: *Die lebendige Metapher*, übers. von R. Rochlitz, München 1968).

16 Heidegger spricht vom »Geviert« in dem schon erwähnten Vortrag »Das Ding« (s. Anm. 9) sowie an mehreren Stellen von *Unterwegs zur Sprache*, Pfullingen 1959.

17 Vgl. Th. W. Adorno, *Ästhetische Theorie*, Frankfurt a. M. 1973, S. 168 ff.

VIII

Wahrheit und Rhetorik in der hermeneutischen Ontologie

1. Wenn von »hermeneutischer Ontologie« die Rede ist, dann handelt es sich nunmehr, im Denken der Gegenwart, um eine stark artikulierte und differenzierte philosophische Richtung: man denke nur, außer an Gadamer, an die originellen und sehr ausgeprägten Positionen von Denkern wie Luigi Pareyson oder Paul Ricœur, oder wie zuletzt Richard Rorty, die entscheidende, wenngleich sehr verschiedene Arbeiten zur Philosophie der Interpretation vorgelegt haben. Die Diskussion des Problems, die ich hier führen möchte, kann also nicht erschöpfend sein: was ich vorhabe, ist eine Untersuchung des Verhältnisses von Wahrheit und Rhetorik, ausgehend von einer bestimmten hermeneutischen Perspektive, nämlich der von Hans-Georg Gadamer, welcher im Vergleich zu den von mir erwähnten Autoren dieses Verhältnis vor allem und am entschiedensten thematisiert.

Gadamers Interesse für die Rhetorik, die sich bereits in seinem großen Werk *Wahrheit und Methode* (1960)[1] umfassend dokumentiert, wird in den Beiträgen der folgenden Jahre (gesammelt in *Kleine Schriften* sowie in *Die Vernunft im Zeitalter der Wissenschaft*[2]) akzentuiert und präzisiert im Bereich eines Denkens, das die Heideggersche »Bindung« oder »Identifizierung« von Sein und Sprache wiederaufnimmt und verarbeitet, und zwar in Richtung einer immer stärkeren Betonung des Pols der Sprache gegenüber dem des Seins. Dies ist letzten Endes der Sinn jener »Urbanisierung«, welcher Gadamer nach einer geglückten Formulierung von Jürgen Habermas das Denken Heideggers unterzogen hat.[3] Nur dank dieser Urbanisierung ist es heute wahrscheinlich möglich, deutlicher etwa von einer Nachbarschaft Heideggers und Wittgensteins zu sprechen, was weitreichende Folgerungen nach sich zieht. Eine solche Nachbarschaft ist im übrigen schon vor vielen Jahren von Autoren wie Pietro Chiodi[4] und dann von K.-O. Apel[5] zu Beginn der sechziger Jahre nachgewiesen worden; dabei ging es, vor allem bei Chiodi, um die »irrationalistischen« und mystischen Elemente, die auch bei Wittgenstein vorkommen, hingegen wurde die Möglichkeit einer Lektüre Heideggers durch die Brille der analytischen Sprachphilosophie nicht in Betracht gezogen. Erst nach der besonders von Gadamer durchgeführten »Urbanisierung« kam es zu einer Annäherung, wie sie zum Beispiel in Richard Rortys *Philosophy and the Mirror of Nature*[6] sichtbar wird, der in der Philosophie des 20. Jahrhunderts eine durch die drei Namen Dewey, Wittgenstein und Heidegger bestimmte Linie sieht.

Dieselbe Möglichkeit einer solchen Annäherung ergibt sich aus einer Lektüre Heideggers, welche die These von der Sprache als Haus des Seins urbanisiert und dabei den Pol der Sprache betont – und den Pol des Seins wenn nicht direkt, so doch zumindest implizit auflöst (diese Auflösung wurde bis zu einem gewissen Grade von Heidegger selbst eingeleitet, und zwar so weit, daß mit Recht von einer nihilistischen Berufung seines Denkens gesprochen werden kann)[7]. Gadamers grundlegende These, wonach »Sein, das verstanden werden kann, Sprache ist«, kündigt eine Entwicklung innerhalb des Heideggerianismus an, in der das Sein dazu tendiert, sich in die Sprache aufzulösen, oder zumindest dort an ein Ende zu kommen. Zum Beweis könnte man erwähnen, daß Kernbegriffe Heideggers, wie die von Metaphysik und Seinsvergessenheit oder von ontologischer Differenz, keinen systematischen Ort im Denken Gadamers haben.

Es wäre aber ein Irrtum zu glauben, daß Gadamers Urbanisierung von Heideggers Denken sich ganz in dieser Betonung des Pols der Sprache erschöpft, etwa gar im Einklang mit der Modellfunktion der Linguistik in den Sozialwissenschaften strukturalistischer Prägung, wie sie in den Jahren der Publikation von *Wahrheit und Methode* sich manifestiert; oder nur aufgrund der Tatsache, daß Interpretation und hermeneutische Tradition, welche im Mittelpunkt von Gadamers Interesse stehen, von Anfang an für seine Reflexion über die Sprache richtungweisend sind. Es war bereits in *Wahrheit und Methode* deutlich und wird später noch deutlicher, daß die stärkere Gewichtung der Sprache von dem die Gadamersche Hermeneutik leitenden ethischen Interesse begleitet wird und dort ihren wahren Ursprung hat. Kernbegriffe in *Wahrheit und Methode* – wie jener der Horizontverschmelzung oder des »wirkungsgeschichtlichen Bewußtseins«* – werden nämlich schon mit einem entscheidenden Bezug zur aristotelischen Ethik sowie zum Applikationsbegriff gebildet. In den auf dieses Buch folgenden Beiträgen wird dann jedoch geklärt und präzisiert, daß der Bereich der Sprache als Ort der totalen Vermittlung jeder Welterfahrung und jedes Sichgebens des Seins, worauf die These »Sein, das verstanden werden kann, ist Sprache« verweist, grundsätzlicher noch – oder in einer genauso ursprünglichen Weise – als Faktum der Sprache, als ethischer Bereich charakterisiert ist. Gadamer will dabei nicht so sehr oder nicht primär betonen, daß jede Erfahrung, die der Einzelne in der Welt macht, von seiner Verfügung über die Sprache ermöglicht wird; die Sprache ist nicht so sehr oder vor allem die, welche der Einzelne spricht, sondern die, von der aus der Einzelne gesprochen wird.[8] Die Sprache als totale Vermittlung der Erfahrung der Welt fungiert vor allem als Basis oder Ort einer konkreten Verwirklichung des gemeinsamen *ethos* einer bestimmten geschichtlichen Gesellschaft. Mehr noch als von Sprache im allgemeinen [linguaggio] ließe sich also von einer geschichtlich bestimmten Sprache [lingua] sprechen. In ihr machen wir die Erfahrung jener Welt, »in der sie uns gehört und in der wir ihr gehören. Beides fließt zusammen in die eine, Geschichte und Gegenwart umspannende, eigene und miteigene Welt, die im Reden der Menschen miteinander ihre sprachliche Artikulation empfängt.«[9] Es ist diese in der Sprache mitgeteilte und artikulierte Welt, welche die Merkmale der Rationalität besitzt; mit ihr identifiziert sich der *logos*, als Sprache und Rationalität des Realen verstanden. In dieser Auffassung der Sprache als lebendiger *logos* fließen, nach Gadamer, die griechische Auffassung der Rationalität der Natur und die Hegelsche der Rationalität der Geschichte[10] sowie auch – so können wir hinzufügen – die Betrachtung der natürlichen Sprache der analytischen Philosophie nach Wittgenstein zusammen. Gadamer beschreibt diesen die Erfahrung leitenden sprachlich-ethischen Bereich, indem er den griechischen Begriff *kalon* in Zusammenhang mit dem der *theoria* wiederaufnimmt. Die *theoria* ist aber, nach dem ältesten Sprachgebrauch der Griechen, keine begriffliche formalisierte Konstruktion, die eine »objektivierende« Trennung zwischen Subjekt und Objekt beinhaltet, sondern sie ist die Teilhabe am Umzug des Gottes, Teilhabe, in der die *theoroi* außerdem die Vertretung der Delegierten ihrer Polis übernehmen, ein teilhabendes Betrachten also und in gewisser Weise eher dem Objekt zugehörend als es besitzend; und *kalon* seinerseits »meinte nicht nur die Schöpfungen der Kunst und des Kults, [. . .] sondern umfaßt all das, worin man sich fraglos versteht, da es wünschbar ist, ohne einer Rechtfertigung seiner Wünschbarkeit unter Gesichtspunkten seiner Zweckmäßigkeit fähig oder bedürftig zu sein. Das nannten die Griechen *Theoria*: Weggegeben-Sein an etwas, das sich in seiner überwältigenden Präsenz allen gemeinsam darbietet [. . .].«[11]

Die Sprache als Ort der totalen Mediation ist genau diese Vernunft, dieser *logos*, der in der Zugehörigkeit zu einem Gefüge lebendiger Tradition, zu einem *ethos*, lebt. So verstanden, hat Sprache-*logos*-*kalon* einen konstitutiven Bezug zum Guten: beide sind Zwecke an sich, letzte Werte, die nicht im Hinblick auf ein Anderes gesucht werden, und das Schöne ist nur die Wahrnehmbarkeit der Idee des Guten, ihr Glanz, wie Gadamer im Schlußabsatz von *Wahrheit und Methode* schreibt.[12] Jede Rationalität der geschichtlichen Erfahrung von Einzelnen oder von Gruppen ist nur möglich in bezug auf diesen *logos*, der zugleich Welt und Sprache ist;

dieser hat nicht die unendlichen Eigenschaften der Selbstdurchsichtigkeit des Hegelschen absoluten Geistes; er ist dialektisch nur, sofern er im jeweils endlichen und bestimmten Dialog der geschichtlichen Menschheiten lebt. Gadamer bezeichnet ihn auch als »soziales Einverständnis«* und soziales Bewußtsein (aber in einem mehr beschränkten und beschreibenden Sinne.)[13]

2. Es besteht meiner Meinung nach kein Zweifel darüber, daß diese Betonung des Bezugs zwischen Sprache und *ethos* einer Sprachgemeinschaft dem Heideggerschen Denken, auf das sie sich ausdrücklich beruft, einen besonderen, vielleicht neuen Aspekt im Hinblick auf Heidegger selbst eröffnet. Gerade in diesem Bereich zeichnet sich auch eine spezifische Verbindung zwischen Wahrheit und Rhetorik ab. Bekanntlich hatte *Wahrheit und Methode* der wissenschaftlichen Auffassung des Wahren als methodischer Verifizierbarkeit nach öffentlichen und kontrollierbaren Kriterien eine Wahrheitsidee entgegengestellt, welche die Erfahrung der Kunst als eigenes Modell nahm. Der Bezug zwischen dem anfänglichen Hinweis auf die Kunsterfahrung und die sich daraus ergebende Identifikation des Bereiches der *logos*-Welt mit dem *kalon* ist nun aber kein logischer Zirkelschluß: im Gegenteil, die abschließende Auffassung des *kalon* entfaltet die anfänglich anerkannte Modellfunktion der Kunst und füllt sie mit eigenem Inhalt. Mit anderen Worten: nur weil die Erfahrung des Wahren eine Erfahrung der Zugehörigkeit zur Sprache als einem Ort der totalen Vermittlung der Erfahrung im gemeinsamen lebendigen Bewußtsein ist, nur deshalb ist die Kunst auch Wahrheitserfahrung. Hier wird zugleich eine ganze Richtung der Tradition der philosophischen Ästhetik sichtbar, nämlich derjenigen, die – von der besonderen »subjektiven« Universalität des Kantischen Schönen bis hin zum Hegelschen Bezug zwischen Kunst und Selbstbewußtsein der Völker – die Verbindung zwischen Kunstwerk und Gemeinschaftsbewußtsein zutage gefördert hat. Die Begegnung mit

dem Kunstwerk ist nicht die Begegnung mit einer bestimmten Wahrheit – was, unter anderem, die Plumpheiten erklärt, in die man gerät, wenn man versucht, die »Wahrheitsinhalte« der Werke zu erläutern – auch wenn sie, letzten Endes, Erfahrung dessen ist, daß wir und das Werk jenem Horizont eines gemeinsamen Bewußtseins angehören, das von der Sprache selbst sowie von der sich in ihr fortsetzenden Tradition repräsentiert wird.

Was hat das alles mit dem Verhältnis von Wahrheit und Rhetorik zu tun? Wir verstehen hier Rhetorik in dem allgemeinsten Sinn, in dem sie Gadamer auffaßt, nämlich als Kunst der Überzeugung anhand von Diskursen. Nun ist die Evidenz und die Überzeugungskraft, mit der sich das Erbe des gemeinsamen Bewußtseins durchsetzt, das *kalon*, eine Evidenz rhetorischen Typs; Gadamer schreibt: »Das *eikós*, das verisimile, das Wahr-Scheinliche, das Einleuchtende* gehören in eine Reihe, die dem Wahren und Gewissen des Bewiesenen und Gewußten gegenüber ihre eigene Berechtigung verteidigt.«[14] Die hermeneutische Wahrheit, d. h. die Wahrheitserfahrung, worauf die Hermeneutik sich beruft und die sie in der Erfahrung der Kunst beispielhaft dargestellt sieht, ist wesentlich rhetorisch. »Woran sonst sollte sich auch die theoretische Besinnung auf das Verstehen anschließen als an die Rhetorik, die von ältester Tradition her der einzige Anwalt eines Wahrheitsanspruches ist, der das Wahrscheinliche, das *eikós* (verisimile), und das der gemeinsamen Vernunft Einleuchtende gegen den Beweis- und Gewißheitsanspruch der Wissenschaft verteidigt? Überzeugen und Einleuchten, ohne eines Beweises fähig zu sein, ist offenbar ebensosehr das Ziel und Maß des Verstehens und Auslegens wie der Rede- und Überredungskunst [. . .].«[15]

Es handelt sich jedoch nicht, wie man auch denken könnte, um eine andere, verschiedene Art von Wahrheit, die nämlich, in einer behutsamen Klassifikation, von der den Wissenschaften eigenen methodischen Wahrheit zu unterscheiden wäre. Dieser Bereich der rhetorischen Überzeugung mit seinen

Inhalten des gemeinsamen Bewußtseins und der Tradition weicht nach Gadamer gegenüber dem Fortschritt der Wissenschaften nicht nur nicht zurück, sondern er »dehnt sich vielmehr auf jede neue Erkenntnis der Forschung aus, um sie für sich in Anspruch zu nehmen und sie sich anzupassen«. Nur die Rhetorik und die Hermeneutik machen, so verstanden, »Wissenschaft zu einem gesellschaftlichen Faktor des Lebens«.[16] Die Art und Weise, wie die gemeinsame *logos*-Sprache ihre eigenen Rechte gegenüber der Wissenschaft und ihren Resultaten geltend macht, ist nicht nur die des Transfers der wissenschaftlichen Auffassungen und Terminologien in die Alltagssprache sowie in die gemeinsame Denkweise – ein Transfer, der offensichtlich zustande kommt durch die Popularisierung (was freilich eine gewisse Verarmung der Tragweite wissenschaftlicher Aussagen bedeutet) sowie durch die Betonung der rhetorischen Grundzüge, die allen wissenschaftlichen Theorien eigen sind.[17] Es geht um mehr, was vor allem in den Aufsätzen in *Die Vernunft im Zeitalter der Wissenschaft* deutlich wird; die Rechte des gemeinsamen *logos*-Bewußtseins wirken sich als ethische Orientierung über die Nutzungsmöglichkeiten und die Entwicklungen der Resultate der Wissenschaften aus. Die Machbarkeit, welche die Wissenschaften und die Techniken gewährleisten, reicht nicht aus, um eine bestimmte gesellschaftliche Nutzung der Wissenschaft in Gang zu setzen; es findet eine, auch implizite, Entscheidung ethischer Art statt, die manchmal nur als faktische Nicht-Fortführung eines bestimmten Verlaufes technischer Entwicklungen wirkt: nach Gadamer trifft das heute bereits im Hinblick auf die Möglichkeiten der Gentechnologie zu, die aufgrund von moralischen Wertungen in bestimmte Richtungen nicht entwickelt werden.

Wie man sieht, ist das »Übertragen« [»riportare«], wie ich es nennen möchte, der Resultate der Wissenschaften auf das gemeinsame Bewußtsein nicht so sehr ein Phänomen der Versprachlichung, sondern vor allem ein ethisches Faktum – zwei Aspekte, die übrigens ununterscheidbar sind. Wenn wir aber den Gadamerschen Diskurs über *theoria* und *kalon* als Orte der Wahrheit ernst nehmen, dann müssen wir sagen, daß das Moment der Wahrheit der Wissenschaften nicht primär das der Verifizierung ihrer Aussagen und der Gesetze ist, die sie entdecken, sondern jenes der »Übertragung« [»riporto«] auf das gemeinsame Bewußtsein: dieses Moment ist also auch wesentlich rhetorisch (mit tiefen pragmatischen Färbungen, was ja evident ist) charakterisiert. In diesem Sinne muß man auch die Heideggersche These verstehen, wonach die Wissenschaft nicht denkt: ihr Wahrheitsmoment ist nicht das, was sie glaubt, die Verifizierung und der Beweis. Was geschieht aber, so gesehen, mit der Wahrheit als öffentlich kontrollierbarer Verifizierung gemäß den von allen vereinbarten und (im Prinzip) anwendbaren Kriterien? Auf der Grundlage aller bisherigen Prämissen ist weder an eine versöhnliche Unterscheidung zwischen Natur- und Geisteswissenschaften* noch an eine bloße Reduktion der Wissenschaften auf »ökonomische« Aktivität, im Sinne von Croce, zu denken.

Indem sich die Rechte der Rhetorik und Hermeneutik, d. h. des gemeinsamen *logos*-Bewußtseins, gegenüber den Beweis-Diskursen der Wissenschaften geltend machen, so wirkt sich das vielmehr als eine *Radikalisierung* der wesentlich rhetorischen Natur der Wissenschaft selbst in eine Richtung aus, die sozusagen von der Form zum Inhalt übergeht. Die rhetorische Natur der Wissenschaften könnte man in einem rein formalen Sinne als ihre faktische Abhängigkeit von geschichtlich entstandenen Paradigmen kennzeichnen: Die Positionen Thomas Kuhns erregen, zumindest in ihren allgemeinen Grundzügen, keinen großen Anstoß mehr; oder es sind doch im wesentlichen diejenigen, auf die sich eine hermeneutische Auffassung der Wissenschaft gern beruft.[18] Die wissenschaftlichen Theorien werden bewiesen aufgrund von Beobachtungen, die möglich sind und Sinn haben nur innerhalb jener Theorien selbst und ihrer Paradigmen. Das Sichbehaupten eines Paradigmas wird aber seinerseits nicht allein dadurch zu einem Faktum, das mit den Begriffen eines wissenschaftlichen Beweises beschreibbar wäre. Kuhn läßt bekanntlich das Problem, wie das geschichtliche Ereignis des Paradigmenwechsels zu denken sei, offen; die Hermeneutik kann in bedeutsamer Weise dazu beitragen, dieses Problem jenseits einer Auffassung der Geschichte als eines bloßen Spiels der Kräfte oder, im Gegenteil, als eines Fortschritts des objektiven Bewußtseins einer gegebenen stabilen Realität zu denken.[19] Unabhängig von den Problemen der Kuhnschen Auffassung läßt sich auch der allgemeine (und vielleicht allgemein akzeptable) Sinn seiner Theorie der wissenschaftlichen Revolutionen als eine Reduktion der wissenschaftlichen auf die rhetorische Logik formulieren; gemeint ist dabei eine Reduktion im eingeschränkten Sinne, d. h. daß sich die wissenschaftlichen Theorien nur innerhalb von Paradigmen beweisen lassen, die ihrerseits nicht »logisch« bewiesen, sondern nur aufgrund einer Überredung rhetorischer Art akzeptiert sind – wie auch immer sie sich faktisch etabliert.

Die Anerkennung des – in diesem Sinne – rhetorischen Wesens der wissenschaftlichen Logik selbst erschöpft sich dennoch meistens in einer allgemein verbindlichen Annahme der Konventionalität der wissenschaftlichen Paradigmen: Kuhns eigentliches Verdienst besteht wahrscheinlich darin, daß er diesen allgemeinen und verbindlichen Konventionalismus auf eine geschichtliche Perspektive bezogen hat: Die Konventionen, auf denen die Beweismethoden der Wissenschaft beruhen, werden nicht »beliebig« oder auf der Grundlage von abstrakten Kriterien der Wirtschaftlichkeit oder der praktischen Nützlichkeit angenommen, sondern auf der Grundlage sozusagen ihrer »Übereinstimmung« mit »Lebensformen«, d. h. auch mit geschichtlich bestimmten Traditionen und Kulturen. Die Radikalisierung, welche die Hermeneutik hinsichtlich dieser allgemeinen und verbindlichen Annahme der rhetorischen Natur der Wissenschaft bewirkt, besteht nun darin, daß man diesen Weg der Historisierung weitergeht. Dabei wird klar, daß der *öffentliche* Charakter der Verifizierungsregeln der wissenschaftlichen Aussagen nicht bloß eine formale Verallgemeinerung (die sich höchstens auf die Forschergemeinschaft bezieht, die auf dem Modell des reinen erkennenden Subjekts fußt), sondern ihre faktische Verwurzelung in einer öffentlichen, geschichtlich und kulturell bestimmten Sphäre darstellt. Die Wahrheit einer wissenschaftlichen Aussage liegt nicht in ihrer Verifizierbarkeit, die nach öffentlich festgelegten und im Idealfall von allen anwendbaren Regeln kontrollierbar wäre – damit würde der Bezug von Logik und Rhetorik gewissermaßen auf eine rein formale Bedeutung reduziert; vielmehr liegt sie letzten Endes darin, daß die in einzelnen wissenschaftlichen Bereichen geltenden Verifikationsregeln auf eine öffentliche Sphäre, nämlich die der gemeinsamen *logos*-Sprache bezogen werden, die immer wieder im rhetorisch-hermeneutischen Sinne neu geknüpft wird; denn ihre Substanz ist die Kontinuität einer Tradition, die sich aufgrund eines Prozesses der Wiederaneignung (der Objekt-Überlieferung seitens der Subjekte und umgekehrt)[20] erhält und erneuert, eines Prozesses, der sich seinerseits auf der Grundlage von »Evidenzen« rhetorischen Typs entwickelt.

3. All dies scheint auch einen letzten und wesentlicheren Bezug von Wahrheit und Rhetorik zu formulieren, der die Hermeneutik in die Nähe der Philosophien empiristischen und positivistischen Ursprungs rückt. Wenngleich die Evidenz der Überzeugung, mit der sich die Inhalte des gemeinsamen *logos*-Bewußtseins mitteilen, von Gadamer im Sinne des Glanzes des Schönen-Wahren-Guten beschrieben wird – als eine letzten Endes intuitive Erfahrung also, die sich im Bewußtsein des Einzelnen ergibt –, so schließt der Nachdruck, der auf die Sprache als Ort dieser Erfahrung gelegt wird (implizit bei Gadamer und vielleicht auf problematische Weise, wenn der Diskurs explizit wird) auch eine Betonung des vorwiegend *öffentlichen* Charakters des Wahren ein, welche wahrscheinlich auch den Bezug auf die innere Evidenz

des Bewußtseins einschränkt. In der Wahrheit gehen heißt nicht so sehr den Zustand innerer Erleuchtung, den man gewöhnlich als Evidenz bezeichnet, erreichen, vielmehr auf die Ebene jener Annahmen übergehen, an denen man Anteil nimmt und teilhat; diese erscheinen – mehr noch als evident – als selbstverständlich und brauchen offenbar nicht in Frage gestellt zu werden, und sind vielleicht nicht einmal so beschaffen, daß sie als echte Evidenzen im starken Sinne bestimmt werden können. Um uns verständlich zu machen, mögen wir an Lacans Interpretation des Freudschen Mottos »Wo Es war, soll Ich werden« denken.[21] Das gemeinsame Bewußtsein, das die meist unthematische und »unbewußte« Grundlage unserer Urteile ausmacht, hat in diesem Sinne einen schwachen, »hintergründigen« Charakter, der sich weniger im Sinne des Glanzes und der Helligkeit, die Gadamer in den Begriffen *kalon* und *theoria* sieht, bestimmen läßt. Neben diesem Hintergrundcharakter, den man, wie ich glaube, als Kernthema einer nachträglichen Reflexion über den Sinn der Hermeneutik unterstreichen und aufnehmen muß, bedeutet die Auffassung des gemeinsamen *logos*-Bewußtseins als Sprache zweifellos eine Betonung der Wahrheitserfahrung als Ins-Werk-Setzen von ausdrücklich thematisierten linguistischen Verfahren – nicht so sehr im Sinne von öffentlicher Kontrollierbarkeit der wissenschaftlichen Aussagen, sondern allenfalls im Sinne von Analyse der verschiedenen Sprachen vom Standpunkt des Gebrauchs aus. Auch in diesem weniger formalisierten Sinn wird die Wahrheitserfahrung auf die Praxis der Analyse- und Kontrollverfahren bezogen, die sich wesentlich als öffentlich kennzeichnen. Vom Standpunkt der Denktradition gesehen, aus der die Hermeneutik kommt, erscheint dies auf jeden Fall als ein bedeutsamer Gewinn: die Urbanisierung des Heideggerschen Denkens figuriert hier in einem sehr wörtlichen Sinne als Annahme – seitens einer Philosophie mit einem ursprünglich existentialistischen Ansatz – des eher »externen« als intimen Charakters der Wahrheit, und somit auch des Überwiegens des Verfahrensmoments gegenüber dem intuitiven Moment, d. h. mit anderen Worten des Moments der »zivilen«, nach Regeln geordneten Kommunikation gegenüber dem Moment einer inneren Betrachtung der Wahrheit. Auf diese Weise wird die Tragweite von Heideggers Antihumanismus explizit, sie erscheint so vor allem als Anti-Bewußtsein [anticoscienzialismo], als Mißtrauen gegenüber dem Subjekt der modernen Metaphysik (ein Mißtrauen, das Nietzsche in seiner Ablehnung des endgültigen Charakters der Evidenz des Bewußtseins bereits vorweggenommen hat).

Wenn man darin übereinstimmen kann, daß dieser Herauslösung des Wahren aus dem Bereich der Intuition und inneren Evidenz ein (in vielen noch zu klärenden Hinsichten) bedeutsamer Gewinn ist, so bringt sie doch zugleich nicht wenige Probleme mit sich, welche die Hermeneutik mit bestimmten Resultaten der analytischen Philosophie, ausgehend vom sogenannten Wittgenstein II, teilt. So stellt sich bei Wittgenstein mit besonderer Schärfe die Frage, ob die Mehrheit der Sprecher einer bestimmten Sprache sich im Irrtum befinden kann.[22]

Dieses Problem besteht bei Gadamers Hermeneutik in weitgehend analoger Weise: wenn In-der-Wahrheit-Gehen wesentlich ein Sichbeziehen und ein Beziehen der jedenfalls partiellen Diskurse der Wissenschaften, der Techniken sowie auch etwa der einzelnen Gruppen innerhalb einer Gesellschaft auf das gemeine *logos*-Bewußtsein bedeutet, dann wird dieses samt seinen Inhalten nie mehr in Frage gestellt werden können (außer vielleicht hinsichtlich der geschichtlich-wirkenden Veränderungen der Gemeinschaft bzw. ihrer Erweiterungen: wiederum jedoch in sehr problematischer Weise, falls man nicht zu einer Vorstellung von Geschichte als einem bloßen Spiel der Kräfte, dem die »Wahrheiten« lediglich als Reflex und Konsequenz folgen, zurückkehren will). Um es genauer zu formulieren: Genügt es, vom Standpunkt des Kritikcharakters aus, den die Philosophie stets für sich und für das Denken im allgemeinen in unserer Tradition geltend gemacht hat, festzuhalten, daß der Weg zur Wahrheit einfach der ist, welcher die verschiedenen »partikulären« Diskurse zum Bewußtsein des *sensus communis* (im erkenntnistheoretischen und ethischen Sinne dieses Wortes) in Beziehung setzt? Ist der »Sprung in die *logoi*« des platonischen Sokrates, den auch Gadamer als konstitutiv für die Philosophie und die Vernunft in ihrem hermeneutischen Sinne hält, wirklich ein Sprung, wenn die Rechte des gemeinsamen Bewußtseins gegen die gewiß häufig dogmatischen Ansprüche der Diskurse der Einzelwissenschaften geltend gemacht werden? Wird nicht schließlich dieser Sprung auf solche Weise zu einer »Apologie des Wirklichen«? In welchem Namen wird sich die Kritik der Meinungen der Mehrheit seitens des Propheten, des Revolutionärs oder auch nur des innovativen Wissenschaftlers legitimieren?

Gadamer sieht aber die Problematik seiner Auffassung des gemeinsamen *logos*-Bewußtseins nur unter dem Gesichtspunkt, daß es wirklich ein solches Bewußtsein gibt. Er behauptet jedenfalls, daß es, trotz des gegenteiligen Anscheins, ein gemeinsames Bewußtsein, d. h. eine Kontinuität ethischer Tradition, in unserer Gesellschaft der Wissenschaft und Technik im Grunde noch gibt.[23] Aber er betrachtet nicht die Rechtsfrage: nämlich wessen Recht es sei, in wessen Namen das gemeinsame Bewußtsein gilt und sich über die Einzelnen geltend macht.

Man berührt hier wahrscheinlich einen anderen Aspekt der von Gadamer vollzogenen Urbanisierung des Heideggerianismus, den man, wenn man in der Metapher fortfahren will, als ein Übermaß an Urbanität bezeichnen kann. Das anfangs von uns bemerkte Verschwinden einiger wesentlicher Themen Heideggers bei Gadamer, wie des Begriffs der Metaphysik oder der ontologischen Differenz, kehrt ins Bewußtsein zurück, wenn man zum Problem des kritischen Charakters des Denkens in der hermeneutisch-rhetorischen Sichtweise kommt, die Gadamer mit den Begriffen *kalon* und *theoria* umrissen hat. Es stimmt, daß, aus welchen Gründen auch immer, Heideggers kritisches Pathos gegen die Welt der Seinsvergessenheit und der vollendeten Metaphysik in der planetarischen Herrschaft der Technik bei Gadamer weitgehend gedämpft wird oder ganz wegbleibt: für ihn gilt es, die dogmatischen Ansprüche der Wissenschaften und Techniken zugunsten einer gesellschaftlichen Rationalität einzuschränken, die keinen Bedarf verspürt, sich zu weit von der abendländischen Metaphysik zu entfernen, vielmehr sich ganz wesentlich in ihrer Kontinuität sieht. Neben dem stärkeren Gewicht, das für ihn die philologische Ausbildung hatte, findet man hier den Grund für die Distanz, mit der Gadamer alle Heideggerschen Interpretationen der Philosophen und Dichter der Vergangenheit betrachtet.[24] Bekanntlich sind es gerade diese Texte, in denen Heidegger mehr orakelhaft und also weniger urban erscheint; es sind die Texte, welche Lesern wie Habermas nicht recht gefallen können. Paradoxerweise aber sind es gerade diese Texte, in denen Heidegger einer kritischen Position gegenüber dem Wirklichen treu bleibt, welche sich hingegen bei Gadamer abzuschwächen und beinahe zu verschwinden scheint.

Tatsache ist, daß Heidegger bei seiner Ausgräberarbeit zu den Dichtern und Philosophen der Vergangenheit auf der Suche nach »dichten« Bereichen der Sprache ist, in denen das Ereignis des Seins intensiver und besser erkennbar anklingt und die somit Schwerpunkte einer Kritik der der Metaphysik und Technik unterworfenen Umgangssprache werden können. Gadamer meint dagegen den Technizismus und Szientismus vom Standpunkt eines gemeinsamen Sprache-Bewußtseins kritisieren zu können, das für ihn grundsätzlich in Ordnung ist und gegenüber dem die Hermeneutik keine echte kritische, sondern eine rekonstruktive und reorganisierende Funktion hat.

Von wo kann man ausgehen – und sei es auch als Alternative zu Gadamer –, um die ursprüngliche kritische Kraft des Heideggerschen Denkens wiederzugewinnen? Wahrscheinlich gerade von der Betrachtung Heideggers über die Kunst und die Dichtung, oder allgemein über die »dichten Bereiche« der Sprache. So träte wohl zutage, daß im Grunde der Unterschied zwischen Gadamer und Heidegger – außer daß dieser die »wesentlicheren« Elemente des Heideggerschen Denkens (Eigentlichkeit, vorlaufende Entschlossenheit) in Klammern setzt – auch in einer unterschiedlichen Auffassung von der Erfahrung der Kunst besteht, welche für beide als emblematischer Ort des Geschehens der Wahrheit fungiert. Die Grundzüge, mittels deren Gadamer, beherrscht von der Wiederaufnahme einer Metaphysik des Lichtes und, allgemeiner, des Glanzes der Form, auf den letzten Seiten von *Wahrheit und Methode* das *kalon* charakterisiert, scheinen weit entfernt von der Idee des Kunstwerkes als eines immer offenen Konflikts zwischen Welt und Erde, so wie ihn Heidegger in »Der Ursprung des Kunstwerkes« entfaltet.[25] Gerade die Wiederaufnahme und erneute Betrachtung dieser »entfernten« Elemente des Heideggerianismus, welche zugleich die dezidiert existentialistischen Aspekte dieses Denkens sind, kann dazu verhelfen, die Hermeneutik über die bloße Annahme des gemeinsamen Bewußtseins und die Risiken, daß sie sich auf die Apologie des Bestehenden reduziert, hinauszuführen.

Anmerkungen

1 H.-G. Gadamer, *Wahrheit und Methode*, Tübingen 1975.
2 H.-G. Gadamer, *Kleine Schriften*, 4 Bde., Tübingen 1967–77; H.-G. G., *Die Vernunft im Zeitalter der Wissenschaft*, Frankfurt a. M. 1976.
3 Vgl. J. Habermas, »Urbanisierung der Heideggerschen Provinz«, in: H.-G. Gadamer / J. H., *Zwei Reden aus Anlaß des Hegel-Preises 1979*, Frankfurt a. M. 1979.
4 Vgl. P. Chiodi, »Essere e linguaggio in Heidegger e nel *Tractatus* di Wittgenstein«, in: *Rivista di Filosofia* 46 (1955) S. 179–191.
5 K.-O. Apel, *Transformation der Philosophie*, Frankfurt a. M. 1973.
6 R. Rorty, *Philosophy and the Mirror of Nature*, Princeton 1979

(dt.: *Der Spiegel der Natur: eine Kritik der Philosophie*, übers. von M. Gebauer, Frankfurt a. M. 1987).

7 Ich erlaube mir, auf meine Aufsätze in: G. Vattimo, *Le avventure della differenza* (Mailand 1979; bes. Abschn. III), sowie auf mein Buch *Jenseits vom Subjekt* (übers. von S. Puntscher Riekmann, Graz/Wien 1986), hinzuweisen.

8 H.-G. Gadamer bezeugt in einem der auf *Wahrheit und Methode* folgenden Beiträge ausdrücklich seine Hochachtung für J. Lacan; vgl. »Rhetorik, Hermeneutik und Ideologiekritik«, in: H.-G. G., *Kleine Schriften*, Bd. 1: *Philosophie – Hermeneutik*, Tübingen [2]1976, S. 129.

9 Ebd., S. 118.

10 Vgl. Gadamer, *Die Vernunft im Zeitalter der Wissenschaft* (s. Anm. 2), S. 50.

11 Ebd., S. 64.

12 Vgl. Gadamer (s. Anm. 1) S. 462.

13 Vgl. Gadamer (s. Anm. 8) S. 117 f.

14 Gadamer (s. Anm. 1) S. 460.

15 Gadamer (s. Anm. 8) S. 117.

16 Ebd.

17 Vgl. z. B. ebd., S. 117 f.

18 Vgl. Gadamer, *Die Vernunft im Zeitalter der Wissenschaft* (s. Anm. 2), S. 142. Vgl. Th. S. Kuhn, *Die Struktur wissenschaftlicher Revolutionen* (übers. von K. Simon, Frankfurt a. M. 1973), worauf sich Gadamer bezieht.

19 Für eine Entwicklung dieser Hypothese kann man z. B. von der von R. Rorty (s. Anm. 6) aufgestellten Parallele zwischen den Paaren normale Wissenschaft / revolutionäre Wissenschaft (Kuhn) und Epistemologie / Hermeneutik ausgehen; oder auch von Beobachtungen wie der von Gadamer in der Diskussion über einige Thesen von Habermas zu Tradition und Macht (in: Gadamer – s. Anm. 8 –, S. 125).

20 Diese gegenseitige Wiederaneignung zwischen »Subjekt« und »Objekt« im hermeneutischen Akt läßt sich auf die Übereignung beziehen, die im Ereignis des Seins, von dem Heidegger spricht, stattfindet; vgl. z. B. M. Heidegger, *Vorträge und Aufsätze*, Pfullingen 1954, besonders »Das Ding«.

21 Vgl. J. Lacan, *Schriften*, übers. von N. Haas [u. a.], 3 Bde., Freiburg i. Br. 1973–79.

22 Vgl. dazu C. M. Leich / S. H. Holtzmann, »Communal Agreement and Objectivity«, die Einleitung zu dem von den beiden

Autoren herausgegebenen Band *Wittgenstein. To follow a rule* (London 1981).

23 Vgl. Gadamer, *Die Vernunft im Zeitalter der Wissenschaft* (s. Anm. 2), S. 71, 75 f.

24 Vgl. das Gespräch zwischen Gadamer und A. Fabris, »Interpretazione e verità«, in: *Theoria* (Pisa) 2 (1982) S. 157–175.

25 Vgl. M. Heidegger, *Holzwege*, Frankfurt a. M. 1950.

IX

Hermeneutik und Anthropologie

Im letzten Kapitel seines Buches *Philosophy and the Mirror of Nature*[1] übt Richard Rorty stringente Kritik an der Vermischung, die seiner Meinung nach bei Habermas zwischen Anthropologie und Transzendentalphilosophie stattfindet. Rorty bezieht sich besonders auf eine Stelle des Nachworts zur zweiten Auflage von *Erkenntnis und Interesse* (1973), an die auch hier erinnert werden sollte. Habermas schreibt: »Die Funktionen, die Erkenntnis innerhalb universaler lebenspraktischer Zusammenhänge hat, können ohne den *Unbedingtheits*anspruch der Wahrheit empiristisch zu hinterfragen, aussichtsreich, wie ich meine, nur im Rahmen einer transformierten Transzendentalphilosophie geklärt werden. Solange die Erkenntnisinteressen auf dem Wege einer Reflexion auf die Forschungslogik von Natur- und Geisteswissenschaften identifiziert und analysiert werden, können sie einen ›transzendentalen‹ Status beanspruchen; sobald sie jedoch als Resultat der Naturgeschichte gleichsam erkenntnis-anthropologisch begriffen werden, haben sie einen ›empirischen‹ Status«.[2] Rorty kommentiert diesen Text mit den Worten, daß »es keinen Sinn [hat], eine allgemeine synoptische ›Analyse‹ der ›Funktionen‹ angeben zu wollen, ›die Erkenntnis innerhalb universaler lebenspraktischer Zusammenhänge hat‹« und daß »eine Kulturanthropologie (im weitesten Sinne, also einschließlich einer Geistesgeschichte) [. . .] alles [ist], was wir brauchen.«[3]

Diese Kritik der – wenn man so sagen darf – »Transzendentalisierung« der Anthropologie, die nach meiner Auffassung auch die neueren Positionen von Habermas (und von Apel) charakterisiert,[4] scheint mir nützlich als Ausgangspunkt für eine Reflexion über Hermeneutik und Anthropologie, da diese von Rorty unter wesentlicher Zustimmung zu den

Ergebnissen des Denkens von Heidegger und Gadamer, also vom Gesichtspunkt der Hermeneutik aus, angestellt wurde. Sie bezeugt, daß die Hermeneutik in gewisser Weise dazu berufen ist, mit der Kulturanthropologie in engste Beziehung zu treten, ja man könnte sogar sagen, sich in diese aufzulösen. Bekanntlich reklamieren auch Habermas und Apel eine Beziehung zum Erbe der Hermeneutik Heideggerschen Ursprungs für sich, die vor allem Apel aus ihren inneren Grenzen befreien will, indem er sie von einer Theorie der unbegrenzten Kommunikation her im Sinne eines Apriori Kantischer Art neu begründet; aber gerade dann versagt sich die Hermeneutik, will sie ihren Heideggerschen Ursprüngen treu bleiben, jeder Wiederaufnahme unter transzendentaler Perspektive; Kantianismus und Neukantianismus sind ja gerade Momente jenes metaphysischen Denkens, über das Heidegger hinauswollte, ausgehend von einer Auffassung der Endlichkeit des Daseins, die sich um den Begriff der Geworfenheit*[5] artikulierte, als jedesmal radikal kontingente Qualifizierung des Entwurfs, innerhalb dessen die Dinge dem Dasein als Welt begegnen. Die Geworfenheit*, nicht abstrakt gedacht (wie noch in *Sein und Zeit* als Ansatz einer möglichen Heideggerschen »philosophischen Anthropologie«), sondern mit den geschichtlich-geschicklichen Eigenschaften ausgestattet, die in Heideggers Werken der dreißiger Jahre deutlich wurden und welche die Geworfenheit des Entwurfs identifizieren mit ihrem »Eingebettetsein« in eine geschichtlich bestimmte Sprache – diese Geworfenheit ist es, welche sich nur einer anthropologischen Betrachtungsweise im weiten, doch auch ziemlich spezifischen Sinne eröffnet, und darauf bezieht sich Rortys Kommentar. Wenn wir keine metaphysische Anthropologie mehr wollen – d. h. keine Beschreibung von allgemeinen Strukturen dessen, wie das Phänomen Mensch uns begegnet –, da wir die geschichtlich-geschickliche Geworfenheit des Daseins ernst nehmen, dann können wir den Diskurs nur im Sinn der Kulturanthropologie entwickeln – d. h. jener Kulturanthropologie, die, mit Habermas' Worten, welche auch im Heideggerschen Sinne verstanden werden können, die Erkenntnisinteressen (oder: die Entwürfe, die als Apriori eines jeden Bezugs des Menschen zur Welt fungieren) als Ergebnisse der Naturgeschichte betrachtet (oder, allgemeiner, als Ergebnis der Geschichte schlechthin: es ist ja wahrscheinlich, daß außerhalb der transzendentalen Betrachtungsweise auch die Unterscheidung zwischen Naturgeschichte und »Geschichte« keinen Sinn mehr hat; sagen wir also: als Ereignisse innerhalb des »Geschicks«*). Indem Rorty betont, daß die Hermeneutik auf diese Weise zur Kulturanthropologie berufen sei, isoliert er natürlich eine der Bedeutungen, welche die Anthropologie im Lauf ihrer Geschichte angenommen hatte, vielleicht jene entfernteste und (wir wir sehen werden) problematischste, aber wahrscheinlich auch charakteristischste: die Kulturanthropologie wird nämlich hier als Diskurs über die »anderen« Kulturen gedacht, und der Anthropologe erscheint als derjenige, der – um den Ausdruck von Remo Guidieri zu verwenden – »so weit wie möglich geht«[6]. Wahrscheinlich sind die anderen Modi, in denen sich der anthropologische Diskurs in der Geschichte unserer Kultur darstellt – nämlich als Bestimmung allgemeinster, allen Kulturen und Zivilisationen gemeinsamer Strukturen sowie als Diskurs des Archaischen –, lediglich abgeleitete Modi jenes ersten und grundlegenden Modus, der der Erfahrung der Begegnung mit *andersartigen* Zivilisationen entspricht, die vor allem in der Neuzeit kulturelle Bedeutung erlangt haben. Diese »Andersheit« wird in gewisser Weise »reguliert« oder, wenn man so will, exorziert, mit Hilfe des metaphysisch inspirierten Appells an eine gemeinsame Menschheit, an ein übergeschichtliches Wesen, in dessen Grenzen alle menschlichen Phänomene, und mögen sie noch so verschieden erscheinen, wieder Einzug finden; von hier aus – sei es als Alternative, sei es in Verbindung damit – öffnet sich der andere Weg, nämlich der der Systematisierung der anderen Kultur als primitiver oder archaischer (man findet das gemeinsame Wesen des Menschlichen nur wieder, wenn man gewissermaßen über die geschichtlichen Unterscheidungen hinausgelangt, die uns von ihr entfernt haben; oder anders ausgedrückt: die anderen Kulturen sind lediglich ältere Phasen der einzig wahren menschlichen Zivilisation, welche die Zivilisation der Völker ist, in der die Kulturanthropologie zum erstenmal die Würde eines wissenschaftlichen Diskurses annimmt). Unabhängig jedoch vom geschichtlichen Bezug zwischen diesen drei Hauptmodi der Ausgestaltung der Kulturanthropologie beansprucht die Hermeneutik, zumindest wie sie von Rorty eingesetzt wird, den ersten Modus, nämlich den, welcher die Anthropologie als Diskurs über die *anderen* Kulturen denkt; als Legitimation wird, außer Argumenten theoretischer Art, die einer bestimmten (gleich näher zu erläuternden) Definition zugehören, auch – wenngleich implizit – die inzwischen allgemein verbreitete Zurückweisung des ethno- bzw. eurozentrischen Vorurteils benutzt, das nicht nur in den oberflächlichsten Auffassungen des Primitiven als rückständiger Phase der einzigen Zivilisation am Werk ist, sondern wohl auch – wenngleich weniger explizit – in den Anthropologien des beschreibenden Typs sowie in der strukturellen Kulturanthropologie selbst: d. h. einerseits kann sich wahrscheinlich in der Tat der Begriff der Kulturbeschreibung selbst nicht als ein »neutraler«, transkultureller usw. Begriff darstellen (da er mit der Epistemologie der abendländischen Tradition verbunden ist); und andererseits rücken die begrifflichen Schemata, mittels deren sich eine solche neutrale Kulturbeschreibung entfalten soll (beginnend mit der Struktur der Verwandtschaft zum Beispiel), noch deutlicher jene Strukturen und Beziehungen als Basiselemente der Beschreibung in den Vordergrund, die immer wieder für *unsere* Kultur und Erfahrung grundlegend sind.

Rortys Position, von der wir ausgegangen sind, bevorzugt nicht nur eine bestimmte Art der Auffassung von Anthropologie oder, besser gesagt, trifft diese Auswahl aufgrund einer Auffassung von Hermeneutik, die der Klärung bedarf. Die

Hermeneutik wird bei Rorty als Gegenpol zur Epistemologie definiert (eben in dem schon erwähnten Werk *Philosophy and the Mirror of Nature*, dessen wichtigstes Thema die Kritik des Begründungsmodells der abendländischen Philosophie ist), und dieses Modell gipfelt in der Neuzeit in einer fortschreitenden Identifikation von Philosophie und Epistemologie (im Sinne einer Theorie des begründeten Bewußtseins – begründet nämlich in der Fähigkeit des Geistes, die Natur getreu zu widerspiegeln, oder jedenfalls nach einem stabilen, natürlichen usw. Schema zu funktionieren). Auch wenn es Schwankungen in Rortys Gebrauch des Ausdrucks »Epistemologie« gibt, die Gegenüberstellung, auf der seine Definition der Hermeneutik basiert, ist klar: die Epistemologie gründet sich auf die Voraussetzung, daß alle Diskurse untereinander kommensurabel und übersetzbar sind und daß die Begründung ihrer Wahrheit genau in der Übersetzung in eine Basis-Sprache besteht, nämlich in die der Widerspiegelung der Fakten; demgegenüber räumt die Hermeneutik ein, daß es eine solche einigende Sprache nicht gibt, und ist bemüht, sich die Sprache des andern anzueignen, statt diese in die eigene zu übersetzen. Die Hermeneutik ist eher so etwas wie das Kennenlernen einer Person, nicht so sehr wie das Verfolgen eines logisch konstruierten Beweises.[7] Epistemologie und Hermeneutik schließen sich zwar gegenseitig nicht aus, sie werden aber – zumindest in einer der Bedeutungen, die Rorty ihnen zuschreibt – in verschiedenen Bereichen angewandt: die Epistemologie ist der Diskurs der »normalen Wissenschaft«, während die Hermeneutik der Diskurs der »revolutionären Wissenschaft« ist.[8] »Erkenntnistheoretisch wird man sich verhalten«, so Rorty, »wo man ganz genau versteht, was vorgeht, die verstandene Praxis jedoch zu kodifizieren wünscht, um sie zu erweitern, zu sichern oder zu ›begründen‹. Hermeneutisch muß man sich verhalten, wo man nicht versteht, was vorgeht, und ehrlich genug ist, dies zuzugeben [. . .].«[9] Die Hermeneutik ist ein »Diskurs über noch-inkommensurable Diskurse«.[10] Es scheint daher klar, daß für Rorty die typische hermeneutische Kondition die ist, die man vielleicht mit dem Ausdruck Quines die der »radikalen Übersetzung« nennen könnte, auch wenn es gewiß nicht um Übersetzung geht, sondern um ein »Sichangleichen« an den Diskurs des Anderen; das trägt eher die Züge eines intuitiven Aktes (und bringt Rorty in die Nähe einer vielleicht zu romantischen Auffassung von Hermeneutik, wobei hier Probleme auftauchen, bei denen ich mich nicht aufhalten möchte).

Mit dieser Betonung der radikalen Andersheit, die den Ausgangspunkt des hermeneutischen Diskurses bildet, bestimmt Rorty gewiß einen der charakteristischen Grundzüge der Theorie der Interpretation. Auch historisch kann man die Meinung vertreten, daß die hermeneutische Theorie als spezifische Disziplin in der europäischen Kultur sich gerade in dem Augenblick entwickelt, wo mit dem Bruch der katholischen Einheit Europas das Problem des Mißverstehens* entscheidende Ausmaße auch auf der Ebene der Gesellschaft und der Kultur gewinnt (parallel und damit verbunden ist der Prozeß, der das Verhältnis zur klassischen Tradition betrifft)[11]. In der zeitgenössischen hermeneutischen Ontologie verwandelt sich nun das Zentrum der anfänglichen Kondition des Mißverstehens* in eine echte und eigentliche Auffassung vom Sein, die dieses mit den Grundzügen der Ereignishaftigkeit und Andersheit ausstattet. Sein gibt es – nach Heidegger – nur als »Zwiefalt«*, als »Entfaltung«;[12] es ist auch wahrscheinlich, daß einer der Modi, in denen die Zwiefalt* geschieht – oder vielmehr eher *der* Modus selbst, in der die Zwiefalt* geschieht –, eben die Situation der Interpretation ist, das Sichgeben [darsi] des Textes oder des Anderen ganz allgemein als Andersheit (liest man Heidegger so, dann könnten einige kontroverse Punkte gegenüber E. Levinas verschwinden)[13]. Wenn wir also das Risiko des Rückfalls in eine ontisierende Auffassung des Seins nicht eingehen wollen, läßt sich die ontologische Differenz nur als »Interferenz« oder, was dasselbe ist, als Dialog denken. Es gibt keine andere Erfahrung, keine andere Weise des »Sichgebens« [»darsi«]

des Seins (das übrigens nichts anderes ist als dieses »Sichgeben« [»darsi«]), außer dem Schock des anfänglichen Mißverstehens*, der bei den Auseinandersetzungen mit der Andersheit erfahren wird. (Um einen möglichen Weg für nachfolgende theoretische Entwicklungen zu öffnen, darf man daran erinnern, daß diese Erfahrung der Andersheit als Andersheit des Gesprächspartners, und nicht als einfache Fremdheit eines objektiven Bereiches, sich in unserer Kultur auch als Folge des Reifens der Metaphysik und der von ihr bestimmten Experimentalwissenschaft sowie der mit ihr verbundenen Epistemologie bestimmt: Andersheit nennen wir nicht (mehr) diejenige der Natur als Gegenstand der Wissenschaft, seitdem die Experimentalwissenschaft und die ihr entsprechende Epistemologie uns auf die Tatsache aufmerksam gemacht haben, daß diese scheinbare Andersheit nur die Objektivität des Objektes ist; von einem weitergehenden Standpunkt aus betrachtet könnte sich zeigen, wie die Hermeneutik auch positiv mit der Entwicklung der Metaphysik und der Wissenschaft zusammenhängt.)

Daß die Hermeneutik dazu berufen sei, sich in Anthropologie aufzulösen, wie Rorty zu meinen scheint, bringt freilich zahlreiche Probleme mit sich. Zunächst ist es nicht selbstverständlich, daß sich die Hermeneutik wirklich in jenem von Rorty bestimmten Sinne definieren läßt, auch nicht, daß die Anthropologie wirklich jene Wissenschaft von der Andersheit der Kulturen ist, wie sich das Rorty, im übrigen mit guten Gründen, vorstellt. Hier wird überhaupt nicht in reinen Begriffen einer theoretischen Definition gedacht: als ob man beweisen könnte, daß die Hermeneutik nicht dieses ist, sondern ...; und daß die Anthropologie in Wahrheit nicht dieses ist, sondern ... Es ist wahrscheinlicher, daß wir vor geschichtlich geschicklichen Bestimmungen, vor einem bestimmten »Wesen«*, d. h. vor einer geschichtlichen Konfiguration beider »Disziplinen« stehen. Die Erkenntnis, daß dieses Wesen* eventuell nicht mit den Definitionen übereinstimmt, von denen es ausgegangen ist, kann dann viel mehr bedeuten als die Korrektur eines theoretischen Fehlers, nämlich die Konfrontation mit einem Grundzug des »Geschicks«*. Rortys Entwurf stehen also eine Reihe von Schwierigkeiten entgegen. Was nun die Hermeneutik betrifft, so können wir uns darauf einlassen, indem wir einen der Punkte aufgreifen, die in Heideggers Dialog mit dem Japaner (in *Unterwegs zur Sprache*) am klarsten hervortreten. Dieser Dialog ist für unsere Thematik unter anderem deshalb besonders relevant, weil sich Heidegger wohl hier am deutlichsten um ein trans-kulturelles Verstehen bemüht, sozusagen eine Art anthropologisches Abenteuer eingeht. Eine der Erfahrungen, die Heidegger in diesem Dialog mit dem Japaner bezüglich der Sprache macht, wird mit dem Ausdruck *Ike* thematisiert, eine andere lautet, daß ein solcher Dialog mit den andersartigen Kulturen in seiner eigenen Möglichkeit von der »vollständigen Europäisierung der Erde und des Menschen« bedroht ist, als deren Folge »die Verblendung wächst«, welche »alles Wesenhafte in seinen Quellen«, alles ursprüngliche Wesen*, zu zerstören und zum Schweigen zu bringen droht.[14] Der Anthropologe wird sich seinerseits immer häufiger einer Bedingtheit bewußt, die der ganzen abendländischen Anthropologie seit ihrem Entstehen eigen ist, die aber heute gewissermaßen ihren äußersten Punkt erreicht: Tatsache ist, daß, wie Remo Guidieri schreibt, »die Okzidentalisierung der Welt nunmehr vollbracht ist«,[15] auch wenn dies nicht heißt, wie man bald sehen wird, daß die andersartigen Kulturen wirklich verschwunden sind. Die Okzidentalisierung fand auf der Ebene der Ausbreitung der politischen Herrschaft und vor allem der Verbreitung von Kulturmodellen statt; aber dieser politisch-kulturelle Aspekt wird von einem anderen begleitet, der einen mehr wissenschaftlichen und methodologischen Charakter hat – nämlich von der Tatsache, daß die sogenannten primitiven Gesellschaften als Gegenstände eines ganz von den »okzidentalen« Kategorien beherrschten Wissens behandelt werden. Das – so können wir präzisieren – nimmt der Kulturanthropologie nichts von ihrem wissenschaftlichen Charakter; im Gegenteil, erst die Anwendung dieser ganz und gar abendländischen Kategorien macht aus der Anthropologie eine Wissenschaft, d. h. einen Aspekt des metaphysischen Unternehmens der Reduktion der Welt auf die meßbare Objektivität. Gerade dies läßt freilich die Möglichkeit bezweifeln, Anthropologie als Diskurs über die anderen Kulturen aufzufassen. Was wiederum etwa der Feldforschung nichts von ihrer wissenschaftlichen Gültigkeit nimmt, die, vom Sein selbst in eine streng metaphysische wissenschaftliche Begrifflichkeit eingespannt, für sich einen deutlichen Unterschied etwa zu exotischer Neugier, zu Hingabe an individuelle Intuition, zu faul-träumerischer Lust an magischen Horizonten reklamiert. (Auch die touristischen Reiseführer handeln in diesem rationalisierenden Sinne: sie lassen uns keine Zeit verlieren; man sagt gewöhnlich: »Dieses Jahr habe ich Griechenland *gemacht.*«)

Ist es in dieser Situation, die einerseits von der Denkerfahrung der Philosophen, andererseits von der Forschererfahrung der Anthropologen bestimmt ist, noch sinnvoll, die von anthropologischer Seite propagierte Unterscheidung zwischen einer »klassischen« und einer »ethnographischen« Hermeneutik[16] aufrechtzuerhalten? Erstere wird charakterisiert als die Situation der Interpretation eines zeitlich weit zurückliegenden und schwierigen, aber stets innerhalb einer bestimmten Tradition stehenden Textes (der Ausdruck »klassisch« wird hier wörtlich verstanden); letztere hat nichts mit dem Verstehen von Texten zu tun, sondern eher mit globalen »Kon-Texten« (noch ohne echte Binnentexte im eigentlichen Sinn) und stellt somit etwas wie Quines »radikale Übersetzung« dar, worauf wir schon hingewiesen haben. Auch wenn man den grundlegenden Unterschied zwischen diesen beiden Arten von interpretatorischem Vorgehen – im Hinblick auf ihre spezifischen Schwierigkeiten sowie ihre Methodologien – nicht bestreiten kann, ist es zweifelhaft, ob die Unterscheidung so radikal auffallen muß; es handelt sich, um es noch einmal zu sagen, durchaus nicht um die Erkenntnis eines theoretischen, begrifflichen Fehlers, sondern um die Wahrnehmung eines Geschehens, das – unserer Meinung nach – als »Geschick«* des Seins aufgefaßt werden kann. Wenn das gilt, was über die – *wahrscheinlich* zu Beginn der Kulturanthropologie und *sicherlich* noch heute wirksame – Okzidentalisierung gesagt wurde, dann müssen wir erkennen, daß in jeder anthropologischen Feldforschung immer schon ein Kontext gegeben ist, der den Anthropologen mit seinem Beobachtungsfeld in Beziehung setzt (auch im negativen Sinne, indem er etwa Hindernisse errichtet): Es ist vor allem der Kontext des politischen (kolonialen, postkolonialen usw.) Verhältnisses, der sich sowohl beim Anthropologen als auch beim Kultur-Gegenstand in eine Reihe von Bewußtseinsinhalten übersetzt. Dies ist die Bedingung, unter der die Kulturanthropologie faktisch immer gearbeitet hat, während die Situation, einem »ganz anderen« Anderen begegnen zu müssen, sich als eine ideale oder fast schon ideologische enthüllt.[17]

Die Erkenntnis, daß die Bedingung einer Begegnung mit radikaler kultureller Andersartigkeit – so der Inhalt des Begriffs »ethnographische Hermeneutik« sowie des Anthropologiebegriffs, wie ihn Rorty beschreibt – in Wahrheit ein mit ideologischen Bedingtheiten belastetes Ideal ist, öffnet den Weg für einen weiteren Schritt des Diskurses, der sich nicht darauf beschränkt, die Okzidentalisierung als ein Geschehnis zu verwerfen, das durch den Triumph des imperialistischen Kapitalismus in Verbindung mit der Wissenschaft und Technik der Epoche der vollendeten Metaphysik verursacht ist. Wie die Anthropologie begründete Verdachtsmomente bezüglich des ideologischen Charakters des Ideals einer Begegnung mit den radikal anderen Kulturen hegt, so macht auch die Hermeneutik die Erfahrung, daß der Traum einer radikalen Andersartigkeit – sei es auf der theoretischen, sei es auf der geschichtlich-geschicklichen Ebene – nach Heideggers Worten »ausgeträumt«* ist. Auf der theoretischen Ebene muß man sich auf das – bei Heidegger immer wiederkehrende – Geflecht zwischen den Begriffen Dialog und Selbstheit, »das Selbe«*, berufen; dieses Geflecht findet beispielhaften Ausdruck in Hölderlins Versen, die Heidegger 1936 in »Hölderlin und das Wesen der Dichtung« zu kommentieren beginnt: »Viel hat erfahren der Mensch, / Der Himmlischen viele genannt, / Seit ein Gespräch wir sind / Und hören können voneinander«[18]. Dabei thematisiert er besonders das »ein«, d. h. die Tatsache, daß der Dialog nur *ein* Dialog sein kann. Die Frage nach dem Verhältnis zwischen Andersheit und Selbstheit läßt sich nicht einfach lösen, indem die beiden Pole isoliert werden, der eine als Beginn, der andere als Schluß des Dialogs: das zeigt sich darin, daß die Interpretationstheorie den hermeneutischen Zirkel wiederholt betont.

Stellen wir uns jetzt zwei Fragen: (a) Wie verträgt sich diese Heideggersche Betonung der Selbstheit, des Selben*, mit der hermeneutischen Auffassung des Seins als Ereignishaftigkeit und Andersheit? (b) Wie ist das Verhältnis von hermeneutischer Entdeckung der Selbstheit, die jedem Dialog zugrunde liegt, und faktischer Einigung der Welt, die sich in der Europäisierung der Erde sowie des Wesens des Menschen selbst entfaltet?

Wahrscheinlich lassen sich diese beiden Fragen nicht getrennt voneinander beantworten. An ihrem Ursprung selbst steht die Tatsache, daß die Hermeneutik als technische Disziplin sich in einer Epoche thematisiert, in der die Einheit der europäischen Tradition zerbricht – in der Epoche der Reformation, der mehr oder weniger auch der Beginn der Begegnung mit anderen Kulturen entspricht (oder zumindest der Augenblick, in dem diese Begegnung nicht mehr nur als Erfahrung des Fabelhaften, Schrecklichen und Barbarischen gesehen wird) –, daß sie sich aber als philosophische Theorie nicht in einer Epoche radikaler Andersheit entwickelt, vielmehr in derjenigen, in der sich die metaphysische, wissenschaftlichtechnische Vereinheitlichung der Welt vollzieht. Die beiden Pole – oder auch die beiden Forderungen –, zwischen denen sich die Hermeneutik bewegt, sind die radikale Andersheit und die Zugehörigkeit; beide lassen sich nicht als getrennte, anfängliche und abschließende, Momente des Prozesses denken, weil sie vielmehr in einem zirkulären Verhältnis zueinander stehen.

Die Frage (a) – wie sich in der hermeneutischen Ontologie die Ereignishaftigkeit und Andersheit des Seins mit der Selbstheit verträgt, die dem Dialog zugrunde liegt – läßt sich theoretisch ohne Schwierigkeit beantworten, indem man dem Heideggerschen Selbst – nicht nur provokatorisch – den Status einer Kette von Familienähnlichkeiten à la Wittgenstein zuschreibt (ein Lösungsversuch, dem Hermeneutiker wie Rorty wohl ohne weiteres zustimmen könnten). Will man aber dieses Problem umfassender diskutieren, dann müssen beide Fragen in ihrer Wechselwirkung betrachtet werden.

Beginnen wir also mit der, wie ich glaube, nicht ganz unbegründeten Hypothese, daß die Hermeneutik als spezifische philosophische Position (die hermeneutische Ontologie, wenn man will), sich in einer geschichtlich-kulturellen Situation entwickelt, in der faktisch der Dialog nicht aufgrund der großen Entfernung zwischen den Teilnehmern, sondern aufgrund einer Angleichung [omologazione], die ihn bedeutungslos und überflüssig macht, schwierig geworden ist. Nicht zufällig ist die hermeneutische Ontologie auch diejenige unter den zeitgenössischen Philosophien, die den philosophischen (nicht nur etwa den geschichtlich-politischen) Sinn des Homologisierungsprozesses, der unsere Zivilisation beherrscht, besonders aufmerksam sucht (das gilt zumindest für Heidegger). Diese Aufmerksamkeit erklärt sich nicht nur mit dem Willen, der Kondition der Enthumanisierung, in der aufgrund der Okzidentalisierung und Homologisierung (Technik, Kapitalismus, Imperialismus) »die Wüste wächst«, eine mögliche ideale Kondition des »authentischen« Dialogs entgegenzusetzen; dieser würde sich einstellen, wenn mit dem Abschluß des Interpretationsprozesses die anfängliche Erfahrung radikaler Andersheit sich in eine neue Einheit (identifiziert mit dem Ereignis des Seins selbst) verwandelte. Einer solchen Vereinfachung der ontologisch-hermeneutischen These widerstrebt die mehrdeutige Verwicklung von Dialogizität und Selbstheit, die ihre erste Wurzel im hermeneutischen Zirkel hat. Die Ereignishaftigkeit des Seins ist nicht von ihrem Grundzug des Geschicks* zu trennen. Im Geschick* des Seins kehrt nun auch die metaphysische Angleichung [omologazione] der abendländischen Welt wieder, die also nicht nur als Bedingung der Entfremdung gegenüber einer angeblichen und metaphysisch beschriebenen Kondition von Authentizität beschreibbar ist.

Man kann also die Hermeneutik (auch auf der Basis von weitergehenden, anderorts entwickelten Diskussionen) nicht im Sinne einer Theorie der radikalen Neuheit des Seins denken, die seinem sich »entfremdeten« Wesen unter der Bedingung der metaphysischen Angleichung [omologazione] der Erde entgegengesetzt wäre.

Und nun? Nun ist es möglich, daß beide Fragen (a) und (b) in eine komplexere Denkrichtung weisen: In der Zweideutigkeit, in die die Hermeneutik zwischen Neuheit und Selbstheit gerät, sowie in der Erkenntnis, daß die metaphysische Angleichung [omologazione] der Welt nicht bloß die Zerstörung der authentischen Kondition des Dialogs ist, sondern vielleicht eine »Bedingung« darstellt (sei es als De-facto-Zustand, sei es als Bedingung der Möglichkeit, die sich im Endergebnis zeigt), verbirgt sich vielleicht das zutage tretende Faktum, daß die Hermeneutik selbst *eine Form der Auflösung des Seins* in der Epoche der vollendeten Metaphysik ist.

Die Erfahrung, welche die Hermeneutik mit der Anthropologie macht (indem sie eine Art Identifizierung und Auflösung in ihr sucht, wie wir bei Rorty gesehen haben), wird von hier aus gesehen zu einer enttäuschenden Erfahrung, die eine Reifung verursacht. Die Hermeneutik sucht die Anthropologie als Diskurs der radikalen Andersheit; aber die Anthropologie interpretiert sich nicht (mehr?) als dieser Ort der Andersheit und begreift sich selbst als ein innerer Aspekt des allgemeinen Okzidentalisierungs- und Angleichungsprozesses – eines Prozesses, der als ein Verlust erscheint, übrigens aber nur vom Standpunkt des Ideals, das seinerseits als ideologisch entlarvt wurde. Dieser Wechsel in der Anthropologie wirkt auf die Hermeneutik wie ein nachträglicher Aufruf, über die zutage getretenen Probleme des Bezugs zwischen den Fragen (a) und (b) in weniger emphatischer oder »metaphysischer« Weise nachzudenken. Angetreten, um in der Anthropologie den idealen Verifizierungsort der eigenen Seinsauffassung als Ereignishaftigkeit und Andersheit zu suchen, findet sich die Hermeneutik statt dessen zurückverwiesen, über die Bedeutung der Andersheit sowie über ihren Bezug zur metaphysischen Angleichung [omologazione] der Welt nachzudenken.

Ein solcher Bezug ist seinerseits doppeldeutig, so wie auch die Erfahrung der Anthropologen doppeldeutig ist, die entweder die evolutionistische (euro- oder ethnozentristische) Perspektive oder die Illusion von einem möglichen Dialog oder Spiel zwischen unterschiedlichen Kulturen widerlegen wollen. Dieser Bezug ist sozusagen das Zu-denken, welches uns auch die anthropologische Erfahrung, wenngleich nicht in der Form einer einfachen sich wiederholenden Bestätigung, vor Augen stellt. Man kann der Anthropologie als wissenschaftlicher Beschreibung der kulturellen Konstanten – die tief geprägt ist von der metaphysischen Idee der Wissenschaft und konkret von der abendländischen Beherrschung des Planeten – nicht das Ideal einer Anthropologie im Sinne des Ortes der authentischen Begegnung mit dem Anderen entgegensetzen, nach einem Modell, das zu vereinfacht und optimistisch die Anthropologie zur Erbin der Philosophie machen würde, nach dem Ende der metaphysischen Epoche und der Durchsetzung einer hermeneutischen Perspektive. Eine Hermeneutik, welche die Dinge so betrachtet, berücksichtigt nicht die Art und Weise, wie sich die Anthropologie selbst erlebt; sie verrät aber vor allem die eigene theoretische Berufung, die eine viel komplexere Verflechtung zwischen Ereignishaftigkeit-Andersheit und Selbstheit impliziert, eine Verflechtung, die auch eine weniger oberflächliche Betrachtung der metaphysischen Angleichung [omologazione] erfordert.

Außer diesem Verweis auf die Beziehung zwischen Ereignishaftigkeit und Selbstheit hat der Dialog der Hermeneutik mit der Anthropologie vielleicht auch noch eine andere Bedeutung. Wenn es uns tatsächlich gelingt zu verstehen, was es mit dem Gegenstand der Anthropologie in der Situation der allgemeinen Angleichung [omologazione] des Planeten auf sich hat (einer Situation, in der sich gezeigt hat, daß auch die beschreibende Wissenschaftlichkeit dieser Disziplin entweder mit dem Horizont der Metaphysik oder faktisch mit der abendländischen Herrschaft der Welt untrennbar verbunden ist), kann es sein, daß wir auch – wie Heidegger in seinem Dialog mit dem Japaner – einige Hinweise darauf erhalten, wie die Ausübung des hermeneutischen Denkens in der Epoche am Ende der Metaphysik zu denken ist.

Ich gehe nochmals von dem schon behandelten kurzen Text von Guidieri aus. Im Unterschied zu dem, was die meisten Philosophen (Heidegger vor allem) über die Formen der Okzidentalisierung des Planeten denken, macht Guidieri darauf aufmerksam – indem er übrigens auf aktuelle anthropologische Erfahrungen zurückgreift –, daß die Okzidentalisierung nicht das einfache Verschwinden der anderen Kulturen mit sich bringt: »Diejenigen, die den Tod der Kulturen laut beklagten, haben weder wissen noch sehen wollen, daß sich diese Kulturen selbst, besessen wie wir vom Mythos des Überflusses, auf noch ihnen jeweils eigene Art in das abendländische Universum eingefügt haben. So paradox, irrational oder auch karikaturhaft sich das ansehen mag, es zeugt von den alten Gebräuchen und der Verpflichtung auf Kulturformen, aus denen man die eigene Möglichkeit gewinnt. Die nicht-westliche Welt ist ein riesiger Steinbruch von Überlebensformen unter Bedingungen, die noch analysiert werden müssen.«[19] Indem die Ethnologie von dieser Situation Kenntnis nimmt, zeigt sie auch gelegentlich die – ideologisch bedingte – Neigung, diese Welt der Überlebensformen als Gegenstand des eigenen Studiums zurückzuweisen, während sie das Trugbild des rein Primitiven weiterhin idealisiert, ein Trugbild, das sie sich als »Träger der Werte, die sie selbst nährt und verteidigt (und an denen es dem Abendland tatsächlich mangelt): Maß, Ordnung, Sicherheit, Mäßigung usw.«, geschaffen hat; diese Ethnologie widmet sich der Verteidigung der Authentizität der anderen Kulturen, indem sie glaubt, daß sie damit die Werte dieser Kulturen verteidigt; hingegen sind unübersehbar vor allem ein ganzes Bündel von zeitgenössischen »Strömungen« der Primitivität, »hybride Formen [. . .], Überlebensformen, von der Moderne kontaminiert [contaminato], Marginalien der Gegenwart, die sowohl die Gesellschaft der Dritten Welt als auch die Ghettos der Industriegesellschaft umfassen.«[20]

Hier haben wir nun vielleicht jenes Mehr (außer dem bloßen Verweis auf bestimmte eigene theoretische Inhalte), das die Hermeneutik aus dem Dialog mit der Anthropologie gewinnen kann: eine entscheidende Modifizierung des etwas manieristischen Bildes (allerdings mit berühmten Vätern wie Spengler, Weber, bis hin zu Gehlen), das sie sich von der Europäisierung des Planeten in der Epoche des Triumphes der Metaphysik macht. Was wir vorfinden, ist nicht die totale Organisation der Welt in starren technologischen Schemata, sondern »ein riesiger Steinbruch von Überlebensformen«, die – im Zusammenwirken mit der ungleichen Verteilung von Macht und Ressourcen auf planetarischer Ebene – das Anwachsen marginaler Situationen, welche die Wahrheit des Primitiven in unserer Welt sind, ermöglichen. Die hermeneutische – aber auch die anthropologische – Illusion, dem Anderen zu begegnen, mit all ihren theoretischen Beteuerungen, muß mit einer gemischten Realität rechnen, in der die

Andersheit sich vollzogen hat, aber nicht zugunsten der erträumten totalen Organisation, sondern eines Zustandes allgemein verbreiteter Kontaminationen. Mehr noch als der Bruch Europas mit der traditionellen christlichen Einheit mag diese Bedingung dafür verantwortlich sein, daß sich die Hermeneutik zwar als technische Disziplin herausbildete, aber nun zur *Ontologie* entwickelt. Wenn wir nach der möglichen Beziehung zwischen der Selbstheit des hermeneutischen Dialogs und der metaphysischen Angleichung [omologazione] fragen, müssen wir dies berücksichtigen; denn zumindest einer der beiden Bestandteile der zu denkenden Beziehung, die Angleichung [omologazione], hat sich geändert; und zwar, wie ich meine, in einem entscheidenden Sinne: im Horizont einer Ontologie der Ereignishaftigkeit und Andersheit ist die einzige Form von Selbstheit, die angenommen werden kann, ohne in die metaphysische Identifizierung des Seins mit einem Seienden zurückzufallen, genau diese schwache, kontaminierte Selbstheit – sicherlich nicht die eiserne Einheit der totalen Organisation der metaphysisch-technischen Welt, und auch nicht irgendeine »authentische« Einheit, die dieser diametral entgegengesetzt ist. Im Selbstbewußtsein der gegenwärtigen Kulturanthropologie, die sich der Marginalität des Primitiven – und jeder andersartigen Kultur – in unserer Welt gegenübersieht, erproben wir vielleicht die Doppeldeutigkeit des Heideggerschen Ge-Stells*, des Ortes der äußersten Gefahr, aber auch des »ersten Aufblitzens des Ereignisses*«.[21]

Mit diesen aus der anthropologischen Erfahrung gewonnenen – und, wie sich versteht, in einem sehr allgemeinen Sinne wiederaufgenommenen – Hinweisen könnten wir zum Dialog Heideggers mit dem Japaner zurückkehren, in dem die Bemühung zu denken, ohne der Metaphysik in die Falle zu gehen, sich als Verzicht auf Begriffe, Zeichen und Chiffren, dafür aber als Versuch, »Winken«* und »Gebärden«* zu folgen, zu erkennen gibt. Die metaphysische Denkart setzt sich dennoch bis zu einem gewissen Grad als »unvermeidlich«

durch; in dieser Hinsicht stellt sich die Befolgung des Weges der Winke als ein »Seitenpfad«* dar. Diese ganze mühsame Suche (in *Unterwegs zur Sprache*) nach nicht-metaphysischen Bedeutungsweisen (die keine Zeichen im Sinne der »bloßen Bezeichnung« sein sollen), erscheint im Licht des bisher Gesagten deutlich als nicht rückführbar auf einen bestimmten mystifizierenden Geschmack Heideggers; sie läßt sich aber auch nicht auf eine starke Auffassung der »Selbigkeit«* zurückführen, die sich als anderer, authentischer Pol – gegenüber dem nicht-authentischen der Verwüstung der Welt seitens des Abendlandes – nur durch Winke fassen ließe. Winke und Gebärden sind – und hier ist es nicht nötig, dem Buchstaben Heideggers um jeden Preis zu folgen – die Bedeutungsweisen, die der Welt entsprechen, in der – in der Zweideutigkeit des Ge-Stells* – sich Selbstheit des ontologischen Geschicks* und spät-metaphysische Angleichung [omologazione] der Menschheit, im Sinne der »Steinbrüche von Überlebensformen«, immer weniger voneinander unterscheiden, während sie dafür in ihrer Einheit genau das Geschick* darstellen – das Schicksal und die Schickung, in dem das Sein, sich in seine starke Selbstheit auflösend, wirklich von der Metaphysik und in gewisser Weise auch von sich selbst Abschied nimmt.

Die Schwierigkeit, die klassische von der ethnographischen Hermeneutik in dieser Welt zu unterscheiden, erweist sich nicht bloß als eine theoretische Schwierigkeit; es handelt sich vielmehr um einen ebenfalls geschicklichen Grundzug. So wie die Kondition der radikalen Andersheit der anderen Kulturen sich als ein vielleicht niemals verwirklichtes und sicherlich für uns unrealisierbares Ideal erweist, so verlieren allmählich – durch den Prozeß der Angleichung–Kontamination [omologazione–contaminazione] – auch die unserer Tradition zugehörigen Texte, die »Klassiker« im wörtlichen Sinne, an denen unser Menschsein sich immer gemessen hatte, ihre Gültigkeit als Modelle, und auch sie gehen in den großen Steinbruch der Überlebensformen ein. Es handelt sich um einen Prozeß, den man aus Liebe zur Theorie womöglich übertreibt und mythisiert: aber dies sind zumindest die Grundrichtungen; wir müssen sie gewiß noch besser analysieren, aber wir fangen immerhin an, von ihnen Kenntnis zu nehmen. Die Problematik des Zweiten Stücks von Nietzsches *Unzeitgemäßen Betrachtungen* – »Vom Nutzen und Nachteil der Historie für das Leben« (losgelöst allerdings von den Schlußfolgerungen, auf die Nietzsche selbst im Laufe seiner nachfolgenden Entwicklung verzichtete) – erweist sich hier noch einmal als entscheidend für die Bestimmung des geschichtlich-geschicklichen Ortes der europäischen Kultur. Der große Steinbruch von Überlebensformen unterscheidet sich nicht allzusehr von dem Magazin der Theaterkostüme, mit dem Nietzsche den »Garten der Geschichte« vergleicht, in dem der Mensch des 19. Jahrhunderts sich tummelt, wobei er dort keine starke Identität, sondern nur eine Verfügbarkeit von »Masken« findet. All dies geschieht, wie wir zu Recht annehmen können, wenn wir an die Erfahrung der Anthropologie sowie an die Kondition des Primitiven als Ghetto und Marginalie denken, ohne daß irgendwelche »dionysischen«, spielerischen oder auch sozusagen »deleuzianischen« Bedeutungen impliziert wären. Die Welt der hermeneutischen Ontologie (Genitivus subiectivus und obiectivus) ist weder der »eiserne Käfig« der totalen Organisation noch die Glorifizierung von Deleuzes Simulakrum[22]: sie ist vielmehr die Welt des verwirklichten Nihilismus, in der das Sein nur in der Form der Verarmung eine Chance hat, sich als authentisch zu wiederholen – gemeint ist nicht die Armut der Askese, die mit dem Mythos verbunden ist, daß am Ende doch noch der strahlende Kern des wahren Wertes gefunden wird, sondern die Armut des Unscheinbar-Marginalen, der Kontamination [contaminazione], die als einzig möglicher Ausweg* aus den, wie auch immer getarnten, Träumen der Metaphysik erscheint. (Vielleicht ist auch der *cargo cult* ein »erstes Aufblitzen des Ereignisses*«.) Die Anthropologie – und auch die Hermeneutik – ist weder die Begegnung mit der radikalen

Andersheit noch die wissenschaftliche »Systematisierung« des menschlichen Phänomens im Sinne von Struktur; sie entfaltet sich wahrscheinlich in ihrer Form – der dritten von denen, die sie, historisch gesehen, in unserer Kultur bestimmt haben – des Dialogs mit dem Archaischen – jedoch auf die einzige Weise, wie sich die *arche* in der Epoche der vollendeten Metaphysik darstellen kann: als Form des Überlebens, der Marginalität und der Kontamination.

Anmerkungen

1 Vgl. R. Rorty, *Philosophy and the Mirror of Nature*, Princeton 1979 (dt.: *Der Spiegel der Natur: eine Kritik der Philosophie*, übers. von M. Gebauer, Frankfurt a. M. 1987).
2 J. Habermas, *Erkenntnis und Interesse*, Frankfurt a. M. [2]1973, S. 410.
3 Rorty (s. Anm. 1) S. 412.
4 Vgl. dazu G. Vattimo, *Jenseits vom Subjekt*, übers. von S. Puntscher Riekmann, Graz/Wien 1986, Kap. 4.
5 Zu diesem sowie zu anderen Heideggerschen Begriffen, die hier angesprochen werden, vgl. G. Vattimo, *Introduzione a Heidegger*, Bari [3]1982.
6 Vgl. R. Guidieri, »Les sociétés primitives aujourd'hui«, in: Ch. Delacampagne / R. Maggiori (Hrsg.), *Philosopher: les interrogations contemporaines*, Paris 1980.
7 Vgl. Rorty (s. Anm. 1) S. 347 f.
8 Vgl. Th. S. Kuhn, *Die Struktur wissenschaftlicher Revolutionen* übers. von K. Simon, Frankfurt a. M. 1973.
9 Rorty (s. Anm. 1) S. 349.
10 Ebd., S. 373.
11 Dies erklärt die zentrale und grundlegende Bedeutung des Mißverstehens* im Sinne des normalen Ausgangspunkts eines jeden Verstehens, in Schleiermachers Hermeneutik. Vgl. seine *Hermeneutik* (hrsg. von H. Kimmerle, Heidelberg 1959).
12 Zum Ausdruck »Zwiefalt«* vgl. M. Heidegger, *Vorträge und Aufsätze*, Pfullingen 1954, sowie Heidegger, *Unterwegs zur Sprache*, Pfullingen 1959, S. 118.
13 Von E. Lévinas vgl. vor allem *Totalité et infini*, Den Haag 196

(dt.: *Totalität und Unendlichkeit*, übers. von W. N. Krewani, Freiburg i. Br. / München 1987); und *Autrement qu'être ou au-delà de l'essence*, Den Haag 1978.

14 Vgl. Heidegger, *Unterwegs zur Sprache* (s. Anm. 12), S. 103 f.

15 Guidieri (s. Anm. 6) S. 60. Über die »Marginalität« der anderen oder »ethnographischen« Kulturen in der gegenwärtigen Welt in bezug auf die Forderung nach Identität vgl. F. Pellizzi, »Misioneros y cargos: notas sobre identidad y aculturación en los altos de Chiapas«, in: *América indígena* (México) 42 (1982) Nr. 1.

16 Ich beziehe mich auf den Vorschlag von R. Guidieri in einem im Mai 1982 an der Universität Turin gehaltenen (unveröffentlichten) Vortrag.

17 Vgl. Guidieri (s. Anm. 6) S. 62 f.

18 M. Heidegger, »Hölderlin und das Wesen der Dichtung«, in: M. H., *Erläuterungen zu Hölderlins Dichtung*, Frankfurt a. M. ^{7}1986.

19 Guidieri (s. Anm. 6) S. 60.

20 Ebd., S. 62.

21 Vgl. M. Heidegger, *Identität und Differenz*, Pfullingen 1957, S. 27.

22 Vgl. G. Deleuze, *Différence et répétition*, Paris 1968.

X

Nihilismus und Postmoderne in der Philosophie*

1. Wenn eine Abhandlung über die Postmoderne in der Philosophie nicht eine bloß rhapsodische Suche nach denjenigen Zügen der zeitgenössischen Philosophie sein will, die man in die Nähe dessen rücken kann, was sich auf anderen Gebieten – von der Architektur über die Literatur bis hin zur Kunstkritik – dieses Namens bedient, dann sollte sie sich meines Erachtens von einem durch Heidegger in die Philosophie eingeführten Begriff leiten lassen, nämlich dem der Verwindung.* Heidegger benutzt das Wort »Verwindung«* – im übrigen ziemlich selten (einmal in *Holzwege*, dann in einer Abhandlung der *Vorträge und Aufsätze* und vor allem im ersten der beiden Aufsätze von *Identität und Differenz*) –, um etwas der Überwindung*, also dem Überschreiten [superamento] oder Übersteigen [oltrepassamento] Analoges zu bezeichnen, was sich davon aber insofern unterscheidet, als es weder von der dialektischen Aufhebung* noch von dem Hinter-sich-Lassen etwas an sich hat, wie es das Verhältnis zu einer Vergangenheit charakterisiert, die uns nichts mehr zu sagen hat. Es ist nun genau der Unterschied zwischen Verwindung* und Überwindung*, der uns helfen kann, das »post« der Postmoderne philosophisch zu bestimmen.

Der erste Philosoph, der von Verwindung* spricht, auch wenn er sich natürlich nicht dieses Wortes bedient, ist nicht Heidegger, sondern Nietzsche. Man kann mit Recht behaupten, daß die philosophische Postmoderne im Werk Nietz-

* Dieser Aufsatz wurde von Wolfgang Welsch unter Mitarbeit von Bettina Hesse aus dem Italienischen übersetzt. Die Übersetzung wurde vom Herausgeber an drei Stellen leicht modifiziert; gelegentlich wurden – gemäß der Handhabung in dieser Ausgabe – italienische Begriffe zur Verdeutlichung hinzugesetzt.

sches entsteht, und zwar genau in dem Zwischenraum, der das Zweite Stück der *Unzeitgemäßen Betrachtungen*, »Vom Nutzen und Nachteil der Historie für das Leben« (1874), von der Werkgruppe trennt, die wenige Jahre später durch *Menschliches, Allzumenschliches* (1878) eröffnet wird und *Morgenröte* (1881) und *Die fröhliche Wissenschaft* (1882) einschließt. In der Unzeitgemäßen Betrachtung über die Historie wirft Nietzsche zum ersten Mal das Problem des *Epigonentums* auf, das heißt des Übermaßes an historischem Bewußtsein, das den Menschen des 19. Jahrhunderts (man könnte sagen: den Menschen des Anfangs der Spätmoderne) quält und hindert, etwas geschichtlich wirklich Neues hervorzubringen. Vor allem hindert es ihn daran, einen eigenen Stil zu besitzen, weshalb dieser Mensch gezwungen ist, die Formen seiner Kunst, seiner Architektur und der Mode dem großen Theaterfundus zu entnehmen, zu dem die Vergangenheit für ihn geworden ist. All das bezeichnet Nietzsche als historische Krankheit, und er ist, zumindest zur Zeit der Zweiten Unzeitgemäßen Betrachtung, davon überzeugt, daß man mit Hilfe der »überhistorischen« oder »äternisierenden Mächte« von Religion und Kunst, und insbesondere durch die Wagnersche Musik, einen Ausweg daraus finden kann. Bekanntlich markiert *Menschliches, Allzumenschliches* dann den Abschied von diesen in Wagner und die erneuernde Kraft der Kunst gesetzten Hoffnungen. Doch auch Nietzsches Einstellung zur historischen Krankheit unterliegt von diesem Werk an einschneidenden Veränderungen. Beobachtete er in der Unzeitgemäßen Betrachtung von 1874 noch mit Schrekken, daß der Mensch des 19. Jahrhunderts die Stilarten der Vergangenheit übernimmt, um seine Umgebung und die eigenen Werke, die er wie Theatermasken beliebig auswählt, zu stilisieren, so schreibt Nietzsche viele Jahre später auf einem seiner Anfang Januar 1889 von Turin aus an Burckhardt gesandten Wahn-Zettel, »daß im Grund jeder Name in der Geschichte ich bin«.[1] Obwohl eine solche Feststellung schon in den Kontext des psychischen Zusammenbruchs gehört, von dem Nietzsche sich nicht wieder erholen wird, kann man sie sehr wohl als ungebrochenen Ausdruck einer Position ansehen, die er der Geschichte gegenüber seit *Menschliches, Allzumenschliches* einnimmt.

In diesem Werk stellt sich das Problem, einen Ausweg aus der historischen Krankheit zu finden, oder genauer gesagt: das Problem der als Dekadenz beschriebenen Moderne auf völlig neue Weise. Während die Schrift von 1874 auf übergeschichtliche und äternisierende Mächte zurückzugreifen gedachte, wird in *Menschliches, Allzumenschliches* eine regelrechte Auflösung der Moderne vollzogen, und zwar auf dem Weg der Radikalisierung eben der diese Moderne selbst konstituierenden Tendenzen. Wenn sich die Moderne als das Zeitalter der Überwindung definiert, als Zeitalter des Neuen, das veraltet und umgehend von einer neueren Neuigkeit ersetzt wird, und zwar in einer unaufhaltsamen Bewegung, die jegliche Kreativität im gleichen Moment entmutigt, in dem sie sie als einzige Lebensform verlangt und auferlegt –, wenn dem so ist, dann kann man die Moderne nicht verlassen, indem man sie zu *überwinden* gedenkt. Die Berufung auf die äternisierenden Mächte deutet auf dieses Erfordernis hin, einen anderen Weg zu finden. Nietzsche sieht – bereits in der Abhandlung von 1874 – ganz klar, daß die Überwindung eine typisch moderne Kategorie und daher gänzlich ungeeignet ist, einen Ausweg aus der Moderne anzugeben. Nicht nur ist die Moderne durch die Kategorie der zeitlichen Überwindung bestimmt (die unvermeidliche Aufeinanderfolge der historischen Phänomene, deren sich der moderne Mensch aufgrund des Übermaßes an Historie bewußt wird), sondern sie ist – in sehr strenger Konsequenz daraus – auch durch die Kategorie der kritischen Überwindung bestimmt. In der Tat führt die Zweite Unzeitgemäße Betrachtung den relativistischen *Historismus*, der die Geschichte als bloße zeitliche Aufeinanderfolge begreift, auf die Hegelsche Geschichtsmetaphysik zurück, die den historischen Prozeß als Prozeß der Aufklärung* begreift, als zunehmende Erhellung des Bewußtseins und Absolutwerdung des Geistes. Wahrscheinlich liegt darin der Grund, weshalb Nietzsche schon in der Zweiten Unzeitgemäßen Betrachtung den Ausweg aus der Moderne nicht als Ergebnis einer kritischen Überwindung denken kann, sondern auf den Mythos und die Kunst zurückgreift. *Menschliches, Allzumenschliches* bleibt dieser Auffassung der Moderne grundsätzlich treu; aber Nietzsche denkt jetzt nicht mehr an einen Ausweg mittels äternisierender Mächte, sondern sucht die Auflösung der Moderne durch die Radikalisierung ihrer eigenen Tendenzen zu bewirken.

Die Radikalisierung besteht in folgendem: *Menschliches, Allzumenschliches* geht von dem Vorsatz aus, eine Kritik der obersten Werte der Kultur durchzuführen, und zwar – diesseits jeglicher Sublimation – auf dem Weg einer »chemischen« Reduktion (vgl. Aph. 1) dieser Werte auf die sie konstituierenden Elemente. Dieses Programm einer chemischen Analyse führt jedoch, wenn man es bis ins letzte durchführt, zu der Entdeckung, daß die Wahrheit, in deren Namen die chemische Analyse sich legitimierte, selbst ein Wert ist, der sich auflöst. Der Glaube an die Überlegenheit der Wahrheit über die Unwahrheit oder den Irrtum ist ein Glaube, der sich in bestimmten Lebenssituationen durchgesetzt hat (Unsicherheit, *bellum omnium contra omnes* in den Anfangsphasen der Geschichte usw.) und der sich andererseits auf die Überzeugung gründet, der Mensch könne die Dinge »an sich« erkennen, was sich jedoch als unmöglich herausstellt, da gerade die chemische Analyse des Erkenntnisprozesses aufdeckt, daß es sich bei der Erkenntnis um nichts anderes als eine Reihe von Metaphernbildungen handelt: vom Ding zum Vorstellungsbild; von diesem zum Wort, das den Gemütszustand des Individuums ausdrückt; von diesem zu einem von den gesellschaftlichen Konventionen als »richtig« auferlegten Wort; und dann wiederum von diesem genommten Wort zum Ding, von dem wir nur diejenigen Merkmale wahrnehmen, die sich mit unserem ererbten Vokabular am leichtesten in eine Metapher bringen lassen . . . Durch diese »Entdeckung« der chemischen Analyse – die sich, wie immer bei Nietzsche, sowohl auf der Ebene der Erkenntniskritik*, die sich auf einen positivierten Kant beruft, als auch auf einer anthropologischen bzw. phylogenetischen Ebene bewegt – löst sich der Begriff der Wahrheit selbst auf. Oder, was das gleiche ist: Gott »stirbt«, getötet von der Religiosität, von dem Willen zur Wahrheit, den seine Gläubigen immer gepflegt haben und der sie jetzt dazu führt, auch ihn als einen Irrtum zu erkennen, den man fortan entbehren kann.

Genau mit dieser nihilistischen Schlußfolgerung läßt man Nietzsche zufolge die Moderne wirklich hinter sich. Da der Begriff der Wahrheit keine Gültigkeit mehr besitzt und das Fundament nicht mehr tragfähig ist – denn es gibt kein Fundament des Glaubens an ein Fundament und demzufolge an eine Begründungsaufgabe des Denkens mehr –, kann man die Moderne nicht durch eine kritische Überwindung hinter sich lassen, denn dies wäre ein noch gänzlich innerhalb der Moderne selbst verbleibender Schritt. Daraus wird deutlich, daß man einen anderen Weg suchen muß. Dies ist der Moment, den man als Geburt der Postmoderne in der Philosophie bezeichnen könnte; ein Ereignis, dessen Bedeutung und Konsequenzen wir – ebenso wie die des im Aphorismus 125 der *Fröhlichen Wissenschaft* angekündigten Todes Gottes – noch lange nicht genügend ermessen haben. Die erste und bedeutendste Konsequenz, die sich im selben Werk, der *Fröhlichen Wissenschaft*, ankündigt, in dem Nietzsche erstmals vom Tod Gottes spricht, ist der Gedanke der ewigen Wiederkehr des Gleichen, was im übrigen das Ende des Zeitalters der Überwindung, also der Epoche des im Zeichen des *novum* gedachten Seins, bedeutet. Was immer die anderen – recht problematischen – Bedeutungen des Gedankens der ewigen Wiederkehr auf metaphysischer Ebene sein mögen, er hat mit Sicherheit zumindest diesen »selektiven« Sinn (das Adjektiv stammt von Nietzsche selbst); für uns deckt er das Wesen der Moderne als Zeitalter der Reduktion des Seins auf das *novum* auf. Sowohl die künstlerischen Avantgarden zu

Anfang des Jahrhunderts (selbstverständlich vor allem der Futurismus) als auch Philosophien wie der Hegel-Marxismus Blochs, aber auch Adornos und Benjamins können hier als Beispiele einer solchen Reduktion angeführt werden; aber ebensogut könnte man daran erinnern, daß heutzutage im Bereich der Ethik der ganz allgemein – und stillschweigend – anerkannte Wert der der »Entwicklung« zu sein scheint; das Gute ist mehr oder minder ausdrücklich dasjenige, was die Möglichkeit einer Weiterentwicklung der Persönlichkeit, des Lebens usw. eröffnet. Den »epochalen« Charakter des Phänomens kann man auch aus dem Umstand ersehen, daß es – obwohl man mit Nietzsche und Heidegger einsehen kann, daß man die Ethik nicht auf einen solchen Wert gründen kann – nicht leicht ist, einen Ersatzwert dafür zu finden. Die Postmoderne hat erst begonnen, doch die Gleichsetzung des Seins mit dem *novum* (die Heidegger bekanntlich mit schlagender Klarheit in Nietzsches Begriff des Willens zur Macht ausgedrückt sieht), wirft weiterhin ihren Schatten auf uns, gerade so wie der bereits gestorbene Gott, von dem die *Fröhliche Wissenschaft* spricht.

Die Aufklärung* – die Entfaltung der Kraft des Grundes in der Geschichte – ist mit der Zerstörung der Idee der Wahrheit und des Grundes nicht zu Ende; diese Zerstörung macht historische Neuheit bedeutungslos, die gerade in der Perspektive der Aufklärung* als einziger Bedeutungsgehalt des metaphysischen Seins in der Moderne übriggeblieben war, wurde dieses Zeitalter doch als Zeitalter der Überwindung und der Kritik bestimmt oder, auf etwas niedrigerer Ebene, auch als das der Mode (ich denke hier an den Aufsatz von Georg Simmel). Die Aufgabe des Denkens besteht nicht mehr, wie die Moderne stets angenommen hat, darin, zum Grund zurückzugehen und *auf diesem Weg* den Komplex von *novum*, Sein und Wert wiederzufinden (der in seiner immer weitergetriebenen Entfaltung der Geschichte Sinn verleiht; man denke nur daran, wie die Renaissancen in der abendländischen Kunst und Kultur immer wieder von Wiederaufnahmen des Ursprungs, der »Klassik« usw. inspiriert waren).

»Mit der Einsicht in den Ursprung nimmt die Bedeutungslosigkeit des Ursprungs zu [. . .].«[2] Dieser Satz aus der *Morgenröte* faßt mindestens einen Teil dessen zusammen, was sich in der chemischen Analyse von *Menschliches, Allzumenschliches* als Schicksal des Fundaments, der Wahrheit und des Grundes* erwies. Der Gedanke des Fundaments löst sich nicht nur »logisch« auf, also unter dem Gesichtspunkt der Begründbarkeit seines Anspruchs, als Norm für das wahre Denken zu gelten, sondern er entpuppt sich auch in inhaltlicher Hinsicht sozusagen als leer: Die Bedeutungslosigkeit des Ursprungs nimmt, wenn dies erkannt wird, zu, und eine Konsequenz davon ist, daß »das Nächste, das Um-uns und In-uns allmählich Farben und Schönheiten und Räthsel und Reichthümer von Bedeutung aufzuzeigen beginnt, von denen sich die ältere Menschheit nichts träumen liess«[3].

Vor allem dieser Vergleich zwischen der Bedeutungslosigkeit des Ursprungs und dem Farbreichtum der nächsten Wirklichkeit vermag uns eine Idee dessen zu geben, was Nietzsche für die Aufgabe des Denkens in der Epoche hält, in der sich die Begründung und die Idee der Wahrheit aufgelöst haben. Was in den letzten Zeilen des ersten Bandes von *Menschliches, Allzumenschliches* als »Philosophie des Vormittages« bezeichnet wird, ist genau ein solches nicht mehr auf den Ursprung oder das Fundament, sondern auf die nächste Nähe ausgerichtetes Denken. Dieses Denken der nächsten Nähe könnte ebensogut als Denken des Irrtums bestimmt werden oder vielleicht besser noch als Denken des Irrens, um zu verdeutlichen, daß es nicht darum geht, das Un-wahre zu denken, sondern die »falschen« Konstruktionen der Metaphysik, Moral, Religion und Kunst in ihrem Entstehen und Vergehen zu beobachten – also das ganze Gewebe der Irrtümer, die allein den Reichtum oder, einfacher gesagt, das *Sein* der *Wirklichkeit* konstituieren. In Anbetracht der Tatsache, daß es keine Wahrheit und keinen Grund* mehr gibt, die sie widerlegen könnten, da, wie es in der *Götzendämmerung* heißt, die wahre Welt zur Fabel geworden ist und damit auch die »scheinbare« Welt sich aufgelöst hat, sind all diese Irrtümer eher Irrungen oder Irrnisse, das Entstehen und Vergehen von Geistesformen, deren einzige Regel in einer gewissen historischen Kontinuität, ohne jeglichen Bezug zu irgendeiner fundamentalen Wahrheit besteht.

Hiermit verliert die in *Menschliches, Allzumenschliches* unternommene chemische Analyse auch den Anschein einer »kritischen« Analyse. In der Tat geht es nicht darum, Irrtümer zu entlarven und aufzulösen, sondern sie als eigentliche Quelle des Reichtums zu sehen, der uns ausmacht und der Welt Interesse, Farbe und *Sein* verleiht.

Alle Schriften der mit *Menschliches, Allzumenschliches* beginnenden Periode (also in erster Linie *Morgenröte* und *Die fröhliche Wissenschaft*) zeugen von dem Bemühen, die Idee dieser Philosophie des Vormittages näher zu bestimmen. Und auch die anscheinend »metaphysischeren« Thesen der Spätschriften und der posthum unter dem Titel *Wille zur Macht* edierten Fragmente sollten weit mehr, als es gewöhnlich geschieht, im Hinblick auf dieses Bemühen gelesen werden: das gilt beispielsweise für den Gedanken der ewigen Wiederkehr oder den des Übermenschen*. Was aber soll es genauer heißen, daß das Denken des Vormittages – wie eine weitere, in *Menschliches, Allzumenschliches* aufgestellte methodische Regel lautet – die Irrwege der Metaphysik und Moral »geschichtlich« durchläuft, wobei es nicht eine kritische Auflösung zum Ziel hat, sondern, wie wir sagen könnten, eher eine dekonstruktive Absicht verfolgt? Um eine solche Frage zu beantworten, bedient sich Nietzsche häufig »physiologischer« Metaphern: Der Mensch, der zur Philosophie des Vormittages fähig ist, sei der Mensch von gutem Temperament, das »nichts von dem knurrenden Tone und der Verbissenheit an sich trüge – jenen bekannten, lästigen Eigenschaften alter Hunde und Menschen, die lange an der Kette gelegen haben«[4]. Denselben Sinn haben die auch aus biographischen Gründen ziemlich häufigen Anspielungen auf die Gesundheit und die Genesung, wie sie die Schriften eben dieser Periode seitenlang füllen. Wir finden uns hier wieder einem Bemühen gegenüber, den Ausweg aus der Metaphysik in einer Form zu denken, die nicht – wie in der Zweiten Unzeitgemäßen Betrachtung – dem Vorhaben einer kritischen Überwindung verbunden ist; aber hier wissen wir, infolge der Radikalisierung der chemischen Analyse, daß es nicht um einen Rekurs auf »übergeschichtliche« Werte geht, sondern darum, die Erfahrung der Notwendigkeit des Irrtums so tief wie möglich zu durchleben und sich für einen Augenblick über den Prozeß zu erheben oder das Irren mit einer anderen Einstellung zu erleben. Vor allem aber wissen wir, daß der Inhalt des Denkens des Vormittages gar nichts anderes ist als eben das Irren der Metaphysik, nur daß es jetzt aus einem anderen Blickwinkel betrachtet wird, nämlich aus dem des Menschen von »gutem Temperament«.

2. Für die Beschreibung dieser Einstellung – deren wesentlicher Sinn darin besteht, sich auf die Vergangenheit der Metaphysik (und damit auch auf die Moderne als Endergebnis der Metaphysik und der platonisch-christlichen Moral) in einer Weise zu beziehen, die weder die der bloßen Hinnahme von deren Irrtümern noch die der überbietenden Kritik ist, welche diese Irrtümer in Wirklichkeit nur verlängert –, für die Beschreibung dieser Einstellung (die Nietzsche selbst mit den Begriffen der Genesung und des guten Temperaments faßt) ist es meines Erachtens notwendig, auf den Heideggerschen Begriff der Verwindung* zurückzugreifen. Ich habe bereits darauf hingewiesen, daß es sich dabei um einen Begriff handelt, der in Heideggers Schriften relativ selten vorkommt. Gleichwohl werde ich hier keine vollständige Analyse vorlegen. In allen oben erwähnten Texten handelt es sich um einen Begriff, der eine Art von uneigentlicher Überwindung* anzeigt, die weder im gebräuchlichen Sinn des Wortes noch im Sinn der dialektischen Aufhebung* zu verstehen ist. Der

Text, der von dem uns interessierenden Standpunkt aus am wenigsten zweideutig ist, findet sich im ersten Teil von *Identität und Differenz* (1957). Wo Heidegger vom Ge-Stell* spricht, d. h. von der Welt der modernen Technologie als Vereinigung von Stellen*, Anordnen, Auferlegen usw., da schreibt er, »was wir im Ge-Stell [. . .] erfahren, ist ein *Vorspiel* dessen, was Er-eignis heißt. Dieses verharrt jedoch nicht notwendig in seinem Vorspiel. Denn im Er-eignis spricht die Möglichkeit an, daß es das bloße Walten des Ge-Stells in ein anfänglicheres Ereignen verwindet.«[5] Im weiteren Verlauf des Textes wird deutlich, daß das Ge-Stell*, die Welt der Technik, nicht nur dasjenige ist, worin die Metaphysik ihren Gipfel und ihre höchste und vollständige Entfaltung erlangt, sondern auch – und gerade deshalb – »ein erstes [. . .] Aufblitzen des Ereignisses« bedeutet.[6] Wir müssen bald auf diesen Text über das Ge-Stell* zurückkommen; hier möchte ich lediglich zeigen, in welcher Hinsicht uns das Wort »Verwindung«* bei der Bestimmung dessen behilflich sein kann, was Nietzsche unter dem Namen einer Philosophie des Vormittages anstrebt und was dem hier von mir gemachten Vorschlag zufolge die Essenz der philosophischen Postmoderne ausmacht.

Wie also soll man den Begriff »Verwindung«* auf diesen Seiten von *Identität und Differenz* (und, nötigenfalls mit Spezifizierungen, auch in den anderen Texten Heideggers, in denen er vorkommt) übersetzen? Wir wissen aus Hinweisen, die Heidegger den französischen Übersetzern der *Vorträge und Aufsätze* gegeben hat (wo der Begriff in einer Abhandlung gebraucht wird, in der es um die Überwindung* der Metaphysik geht), daß er eine Überholung [oltrepassamento] anzeigt, welche Züge der Hinnahme und der Vertiefung in sich enthält. Andererseits enthält die lexikalische Bedeutung des Ausdrucks im deutschen Wortschatz noch zwei weitere Hinweise: den der Genesung (»eine Krankheit verwinden«*) und den des Verdrehens. An die Bedeutung der Genesung ist des weiteren die der »Erhebung« geknüpft; man verwindet* nicht nur eine Krankheit, sondern verwindet* auch einen Verlust oder einen Schmerz. Kommt man mit diesen Wortschatzkenntnissen auf die Verwindung* des Ge-Stells* oder auch der Metaphysik (deren Endform das Ge-Stell* ist) zurück, so entdeckt man, daß für Heidegger die Möglichkeit einer Änderung, die uns zu einem anfänglicheren Ereignis* – bzw. außerhalb oder jenseits der Metaphysik – führt, an deren Verwindung* gebunden ist. Bei Heidegger heißt das: »Die Metaphysik läßt sich nicht wie eine Ansicht abtun. Man kann sie keineswegs als eine nicht mehr geglaubte und vertretene Lehre hinter sich bringen.«[7] Die Metaphysik ist etwas, das wie die Spuren einer Krankheit in uns bleibt oder wie ein Schmerz, in den man sich fügt; oder man könnte, mit der Mehrdeutigkeit des italienischen Begriffs *rimettersi* (›sich wieder erholen‹; ›sich begeben‹) ein zusätzliches Wortspiel treibend, sagen: etwas, von dem man sich wieder erholt, wohin man sich wieder begibt und was einen wieder aufrichtet. Zu all diesen Bedeutungen kommt noch die der Verdrehung hinzu, die man im übrigen schon an der Bedeutung von Genesung-Ergebung ablesen kann: Die Metaphysik wird nicht restlos und einfach anerkannt, genausowenig wie man sich dem Ge-Stell* als System technologischer Gebote ohne Vorbehalte aussetzt. Man kann die Metaphysik und das Ge-Stell* wie eine Chance leben, wie die Möglichkeit einer Veränderung, kraft deren diese sich in eine Richtung drehen, die nicht die von ihrem eigenen Wesen vorgesehene ist und die dennoch mit ihm zusammenhängt.

Die in dieser Bedeutungsvielfalt verstandene Verwindung* definiert die für Heidegger charakteristische Position, seine Auffassung von der Aufgabe des Denkens zum gegenwärtigen Zeitpunkt, also am Ende der Philosophie in ihrer Form als Metaphysik. Auch für ihn hat das Denken, ebenso wie für Nietzsche, keinen anderen »Gegenstand« (in sehr vielen Anführungsstrichen) als die Irrungen der Metaphysik, die in einer Einstellung er-innert werden, die weder die der kritischen Überschreitung noch die der wiederaufnehmenden

und fortführenden Hinnahme ist. An dieser Stelle könnte man daran erinnern, daß das Problem der Wiederholung*, verbunden mit der Unterscheidung* von Tradition* und Überlieferung als unterschiedlichen Modi der Aneignung von Vergangenheit, bereits in *Sein und Zeit* zentral ist.
Die Bedeutung, die der Begriff des An-denkens* in den Werken des spätesten Heidegger erlangt, in denen das postmetaphysische Denken als Andenken, Wiederaufnahme und Wiederdurchdenken usw. bestimmt wird, rückt ihn ganz wesentlich in die Nähe des Nietzsche der Philosophie des Vormittages. Zwar schien der Ausgangspunkt von *Sein und Zeit* dem Denken die Aufgabe zuzuschreiben, das Problem des Sinnes von Sein neu aufzunehmen, und zwar alternativ zu dem, was jahrhundertelang der Inhalt der das Sein als solches vergessenden Metaphysik war. Doch wurde dann schon in jenem Werk ein wesentlicher Teil dieser Aufgabe als »Destruktion der Geschichte der Ontologie« bestimmt, und die Entwicklung des Heideggerschen Denkens nach der Kehre der dreißiger Jahre hat ihn schließlich dazu geführt, die Aufgabe des Denkens immer mehr mit dieser Tätigkeit der Destruktion oder, besser gesagt, der Dekonstruktion zu identifizieren.
Die Kehre* in Heideggers Denken besteht bekanntlich im Übergang von einer Ebene, auf der es ausschließlich den Menschen gibt (wie im humanistischen Existentialismus eines Sartre), zu einer Ebene, wo an erster Stelle das Sein steht, wie es in der Schrift *Über den Humanismus* von 1946 heißt. Doch das bedeutet neben den anderen Konsequenzen auch, daß die Seinsvergessenheit, die die Metaphysik konstituiert, nicht als ein Irrtum des Menschen gedacht werden kann, von dem man sich durch einen Willensakt und durch die Wahl einer strengeren Methode befreien könnte. Daher ist die Metaphysik nicht nur ein Schicksal in dem Sinn, daß sie uns zugehört und uns konstituiert und wir sie nur verwinden* können; sondern auch die Seinsvergessenheit ist, wenigstens in gewissem Sinn, dem Sein selbst eingeschrieben (nicht einmal das Vergessen

hängt von uns ab). Das Sein läßt sich niemals vollständig vergegenwärtigen [darsi tutto in presenza].
Also kann auch das Andenken, von dem Heidegger spricht, uns nicht dazu bringen, das Sein wie einen vor uns liegenden Gegenstand zu ergreifen. Was denken wir dann, wenn wir uns zum Sein andenkend verhalten? Wir können das Sein nur als gewesen*, als nicht (mehr) gegenwärtig denken. Der Rückgang in die Geschichte der Metaphysik, wie Heidegger ihn in seinen auf die Kehre folgenden Schriften immer wieder betreibt, hat die Struktur eines Regressus in infinitum, der für die etymologische Rekonstruktion absolut charakteristisch ist. Dieser Rückgang führt uns zu keinerlei Position, außer zur Erinnerung an das Sein als etwas, von dem wir immer schon Abschied genommen haben. Das Sein gibt sich hier nur in der Form des Geschicks* (des Ganzen der Schickung) und der Überlieferung* (der Trans-mission). Mit Nietzsches Ausdrücken gesagt: Das Denken geht nicht zum Ursprung zurück, um sich desselben zu bemächtigen; es tut vielmehr nichts anderes, als die Bahnen des Irrens noch einmal zu durchlaufen, in denen der einzige Reichtum und das einzige uns gegebene Sein liegt.
Die Abschnitte des Heideggerschen Denkwegs lassen sich sehr klar in eine Nähe zu denen Nietzsches bringen: Die nihilistische Wirkung der Selbstauflösung der Begriffe der Wahrheit und des Grundes bei Nietzsche hat ihre Parallele in der Heideggerschen »Entdeckung« des »epochalen« Charakters des Seins; auch bei Heidegger kann das Sein nicht (mehr) als »Grund«* fungieren, und zwar weder als Sach- noch als Denkgrund. Um den Ausweg aus der Metaphysik vorzubereiten, wird Heidegger später in *Zeit und Sein*, dem Vortrag, der das Werk von 1927 zumindest der Idee nach vollendet, schreiben, daß es darauf ankommt, »das Sein als den Grund des Seienden fahren zu lassen«[8]. Man kann sich an das Sein nicht erinnern; man kann nichts anderes tun, als aus dem Blickwinkel des Geschicks* die Geschichte der metaphysischen Irre selbst, die uns und das Sein als Überlieferung*

»konstituiert«, wieder-zudenken. Das Moment der Verdrehung, das in der Verwindung* enthalten ist, bedeutet, daß diese Wiederholung der Metaphysik nicht dem Zweck dient, sie als das anzuerkennen, was sie ist: z. B. wird man Platon nicht mit der Fragestellung wieder-denken, ob die Ideenlehre wahr ist oder nicht; sondern man wird sich um ein An-denken der Lichtung bemühen, der vorgängigen schicksalhaften Eröffnung, innerhalb deren so etwas wie die Ideenlehre hat auftreten können. Eine solche Einstellung, sagt Heidegger im *Satz vom Grund*, hat eine befreiende Wirkung: Vom Blickwinkel des Geschicks* des Seins aus zu denken bedeutet, »uns [. . .] der lösenden Bindung in die Überlieferung [. . .] anzuvertrauen«[9].

Auf welche Weise soll man sich nun – vorläufig, wie Heidegger das wünscht – diese emanzipatorische Wirkung des Andenkens* vorstellen, in der der Sinn der Verdrehung bestehen soll, die in dem Wort »Verwindung«* enthalten ist? Ein Schritt nach vorne kann hier allein durch die Betonung dessen erfolgen, daß die Sicht, welche die Thesen der Metaphysik als Ge-Schick* – als Sendung, als historische und schicksalhafte Überlieferung – nimmt, den Verbindlichkeitsansprüchen der Metaphysik ihre ganze Kraft nimmt. Die sich daraus ergebende Einstellung ist eine Art von historischem Relativismus: Es gibt keinen Grund* und keine letzte Wahrheit, es gibt nur geschichtliche, bestimmte oder schicksalhafte, d. h. geschickte Öffnungen eines Selben*, das sich nur in diesen Öffnungen und durch sie vergegenwärtigt (sie durchquerend, nicht sie als Mittel benützend). Dieser Historismus ist gleichwohl gemäßigt, und auch er verwindet*, aus dem Bewußtsein heraus, daß die Geschichte der Öffnungen nicht »nur« die Geschichte der Irrtümer ist, die als solche von irgend einem anders zugänglichen Grund* dementiert werden, sondern daß diese Geschichte das Sein selbst ist – und das macht, wie Nietzsche in der Metapher vom »guten Temperament« treffend herausgestellt hat, einen tiefen Unterschied. Das Wort, das diese Einstellung zur Vergangenheit und zu alldem, was uns – auch gegenwärtig – über-liefert wird, zu umreißen vermag, könnte noch einmal ein anderes sein: das der *pietas*.

An-denken* und Verwindung* zeigen uns auf diese Weise auch, in welchem Sinn Heideggers Philosophie als Hermeneutik bestimmt werden muß: nicht im Sinne einer technischen Interpretationslehre und ebensowenig im Sinne einer Philosophie, die bei der Beschreibung der Existenz dem Phänomen der Interpretation besonderes Gewicht verleiht; sondern in einem Sinn, der am radikalsten ontologisch gemeint ist: Das Sein ist nichts anderes als die Überlieferung der geschichtlich-schicksalhaften Öffnungen, die für jede einzelne geschichtliche Menschheit, »je und je«*, ihre ureigenste Möglichkeit des Weltzugangs konstituieren. Die Erfahrung des Seins – als Erfahrung von Empfang und Antwort dieser Überlieferungen – ist immer Andenken* und Verwindung*.

3. Ist es möglich, auf den so von Nietzsche und Heidegger namhaft gemachten Grundlagen (die – und das dürfen wir nicht vergessen – in ihrer Kontinuität nur durch eine Verdrehung der Interpretation Nietzsches erkannt werden können, wie Heidegger sie vorgeschlagen hat) einige Schritte auf dem Weg zu einer genaueren Bestimmung der Postmoderne in der Philosophie voranzukommen? Ich meine ja und möchte hier in Form einer vorläufigen Schlußfolgerung drei Merkmale des postmodernen Denkens anführen.

a) *Ein Denken des Genusses.* Auch wenn man, wie es hier geschehen ist, auf der emanzipatorischen Tragweite des Andenkens* besteht, läuft dieses doch stets Gefahr, wie eine bloße und einfach apologetische Wiederholung der metaphysischen Tradition zu erscheinen (mit allen Implikationen auch praktischer Art, die sich daraus ergeben). Zwar verlangt die Verabschiedung der Metaphysik, eine »funktionalistische« Konzeption des Denkens aufzugeben. Von dem Moment an, in dem das Andenken* keinerlei Grund* zu fassen kriegt, ist es seinerseits um so weniger in der Lage, als Basis für eine praktische Umformung der »Realität« zu dienen. Das bringt offensichtlich Probleme mit sich, die der Diskussion bedürfen. Aber jetzt schon ist offensichtlich, daß die hermeneutische Ontologie eine Ethik impliziert, die man im Gegensatz zu einer Ethik der Imperative als eine Ethik der Güter bestimmen könnte: ich meine diese beiden Begriffe in dem Sinne, den sie in der Ethik Schleiermachers haben, der ja gerade auch einer der ersten Theoretiker der Hermeneutik war. Das Andenken oder sogar der Genuß (das Wiedererleben) – auch im »ästhetischen« Sinne verstanden – der Geistesformen der Vergangenheit hat nicht die Funktion, etwas anderes vorzubereiten, sondern hat in sich selbst eine emanzipatorische Wirkung. Von hier aus könnte wohl eine postmoderne Ethik den noch metaphysischen Ethiken der »Entwicklung«, des Wachstums und des *novum* als obersten Werts entgegengestellt werden.

b) *Ein Denken der Kontamination.* Die von mir vorgeschlagene Annäherung zwischen Nietzsches Philosophie des Vormittages und Heideggers Andenken* beinhaltet zugegebenermaßen eine Verwindung*, eine Wiederaufnahme und Verdrehung, die sich auf Heidegger selbst bezieht. Sie besteht darin, daß hier der eher hermeneutischen oder sogar nihilistischen Seite von Heideggers Denken der Vorzug gegeben wird. Tatsächlich scheint Heidegger bei seinem Rückgang durch die Irrungen der Metaphysik hindurch immer ein Ziel vor Augen zu haben, das nicht einfach mit jenen Irrungen selbst identisch ist, wie wenn uns der Rückgang vielmehr umgekehrt in gewissem Maß in ein Jenseits dieser Irrungen führen könnte. Der Vortrag über »Das Ende der Philosophie und die Aufgabe des Denkens« von 1964 z. B. schließt, nachdem er von der »Lichtung«* und ihrer Unzurückführbarkeit auf die Wahrheit (weil diese eher *aletheia* ist) gesprochen hat, mit der Hypothese: »Die Aufgabe des Denkens wäre dann die Preisgabe des bisherigen Denkens an die Bestimmung der

Sache des Denkens.«[10] Diese Ausrichtung auf ein Jenseits der Metaphysik ist allerdings bei Heidegger von einer philosophischen Arbeit begleitet, welche die Metaphysik und ihre Irrungen zum Hauptinhalt hat. Es läßt sich leicht absehen, welche Folgen die Betonung des einen oder des anderen dieser beiden Aspekte der Heideggerschen Philosophie nach sich zieht. Die Ausrichtung auf ein ganz anderes Denken kann zu mystischen Ergebnissen führen; hingegen führt das Interesse an einem Rückgang nicht so sehr in ein Jenseits der Metaphysik, sondern durch ihre Irrungen hindurch in die Richtung einer »Philosophie des Vormittages«, wie Nietzsche sie konzipiert hat, und unterstreicht einen »nihilistischen« Zug im Denken Heideggers. Die Verwindung* der Irrungen der Metaphysik, also ihre resignierte (aber auch: wieder-bezeichnete, mit einem neuen Zeichen versehene) bzw. ihre gesundende und durch eine Verdrehung gekennzeichnete Hinnahme, stellte dieser zweiten Perspektive zufolge den einzigen Zug dar, der eine Ausrichtung auf das Andere beinhaltet: Die Überwindung* der Metaphysik führt nicht zu einem anderen Ort, sondern vollzieht sich allein auf dem Weg einer Wiederholung und Verdrehung.

In diese Richtung weist meines Erachtens auch die Entwicklung der Hermeneutik nach Heidegger und insbesondere der Gadamerschen Hermeneutik. Für Gadamer geht es nicht darum, ein Jenseits der Metaphysik ins Auge zu fassen, sondern das Denken nimmt in dem Bewußtsein, daß »Sein, das verstanden werden kann, Sprache ist« (und nichts anderes, wie wir hinzufügen könnten), seine Bahnen, die Botschaften der Überlieferung*, wieder auf und hat dabei allein die immer wieder neue Herstellung der Kontinuität der individuellen und kollektiven Erfahrung zum Ziel. Diese Kontinuität ist, zumindest heute in unserer Gesellschaft, weniger durch Faktoren der Kommunikationsunterbrechung als vielmehr durch die abnorme Entwicklung der Spezialsprachen, insbesonderer der Wissenschaftssprachen, bedroht. Bei Gadamer bezieht sich die Hermeneutik also nicht nur auf die aus der

Vergangenheit stammenden Über-lieferungen zurück, sondern ist auch auf all jene linguistischen Kontinente bezogen, die uns so fern, fremd und unergründlich erscheinen wie zeitlich und räumlich entfernte Kulturen.
Obwohl diese andere, von Gadamer vorgeschlagene Verwindung* der Hermeneutik Probleme aufwerfen könnte (vornehmlich besteht die Gefahr, daß die Hermeneutik zu einem Denken der Wiederherstellung einer Einheit der Erfahrung in Begriffen der Alltagssprache oder des Gemeinsinns wird – so versteht Gadamer im Grund den *logos* –, das die faktisch bestehenden Regeln der Sprache gegen jede Möglichkeit neuer Öffnungen und Verlagerungen kanonisiert), eröffnet sie doch äußerst suggestive Möglichkeiten für die Entwicklung einer postmodernen Philosophie in dem Sinn, den man als einen der Kontamination bezeichnen könnte. Es ginge darum, das hermeneutische Bestreben nicht mehr nur auf die Vergangenheit und ihre Mitteilungen zu richten, sondern sie auch auf die vielfältigen Inhalte des zeitgenössischen Wissens anzuwenden, angefangen von der Wissenschaft über die Technik und die Kunst bis hin zu jenem »Wissen«, das in den Massenmedien zum Ausdruck kommt, um sie immer wieder von neuem in eine Einheit zu bringen. Eine solche – in dieser Dimensionenvielfalt gewonnene – Einheit hätte nichts mehr von der Einheit eines dogmatischen philosophischen Systems an sich und wiese auch keinen der starken Züge der metaphysischen Wahrheit mehr auf, vielmehr würde es sich um ein ausgesprochen nachträgliches Wissen handeln, das viele Merkmale der »Verbreitung« besäße (mit der Philosophie nicht als Fundament, sondern als Ergebnis der Wissenschaften) und das sich folglich auf der Ebene einer »schwachen« Wahrheit ansiedeln würde, deren Schwäche sich auf die Zweideutigkeit von Entbergung und Verbergung berufen könnte, wie sie der Heideggerschen »Lichtung«* eigen ist.

c) *Ein Denken des Ge-Stells**. Bereits Nietzsche hatte die Erfahrung vom Tod Gottes – d. h. der ausdrücklichen Überflüssigkeit jeglichen Fundaments – an die neue Situation relativer Sicherheit geknüpft, die die individuelle und soziale Existenz aufgrund der gesellschaftlichen Organisation und technischen Entwicklung erreicht hat. Bei Heidegger kommt eine analoge Verbindung im Begriff des Ge-Stells* und seiner Zweideutigkeit zum Ausdruck. Und genau auf diese Zweideutigkeit beruft sich die Verwindung*. Man könnte sagen: Der »Gegenstand« der Verwindung* ist in erster Linie das Ge-Stell*. In ihm vollendet sich in der Tat die Metaphysik in ihrer höchstentfalteten Form, als totale Organisation der Erde mittels der Technik. Das bedeutet, daß sich die Verwindung* der Metaphysik als Verwindung* des Ge-Stells* vollzieht. Heidegger hat nicht sämtliche Konsequenzen einer derartigen These ausgearbeitet. Aber auch hier finden wir uns, wie im oben erwähnten Fall der »Kontamination«, einem Hinweis gegenüber, der das Denken verwindend* auf die Welt der modernen Wissenschaft und Technologie ausrichtet und nicht nur – wie man dort zu glauben geneigt ist, wo man der Hermeneutik eine ausschließlich humanistische Berufung zuschreibt – auf den Bereich der Tradition und der Botschaften der Vergangenheit. Gewiß muß man sich, da Heidegger zufolge »das Wesen der Technik nichts Technisches ist«, dem Ge-Stell* mit dem Ziel zuwenden, es in Richtung auf ein anfänglicheres Ereignis* zu ver-winden.

Es wird, mit anderen Worten, darum gehen, das Hervortreten der ultra- oder post-metaphysischen Chancen der planetarischen Technologie zu entdecken und vorzubereiten. Diese Verwindung* wird offensichtlich auch durch die Wiederherstellung der Kontinuität zwischen Technologie und vergangener abendländischer Tradition bewirkt, und zwar im durch Heideggers These von der Technik als Weiterentwicklung und Vollendung der abendländischen Metaphysik angezeigten Sinn. Was steht als Ergebnis dieser erneuten Verbindung der Technik mit der Seinsvergessenheit, die jene in der Geschichte des europäischen Denkens vorbereitet, zu erwarten? Auch das ist – in sehr knapper Form – in *Identität und Differenz* angegeben. Diesem Text zufolge ist das Ge-Stell* ein erstes Aufblitzen des Ereignisses*, denn »das Er-eignis ist der in sich schwingende Bereich, durch den Mensch und Sein einander in ihrem Wesen erreichen, ihr Wesendes gewinnen, in dem sie jene Bestimmungen verlieren, die ihnen die Metaphysik geliehen hat«[11]. Welches sind die Bestimmungen, die die Metaphysik dem Menschen und dem Sein zugeschrieben hat? Es sind vor allem die Festlegungen des Subjekts und des Objekts. Sie haben den noch für den Wirklichkeitsbegriff verbindlichen Rahmen konstituiert. Indem der Mensch und das Sein diese Bestimmungen verlieren, treten sie in einen schwingenden* Bereich ein, den man sich meines Erachtens wie die Welt einer »erleichterten« Wirklichkeit vorstellen muß – erleichtert, weil hier die Trennung zwischen dem Wahren und der Fiktion, der Information, dem Bild weniger scharf geworden ist: es handelt sich um die Welt der totalen Medialisierung [mediatizzazione] unserer Erfahrung, in der wir uns schon weitgehend befinden. Und in dieser Welt wird die Ontologie *tatsächlich* zur Hermeneutik, und die metaphysischen Begriffe von Subjekt und Objekt und darüber hinaus von Wirklichkeit und Wahrheit als Fundament verlieren an Gewicht. In dieser Situation sollte man m. E. von einer »schwachen Ontologie« als einziger Möglichkeit eines Auswegs aus der Metaphysik sprechen – auf dem Weg einer Hinnahme-Genesung-Verdrehung, die nichts mehr von der kritischen Überwindung an sich hat, wie sie für die Moderne so charakteristisch war. Vielleicht liegt darin für das postmoderne Denken die Chance eines neuen – eines schwach neuen – Anfangs.

Anmerkungen

1 F. Nietzsche, Brief an Jacob Burckhardt vom 6. Januar 1889 (*Sämtliche Briefe. Kritische Studienausgabe in 8 Bänden*, hrsg. von G. Colli und M. Montinari, Bd. 8, München / Berlin / New York 1986, S. 578).
2 F. Nietzsche, *Morgenröte*, Erstes Buch, Aph. 44 (*Sämtliche Werke. Kritische Studienausgabe in 15 Bänden*, hrsg. von G. Colli und M. Montinari, Bd. 3, München / Berlin / New York 1980, S. 52).
3 Ebd.
4 F. Nietzsche, *Menschliches, Allzumenschliches*, Erster Band, Aph. 34 (ebd., Bd. 2, S. 55).
5 M. Heidegger, *Identität und Differenz*, Pfullingen 1957, S. 29.
6 Ebd., S. 31.
7 M. Heidegger, »Überwindung der Metaphysik«, in: M. H., *Vorträge und Aufsätze*, Bd. 1, Pfullingen 1954, S. 68.
8 M. Heidegger, »Zeit und Sein«, in: M. H., *Zur Sache des Denkens*, Tübingen 1969, S. 6.
9 M. Heidegger, *Der Satz vom Grund*, Pfullingen 1957, S. 187.
10 M. Heidegger, »Das Ende der Philosophie und die Aufgabe des Denkens«, in: Heidegger (s. Anm. 8) S. 80.
11 Heidegger (s. Anm. 5) S. 26.

Editorische Notiz

Bei den Aufsätzen des vorliegenden Bandes handelt es sich zum größten Teil um Vorträge sowie Einführungen und Beiträge zu Tagungen, die in Zeitschriften oder Sammelbänden zuerst veröffentlicht wurden.

Apologie des Nihilismus (»Apologia de nichilismo«). In: C. Magris / W. Kaempfer (Hrsg.): Problemi del nichilismo. Mailand 1981.
Die Krise des Humanismus (»La crisi dell'umanismo«). In: Theoria (Pisa). 1981. Nr. 1.
Tod oder Untergang der Kunst (»Morte o tramonto dell'arte«). In: Rivista di Estetica. 1980. Nr. 4.
Das Zerbrechen des dichterischen Wortes (»L'infrangersi della parola poetica«; zuerst englisch unter dem Titel »The Shattering of Poetic Word«). In: Th. Harrison (Hrsg.): The Favorite Malice. New York 1983.
Ornament (als) Denkmal (»Ornamento monumento«). In: Rivista di Estetica. 1982. Nr. 12.
Die Struktur künstlerischer Revolutionen (»La struttura delle rivoluzioni artistiche«). In: Rivista di Estetica. 1983. Nr. 14/15.
Wahrheit und Rhetorik in der hermeneutischen Ontologie (»Verità e retorica nell'ontologia ermeneutica«). In: Atti del XXVIII Congresso nazionale di filosofia. Linguaggio, persuasione, verità. Padua 1984.
Hermeneutik und Nihilismus (»Ermeneutica e nichilismo«). Erstveröffentlichung in der italienischen Originalausgabe.
Hermeneutik und Anthropologie (»Ermeneutica e antropologia«; zuerst englisch unter dem Titel »Hermeneutics and Cultural Anthropology«). In: Res (New York). Fall 1982. [Die englische Version weist geringfügige Änderungen auf.]
Nihilismus und Postmoderne in der Philosophie (»Nichilismo e postmoderno in filosofia«). In: Aut Aut. 1984. Nr. 202.

Biographische Notiz

Gianni Vattimo, geboren am 4. Januar 1936 in Turin

1954–59	Studium der Philosophie und Literaturwissenschaft an der Universität Turin (bei L. Pareyson)
1961	Promotion (*Il concetto di fare in Aristotele*)
1963	Habilitation (*Essere, storia e linguaggio in Heidegger*)
1962–64	Studium an der Universität Heidelberg bei H.-G. Gadamer und K. Löwith (Forschungsstipendium der Alexander-von-Humboldt-Stiftung)
1964–82	Professor für Ästhetik an der Universität Turin (ab 1969 ordentlicher Professor)
1972–73	Gastprofessor an der State University New York, Albany
1976–80 und 1982–84	Dekan der Fakultät für Literatur und Philosophie an der Universität Turin
1981	Gastprofessor an der Yale University
1982	Gastprofessor an der New York University
seit 1982	ordentlicher Professor für Theoretische Philosophie an der Universität Turin
1989	Gastprofessor an der State University New York, Stony Brook
1993	Ehrendoktorwürde der Universität La Plata, Argentinien
1995	Gastprofessor an der University of California, Los Angeles

Literaturhinweise

Veröffentlichungen von Gianni Vattimo (Auswahl)

Il concetto di fare in Aristotele. Turin: Giappichelli, 1961. [Diss.]

Essere, storia e linguaggio in Heidegger. Turin: Edizioni di Filosofia, 1963. Neuausg. Genua: Marietti, 1989.

Ipotesi su Nietzsche. Turin: Giappichelli, 1967. [Aufsatzsammlung.]

Schleiermacher filosofo dell'interpretazione. Mailand: Mursia, 1967.

Poesia e ontologia. Mailand: Mursia, 1967. ^{2}1985.

Introduzione a Heidegger. Rom/Bari: Laterza, 1971. ^{8}1993.

Déclin du sujet et problème du témoignage. In: Le témoignage. Hrsg. von E. Castelli. Paris: Aubier, 1972. S. 125–139.

Sprache, Utopie, Musik. In: Philosophische Perspektiven 4 (1972) S. 151–170.

Il soggetto e la maschera. Nietzsche e il problema della liberazione. Mailand: Bompiani, 1974. ^{3}1994.

Nietzsche heute? In: Philosophische Rundschau 24 (1977) S. 67–91.

Le avventure della differenza. Mailand: Garzanti, 1980. ^{2}1988. [Aufsatzsammlung.]

An-denken. Denken und Grund. In: Nachdenken über Heidegger. Eine Bestandsaufnahme. Hrsg. von U. Guzzoni. Hildesheim: Gerstenberg, 1980. S. 287–302.

Al di là del soggetto. Nietzsche, Heidegger e l'ermeneutica. Mailand: Feltrinelli, 1981. ^{3}1990. – Dt.: Jenseits vom Subjekt. Übers. von S. Puntscher-Riekmann. Wien: Böhlau, 1986. (Edition Passagen. 10.)

Il pensiero debole. In: Il pensiero debole. Hrsg. von G. Vattimo und P. A. Rovatti. Mailand: Feltrinelli, 1983.

Introduzione a Nietzsche. Rom/Bari: Laterza, 1985. ^{7}1994. – Dt.: Nietzsche. Eine Einführung. Übers. von K. Laermann. Stuttgart: Metzler, 1992.

La fine della modernità. Mailand: Garzanti, 1985. ^{2}1991. – Dt.: Das Ende der Moderne. Übers. und hrsg. von R. Capurro. Stuttgart: Reclam, 1990. [Aufsatzsammlung.]

Metafisica, violenza, secolarizzazione. In: Filosofia 86. Hrsg. von G. Vattimo. Rom/Bari: Laterza, 1987.

Verso un'ontologia dell'attualità. In: Filosofia 87. Hrsg. von G. Vattimo. Rom/Bari: Laterza, 1988.

Ideologie oder Ethik. Von Marx zum schwachen Denken. In: Nürnberger Blätter 3 (1987/88) H. 7. – Auch in: Information Philosophie. Oktober 1988. S. 5–13.
La verità dell'ermeneutica. In: Filosofia 88. Hrsg. von G. Vattimo. Rom/Bari: Laterza, 1989.
Le mezze verità. Turin: La Stampa, 1989.
La società trasparente. Mailand: Garzanti, 1989. – Dt.: Die transparente Gesellschaft. Übers. von C. Klein und A. Vallazza. Graz/Wien: Passagen-Verlag, 1992 (Edition Passagen. 35.)
Etica dell'interpretazione. Turin: Rosenberg & Sellier, 1989. [Aufsatzsammlung.]
Heideggers Nihilismus. Nietzsche als Interpret Heideggers. In: Kunst und Technik. Gedächtnisschrift zum 100. Geburtstag von Martin Heidegger. Hrsg. von W. Biemel und K. W. von Herrmann. Geleitwort von H.-G. Gadamer. Frankfurt a. M.: Klostermann, 1989. S. 141–153.
Heideggers Verwindung der Moderne. In: Martin Heidegger, Denker der Post-Metaphysik. Hrsg. von F. W. Veauthier. Heidelberg: Winter, 1992. S. 40–50.
Heideggers Überwindung der Moderne. In: Twisting Heidegger. Drehversuche parodistischen Denkens. Hrsg. von M. Eldred. Cuxhaven: Junghans, 1993. (Denker des 20. Jahrhunderts. 3.) S. 40–50.
Oltre l'interpretazione: il significato dell'ermeneutica per la filosofia. Rom/Bari: Laterza, 1995.
Postmoderne und Technologie. In: Logos. Zeitschrift für systematische Philosophie N.F. 3 (1996) H. 1. S. 40–56.

Gianni Vattimo: Denker der Moderne

Nachwort von Rafael Capurro

Gianni Vattimo, geb. 1936 in Turin, kann als einer der führenden Vertreter der philosophischen Postmoderne in Italien sowie im gegenwärtigen Denken überhaupt betrachtet werden. Dieser Tatsache in einem kurzen Nachwort Rechnung zu tragen ist eine kaum lösbare Aufgabe. Neben der Darstellung der Komplexität der sich hinter dem Ausdruck »Postmoderne« verbergenden Positionen, d. h. sowohl in der Auffassung ihrer »Befürworter« als auch ihrer Kritiker (man denke an Emanuele Severino in Italien, an Jean-François Lyotard und Jacques Derrida in Frankreich, an Jürgen Habermas und Wolfgang Schirmacher in der Bundesrepublik usw.) besteht eine weitere Schwierigkeit darin, daß kaum Vorkenntnisse – zumindest bei einem breiten Leserkreis im deutschen Sprachraum – über diesen Autor vorausgesetzt werden können: Außer der Schrift *Jenseits vom Subjekt* (1986 in der »Edition Passagen«) und dem Aufsatz »Ideologie oder Ethik. Von Marx zum schwachen Denken« (1987/88 in den *Nürnberger Blättern*, Nr. 7) sind bisher keine deutschen Übersetzungen der Werke Vattimos erschienen.

Bei dem vorliegenden Buch handelt es sich um eine Sammlung von Beiträgen, die zwischen 1980 und 1984 veröffentlicht wurden. Die *Einheit* des hier erörterten Sachverhalts kommt im Haupttitel zum Ausdruck: es geht um die »Moderne«. Vattimo: Denker der Moderne? Steht eine solche Kennzeichnung nicht im Widerspruch zu seiner »Einordnung« unter den »Postmodernen«? Oder ist vielleicht nicht darin bereits die Problematik der »Postmoderne« selbst enthalten, daß sie nämlich in die noch herrschende »Moderne« eingebettet ist, sich aber bemüht, die Moderne *als* Moderne zu reflektieren und so gewissermaßen *jenseits* (»post«) von ihr steht? Was besagt dann aber das Präfix »post«? Eine Erörterung dieser zentralen Frage findet der Leser in Vattimos Einleitung zu dieser Sammlung und, in bezug auf Nietzsche, in Kap. VI. So wäre also der Genitiv »Denker der Moderne« sowohl im subjektiven als auch im objektiven Sinne zu verstehen. Das Charakteristische dieses Denkens der Moderne (Genitivus obiectivus) besteht aber gegenüber einer Selbstreflexion der Moderne darin, daß hier kein endgültiger systematischer Abriß der Grundfragen der Moderne vorgelegt wird. Das kommt bereits in der *Form* dieses Denkens, nämlich als *Essay-Sammlung*, zum Ausdruck. Wenn aber darüber hinaus die Moderne u. a. dadurch gekennzeichnet ist, daß in ihr der Anspruch eines *begründenden* Denkens (sei es in rationalistischer Form wie bei Descartes oder als Transzendentalphilosophie wie bei Kant und seinen »modernen« Nachfolgern) durch das Denken selbst, vor allem in der Form einer »Letztbegründung«, erhoben wird, dann steht dieser »starke« Grundzug der Moderne einem *»schwachen Denken«* – so Vattimos Kennzeichnung seines Denkens als »pensiero debole« – gegenüber (den selbstironischen Unterton einer solchen Redeweise mit eingeschlossen). Macht man sich jedoch bewußt, daß die moderne (!) Wissenschaftstheorie gerade in der Infragestellung des Theorems der »Letztbegründung« den kritischen Punkt sieht, wo die wissenschaftlichen Theorien von ihrer angeblichen »Stärke« – wollen sie sich als »wissenschaftlich« erweisen – Abstand nehmen müssen, um sich stets ihrer Vorläufigkeit (oder »Falsifizierbarkeit«) zu vergewissern, dann stellt sich die Frage, wie dieses aus der hermeneutischen Erfahrung der Kunst schöpfende Denken zur Theorie der »wissenschaftlichen Revolutionen« in Beziehung steht. Hierzu ist auf den zweiten Teil dieses Buches zu verweisen. Besonders erwähnenswert scheint mir in diesem Zusammenhang, daß der Autor das moderne Phänomen »Wissenschaft und Technik« – Heidegger folgend – in seiner Einheit erfaßt und von der Erfahrung der Kunst her zu deuten versucht. Die verstreuten bzw. »unsystematischen« Hinweise auf die Informationstechnologie sowie auf die

»Massenmedien« (siehe vor allem die Einleitung, Anm. 12, wo Vattimo die »Informatik« als unterscheidendes Merkmal zwischen »Moderne« und »Postmoderne« bestimmt; sowie Kap. I, III und X) lassen erkennen, daß in einem anderen Verständnis der Moderne, gegenüber dem Selbstverständnis der Moderne als begründendem Denken, unsere »einzige Chance« besteht, diese zu »verwinden« (Heidegger).

An dieser Stelle sei auf eine paradoxe Situation des Übersetzers sowie des deutschsprachigen Lesers bei der Lektüre dieses Buches aufmerksam gemacht: Vattimo schöpft viele seiner Kernbegriffe aus dem Denken *Nietzsches* und *Heideggers*. Das heißt, er übernimmt sie (zum Teil in der Originalsprache, wie etwa »Ge-Stell«, »Verwindung«, »Überwindung«, »Offenheit«, »Ereignis«, »Geschick«, »Andenken«, »Grund« usw.) und »setzt« sie, im Kontext der Bezüge der italienischen Sprache, »über« (vgl. z. B. die Übersetzung von »Verwindung«, S. 56 oder 187 f.). Im Falle einer »Rückübersetzung« stehen wir nicht einfach vor »ähnlichen« Schwierigkeiten – und ich bin Herrn Vattimo für seine Vorschläge diesbezüglich sehr dankbar –, sondern wir werden uns allmählich der Tatsache bewußt, daß hier nicht bloß ein »übersetzungstechnisches« Problem, sondern ein höchst bedeutsamer, weil denkerischer Dialog vorliegt. Wenn man die Mißdeutungen Nietzsches etwa durch die Nazi-Ideologen sowie an die (nicht zuletzt durch Heidegger bewirkte) Infragestellung dieses Mythos (»Nietzsche als Vorläufer der Nazi-Ideologie«) in der Forschung der Gegenwart bedenkt, dann verliert die hier vorliegende Deutung (insbesondere des »Nihilismus«) ihre modische postmoderne Selbstverständlichkeit. Dasselbe gilt noch mehr für die Berufung auf Heidegger. Die zum Teil heftigen und besonders durch die Medien gesteigerten Polemiken um Heideggers politisches Engagement lassen vermuten, daß bei aller »Entrüstung« und »Enttäuschung« an einem »Mythos« gearbeitet wird, der letztlich nur ein groteskes Zerrbild dieses Denkens (und Denkers!) darstellt. Ein klares

Beispiel für ein solches Zerrbild (Nietzsches und Heideggers) ist m. E. *Der philosophische Diskurs der Moderne* von Jürgen Habermas (Frankfurt a. M. 1985). Damit soll nicht geleugnet werden, daß sowohl bei Nietzsche als auch bei Heidegger »Elemente«, zum Teil auch »einzelne Tatbestände« lebensgeschichtlicher als auch denkerischer Art vorhanden sind, die einen begründeten Anlaß zur Kritik oder, um es pathetisch zu sagen, zur »Warnung« geben. Vattimo lehrt uns (und damit meine ich auch insbesondere den deutschen Leser), daß weder Nietzsche noch Heidegger letztlich eines Exorzismus bedürfen, um sie »unschädlich« zu machen. Indem man sie als »starke« Denker der Moderne zu dogmatisieren versucht, läßt man gerade den – »schwachen« – »Unterwegssein«-Charakter beiseite und stellt (gegebenenfalls mit »Freude«) die mangelnde Systematik und logische Stringenz, die »liederliche« Sprache und die Dunkelheit des Ausdrucks, das »Orakelhafte« und »Prophetische«, das »Mythische« und »Mystische« usw. fest. Man verkennt, mit anderen Worten, dabei die Auseinandersetzung, welche mit der sich selbst verabsolutierenden und sich so teilweise selbst widersprechenden Moderne stattfindet. Vattimos Analysen tragen wesentlich dazu bei, diese Zerrbilder in Frage zu stellen.

Besonders hervorzuheben sind in diesem Zusammenhang Vattimos Erörterungen des von seinen linkshegelianischen Wurzeln her gelesenen Marxismus (Kap. I) bis hin zu Bloch und Adorno (Kap. II, IV, V und VII, X) sowie zu Marcuse und Benjamin (Kap. III und IV), der Phänomenologie (Husserl) und des Sartreschen Existentialismus, der Wissenschaftstheorie (Th. S. Kuhn), der analytischen Philosophie (Wittgenstein; Kap. I), der philosophischen Anthropologie Gehlens (Einleitung und Kap. VI), der Hermeneutik (Schleiermacher, Dilthey, Gadamer; Kap. VII, VIII, X), der Kulturanthropologie und Sozialphilosophie (Rorty, Apel, Habermas; Kap. IX) und der Psychoanalyse (Lacan; Kap. und VIII). Immer wieder geht es dabei um den von de

Moderne aus gesehenen Zerfall des Fortschrittsgedankens, der Einheit des wissenschaftlichen Diskurses, der »starken« Formen der Wahrheit und der Auflösung der Tradition im Informationsgefüge. Anstatt aber den Verlust der »Stärke« der Moderne zu beklagen und in deren Namen kulturkritisch »Gefahren« zu beschwören, macht sich Vattimo an die Arbeit eines gegenüber dem Rückzug in die Moderne gewandelten Verständnisses dieser Auflösungserscheinungen, die »das Ende der Moderne« ankündigen. Die Gefahr besteht gerade darin, auch die »starken« Grundzüge der Moderne ebenfalls diesen Erscheinungen zuzuschreiben, statt sie als *Chance* zu nutzen. Letzteres bedeutet aber nicht eine Apologie des Bestehenden, sondern öffnet sich einer gewandelten »Ethik der Güter«, sowie einer sozusagen »vorwärtsgerichteten« Hermeneutik, d. h. einer Hermeneutik, die sich nicht nur mit den Texten der Vergangenheit, sondern mit den Mitteilungen der Massenmedien abgibt (vgl. Kap. X). Fern jeder anthropozentrischen (oder eurozentrischen) »humanistischen« Romantik lehrt uns Vattimo, die Illusion des Fortschritts oder die Gegenillusionen der Apologie des Vergangenen bzw. des Gegenwärtigen zu verabschieden und – anstatt in die scheinbare Geschichtslosigkeit des wissenschaftlichen Begriffs zu verfallen – die *Ereignishaftigkeit des Geschichtlichen*, also seine »schwache« oder »geringe« Seinsweise zu vernehmen. In dem anfangs erwähnten Aufsatz »Ideologie oder Ethik« schreibt Vattimo: »Das ist keine Philosophie, die sich *unmittelbar und direkt* in politische Entscheidungen umsetzen will. [. . .] Auch lehnt ein *schwacher Denker* Gewalt als Methode des politischen Kampfes ab. Vor allem aber versucht er die Geschichte und den *Fortschritt* nicht mehr unter dem Zeichen des Aufstiegs, des quantitativen Wachstums der Güter und Objekte zu denken« (S. 1).

Das »schwache Denken« ist ein »kontaminierendes«, die scheinbaren geschichtslosen und scharfen Züge der modernen wissenschaftlich-technologischen Zivilisation im »chiaroscuro« (Halbdunkel) der sie ermöglichenden Tradition auf-

lösendes Denken (vgl. Kap. X). Vielleicht lernt auch mancher Ritter der Aufklärung und der Rationalität das Tragikomische seiner träumerischen Gestalt am Ende seiner Laufbahn erkennen. Vielleicht schluchzt dann Sancho Pansa und sagt: »Ach, sterbt nur nicht, gnädiger Herr! Nehmt meinen Rat an und lebt noch viele Jahre. Es ist die größte Torheit, die ein Mensch in diesem Leben begehen kann, daß er mir nichts dir nichts stirbt. Steht auf! Wir wollen als Schäfer verkleidet aufs Feld gehen, wie wir es verabredet hatten, vielleicht finden wir hinter einer Hecke die entzauberte Señora Doña Dulcinea. Wollt Ihr aber aus Verdruß darüber sterben, daß Ihr besiegt worden seid, so schiebt nur die Schuld auf mich und sagt, Rosinante wäre gestürzt, weil ich sie so schlecht gesattelt hätte. Ihr werdet ja auch in den Ritterbüchern gelesen haben, daß es etwas Alltägliches ist, daß ein Ritter den anderen aus dem Sattel hebt, und daß er, der heute besiegt wird, morgen der Sieger ist.« (*Don Quijote*, Schlußkapitel.)